Voor mijn familie was ik dood

Saira Ahmed & Andrew Crofts

Voor mijn familie
was ik dood

Vertaald door Bonella van Beusekom

ARENA

Eerste druk mei 2009
Tweede druk juli 2009

Oorspronkelijke titel: *Disgraced*
© Oorspronkelijke uitgave: 2008 Saira Ahmed
© Nederlandse uitgave: Arena Amsterdam, 2009
© Vertaling uit het Engels: Bonella van Beusekom
Omslagontwerp: DPS, Amsterdam
Foto omslag: Fly Fernandez / zefa / Corbis
Typografie en zetwerk: CeevanWee, Amsterdam
ISBN 978-90-8990-074-6
NUR 302

Ik wil dit boek opdragen aan mijn kind en aan alle jonge mensen die in tweestrijd staan tussen een goed moslim zijn en hun eigen weg in het leven vinden. Ik hoop dat het lezen van dit verhaal mensen die zich gevangen voelen in hun cultuur, hun familie of hun huwelijk hoop geeft en laat zien dat het altijd de moeite waard is om te vechten voor de dingen waarin je gelooft.

Inhoud

Inleiding

Mijn familie is van mening dat ik hen op vele manieren te schande heb gemaakt sinds ik volwassen ben, maar ze kennen slechts een heel klein deel van de waarheid. Als ze er ooit achter zouden komen wat voor leven ik de laatste paar jaar heb geleid, zouden mijn broers me letterlijk vermoorden, zelfs al deed ik het om mijn familie in moeilijke tijden financieel te ondersteunen.

Door dit boek te schrijven hoop ik duidelijk te maken hoe een meisje dat is opgevoed als strenge moslima, als gehoorzame dochter, zus en vrouw uiteindelijk alle regels kan overtreden om te overleven en haar ouders te helpen aan hun verplichtingen tegenover de familie te voldoen. Het is het verhaal van een generatie die gevangenzit tussen twee lijnrecht tegenover elkaar staande culturen en het verhaal van een meisje dat net als veel andere meisjes voor moeilijke keuzes stond en niet altijd de verstandigste beslissingen nam.

Ik stond voor de keuze ofwel het leven te leiden dat de mannen in mijn familie voor me hadden uitgestippeld of de moed en de kracht te vinden om onafhankelijk te zijn.

1

De eerste keer

Er zijn in de islam twee woorden waarmee je ongeveer alles kunt aanduiden: 'halal' en 'haram'. Halal betekent alles wat goed is en in overeenstemming met de wetten van de religie, terwijl haram staat voor alles wat onwettig en verkeerd is. Zelfs al zat ik als kind tijdens die lange uren in de moskee vaak ergens anders met mijn gedachten, ik kende het verschil tussen die twee maar al te goed, en ik wist dat de weg die ik nu insloeg haram was. Maar ik wist ook dat het halal was om mijn moeder en vader te helpen hun schulden af te betalen en ik kon geen andere manier verzinnen om dat te doen. En ik wist bovendien dat het lastig was om je in een moderne westerse maatschappij aan veel tradities van de islam te houden. Toch drukte het zwaar op mijn geweten toen ik de auto parkeerde en naar de oprijzende muren van de fabriek keek waar ze me naartoe hadden gestuurd. Ik vroeg me af wat voor lot me binnen te wachten zou staan.

Wat er ook ging gebeuren, ik wilde nu dat het zo snel mogelijk voorbij zou zijn en dat ik daar weer wegging met het geld dat ik zo hard nodig had. Ik toetste het telefoonnummer in dat de vrouw van het escortbedrijf me had gegeven om aan te kondigen dat ik buiten stond.

'Ik laat je wel binnen,' zei de man en een paar minuten later, toen ik de deur open zag gaan, stapte ik de auto uit en liep ernaartoe, terwijl ik een zelfverzekerde glimlach op mijn gezicht probeerde te toveren. Ik schrok toen ik hem zag, want hij was zo oud dat hij me aan mijn oom deed denken. Ik denk dat ik me hem in gedachten jong en aantrekkelijk had voorgesteld, wat bespottelijk was om te verwachten. Ik weet niet waarom het niet bij me op was gekomen dat het vaak oude mannen waren die escortmeisjes inhuurden, omdat zij geld hadden en minder kans om een meisje voor niets het bed in te krijgen. Hij was duidelijk de baas, want hij was keurig gekleed in een pak met stropdas en leek volkomen op zijn gemak, alsof hij er niet bezorgd over hoefde te zijn wat voor indruk hij zou maken; ik was immers betaald om daar te zijn, of ik hem nu leuk vond of niet.

Hij leek niet in het minst in verlegenheid gebracht dat hij bezoek kreeg van een escortmeisje toen hij me meenam over de fabrieksvloer terwijl al zijn arbeiders hem konden zien. Het leek wel alsof hij openlijk met me pronkte. Ze keken toe hoe ik helemaal naar zijn kantoor liep aan het eind van het gebouw en ik hoorde ze boven het geraas van de machines uit commentaar schreeuwen. Ik wist dat het tegen mij gericht was, maar ik kon de woorden niet verstaan. De man die voor me liep, liet uit niets blijken dat hij het had gehoord. Alsof het hem echt niets kon schelen.

Ik voelde me een volslagen buitenstaander in deze vreemde wereld, verborgen achter hoge fabrieksmuren. Maar dat was iets waar ik in mijn jeugd aan gewend was geraakt. Ik had altijd het gevoel gehad alsof alle anderen lid waren van een of andere geweldige vriendenclub waar ik niet bij hoorde, terwijl ik geen idee had hoe ik er lid van moest worden. Als er op school een feestje werd georganiseerd praatte en lachte iedereen er altijd opgewonden over, maar niemand dacht er ooit aan mij ook uit te nodigen, misschien omdat ze wel wisten dat mijn familie het me toch nooit zou toestaan om erheen te gaan. Het was hetzelfde bij familiebijeenkomsten. Dan waren het de mannen die allemaal praatten en lachten en de vrouwen en meisjes negeerden of de volwassen vrouwen die me negeerden terwijl ze over hun volwassen problemen praatten of mijn broers omdat ik maar een meisje was. Dat die mannen naar me staarden en commentaar schreeuwden alsof ik geen gevoelens had, was dus gewoon een extra bevestiging hoe waardeloos ik was. Op mij kwam het over alsof ze allemaal bevriend waren, lid van een sociale groep, en ik slechts het voorwerp van hun spot en insinuaties. Ik richtte mijn hoofd op en staarde recht voor me uit terwijl ik verder marcheerde en de lange passen van hun baas probeerde bij te houden.

Ik had geen idee waar ik naartoe ging toen ik langs hun werkbanken liep, maar ik dacht dat alle mannen die toekeken exact wisten waarom ik daar was. Ik wilde dat ik nooit aan het hele avontuur was begonnen. Ik kwam bijna in de verleiding me om te draaien en zo snel mogelijk terug te rennen naar mijn auto, maar dan moest ik hen allemaal weer passeren. Dan zagen ze me wegrennen en dat zou nog vernederender zijn.

Het kantoor waar hij me naartoe bracht was verrassend leuk ingericht, en toen hij de deur achter ons sloot werd het meeste geluid van de machines buiten tegengehouden. Er stonden grote banken en leunstoelen en door een open deur achter zijn bureau aan de andere kant van de kamer kon ik zien dat hij zijn eigen badkamer en douche had. Omdat ik niet wist wat er van me werd verwacht, ging ik in een van de stoelen zitten en probeerde net te doen of ik me op mijn gemak voelde en zelfverzekerd was. Hij staarde nu naar me en glimlachte. Het enige wat ik wilde was zo snel mogelijk die kamer verlaten, maar ik bleef als een bang konijntje aan de stoel vastgenageld zitten. Ik voelde hoe het zweet me door elke porie van mijn huid uitbrak en moest mezelf bewust dwingen niet te trillen.

'O ja,' mompelde hij, als in zichzelf. 'Erg leuk, erg leuk.'

Hij kwam dichterbij, ging met zijn gezicht naar mijn hals en ademde diep in, alsof hij me probeerde te inhaleren. 'Je realiseert je toch wel dat je te veel parfum op hebt, hè? Dat zou mijn vrouw meteen merken. Ze zou het aan me ruiken. Ik moet voorzichtig zijn.'

Ik herinnerde me dat het meisje bij het escortbureau ook al had gezegd dat ik te veel parfum op had en nu begreep ik waarom. Het was niet beledigend bedoeld geweest, ze had me gewoon professioneel advies willen geven. Misschien, dacht ik, was dit mijn excuus om te ontsnappen, of zou hij willen dat ik me vooraf douchte? Ik durfde haast niet te ademen toen ik wachtte op wat hij ging zeggen. Hij liep terug naar zijn bureau, pakte de telefoon en belde het escortbureau.

'Het is een heel knap meisje,' zei hij nadat de vrouw had opgenomen. 'Maar ze heeft te veel parfum op. Ik ga haar wegsturen, maar ik betaal haar wel.'

Tot mijn verbazing trok hij zijn portefeuille, telde driehonderd pond uit en schoof ze me toe. Ik realiseerde me dat ik werd weggestuurd, dat dit mijn kans was om te vertrekken zonder verder iets te hoeven doen. Het was alsof er een enorme last van mijn schouders was gevallen en ik sprong uit de stoel. Ik bedankte hem beleefd en verliet het kantoor alleen, liep snel door het spervuur van jouwende opmerkingen en gefluit, mijn blik gevestigd op het bordje UITGANG aan het eind.

Ik snelde naar buiten, de stille, donkere avondlucht in. Ik trilde nog steeds toen ik de auto in klom en het portier op slot deed. Die avond had ik mijn lesje geleerd en ik realiseerde me dat ik door het oog van de naald was gekropen.

2

Slaaf in Groot-Brittannië

Vanaf het moment dat ze in Groot-Brittannië aankwam, werd mijn moeder min of meer als slaaf behandeld door iedereen in mijn vaders familie, en zelfs door mijn twee broers toen ze groter werden. Mijn geboorte in 1971 veranderde daar natuurlijk niet veel aan, behalve dat ze vanaf dat moment voor nog iemand moest zorgen tot ik oud genoeg was om haar te helpen.

Haar eigen familie, die voornamelijk bestond uit haar ouders en haar vele broers en zussen, zou anders misschien voor haar zijn opgekomen en had haar zeker getroost als alles ondraaglijk moeilijk leek, maar die woonde duizenden kilometers ver weg, in een klein dorpje in de buurt van Lahore. Ik betwijfel of ze iemand van hen ooit heeft verteld hoe ellendig haar leven in Groot-Brittannië was, omdat ze waarschijnlijk wel wist dat ze haar ook niet zouden kunnen helpen. Haar lot was beslist op de dag dat ze ermee instemden dat ze met mijn vader zou trouwen en ze moest er het beste van zien te maken. Ook zij hadden in veel opzichten een zwaar leven.

Ze was nog maar zeventien toen ze op Heathrow aankwam als pasgetrouwde vrouw met maar één stel extra kleren in haar bagage (zodat ze altijd iets had om aan te trekken als de andere kleren in de was zaten) en ze werd onmiddellijk door haar schoonfamilie aan het werk gezet. Van het harde werken zal ze niet verbaasd hebben opgekeken, want ze was de oudste van vijf kinderen en eraan gewend de eindeloze huishoudelijke karweitjes van een moeder te doen, zelfs voordat ze zelf kinderen kreeg, maar de overgang naar een vreemd land en een vreemde familie moet een schok voor haar zijn geweest, waardoor ze gevoelsmatig in haar schulp kroop om zichzelf te beschermen.

Mijn vader en zijn familie hadden zich al in Groot-Brittannië gevestigd toen zij arriveerde. Samen met zijn broers was mijn vader een textielfabriek begonnen en ze kwamen aan de kost door de mode-industrie te bevoorraden en elk uur van de dag te werken en kleding te maken voor de markt. De wereld waarin we allemaal leefden, was zelfvoorzienend en we waren afgesloten van de maatschappij om ons heen. De meeste vrouwen konden niet eens Engels spreken en gingen zeker niet met Engelsen om. Ze bleven opgesloten binnen de grenzen van de familie, wat ze ook zouden hebben gedaan als ze in Lahore waren gebleven, en ze waren dienstbaar aan hun man, hun ouders en hun kinderen.

'Textielfabriek' klinkt veel meer dan het eigenlijk was. Hun familiebedrijfje was gehuisvest in een grote winkel in een achterafstraatje, met een magazijn boven de winkel vol snijtafels (voor de mannen) en naaimachines (voor de vrouwen), waar alle vrouwelijke familieleden die ze binnen een straal van veertig kilometer konden ronselen dagen onafgebroken werkten en spijkerjasjes, -rokken en -broeken maakten.

Elk familielid werkte hard om het bedrijfje draaiende te houden en genoeg geld te verdienen om naar Pakistan te sturen, naar familieleden die het nog moeilijker hadden dan zijzelf, en ze hadden nauwelijks tijd over om huishoudelijk werk te doen als schoonmaken of om te koken en zelfs om thee te zetten. Dus toen mijn moeder arriveerde, als de tienerbruid van een veel oudere man, werd ze meteen aan het werk gezet door de anderen, die er als de kippen bij waren om hun eigen leven op alle mogelijke manieren wat te verlichten. Omdat mijn vader de jongste van de broers was, kreeg mijn moeder geen status onder de andere vrouwen doordat ze zijn vrouw was. Ze was daar in elk opzicht de jongste werknemer.

De meeste mannen die naar de fabriek kwamen om kleding te kopen waren op de een of andere manier familie van ons, ofwel rechtstreeks of aangetrouwd. Iedereen was wel oom, tante, neef of nicht van elkaar. De meesten van hen hadden winkels in het hele land en vulden hun vrachtwagens met spullen die onze familie maakte, pakten ze zo stevig mogelijk in voor de lange reis over de snelweg, dongen af op de prijzen bij mijn vader en mijn ooms, overhandigden bundeltjes bankbiljetten of kwamen overeen om later te betalen, terwijl de vrouwen hun blik zedig neergeslagen hielden op de constant op en neer gaande naald van hun naaimachine.

Mijn vader was twintig jaar ouder dan mijn moeder en had zijn familie om hem moreel en financieel te steunen. Zij was helemaal alleen in Groot-Brittannië, gescheiden van de mensen van wie ze op de wereld het meest hield: haar broers en zussen. Mij is verteld dat de vader van mijn moeder teleurgesteld was toen hij zich realiseerde hoe groot het leeftijdsverschil was tussen zijn dochter en de man aan wie hij haar had beloofd. De foto's die familieleden die het huwelijk graag tot stand zagen komen hem van mijn vader hadden laten zien waren van meer dan tien jaar geleden geweest, en mijn opa realiseerde zich pas dat hij bij de neus was genomen op het moment dat mijn vader en zijn familie voor het huwelijk overkwamen. Toen was het te laat: de overeenkomst was gesloten, er waren beloftes gedaan en de eer moest hoog gehouden worden. Mijn moeder moest haar lot zonder protest accepteren en haar ouders moesten dankbaar zijn dat ze eindelijk een man voor haar hadden gevonden die haar mee zou nemen naar Groot-Brittannië.

Niet dat mijn vader een slechte man was, hij kon haar alleen geen gemakkelijk leven bieden, omdat hij dat zelf ook niet had. Als jongeman had hij er knap uitgezien, de reden dat de oude foto mijn opa ervan had overtuigd dat hij een goede partij zou zijn. Maar mijn vader had ook een ex-vrouw, wat mijn moeder pas ontdekte toen ze met hem getrouwd was. Zijn eerste huwelijk was gearrangeerd door zijn familie en er waren drie kinderen uit geboren, die al bijna volwassen waren tegen de tijd dat hij met mijn moeder trouwde. Zijn eerste vrouw was voor hem uit zijn nichten gekozen en dus leidde het tot heel wat wrok binnen de familie toen mijn vader aankondigde dat hij niet meer van haar hield, haar wilde verlaten en een nieuwe vrouw van buiten de familie wilde: een meisje dat net zo oud was als zijn eigen kinderen.

Pakistaanse mannen van mijn vaders generatie trouwen vaak meer dan eens. Als het eerste gearrangeerde huwelijk van een man op een teleurstelling uitloopt, wat in de meeste gevallen zo is, zoekt hij gewoon een nieuwe vrouw en gaat verder met zijn leven. Een vrouw heeft natuurlijk niet zo'n ontsnappingsroute; zij zit vast aan de man die haar familie voor haar uitkiest, tenzij hij overlijdt of van haar scheidt.

Mijn halfbroers en -zussen woonden allemaal om ons heen, niet alleen als we in Groot-Brittannië waren, maar ook als we teruggingen naar Pakistan, en de meesten van hen werkten in het atelier. Ze gedroegen zich beleefd en respectvol in mijn vaders bijzijn, maar er viel altijd een onderstroom van verbittering te bespeuren bij de leden van mijn vaders eerste gezin; ze hadden allemaal het gevoel dat ze waren afgewezen ten gunste van de knappe tweede tienervrouw. Mijn moeder moet hun vijandigheid vanaf de eerste dag dat ze zich bij de familie voegde hebben gevoeld en heeft in het begin waarschijnlijk extra moeite gedaan om hun goedkeuring te winnen. Maar haar stiefkinderen waren niet alleen van dezelfde leeftijd als zij, wat het nog erger maakte was dat zij mooier was dan hun moeder ooit was geweest; haar huid was lichter en haar gelaatstrekken fijner, waardoor ze nog meer wrok jegens haar koesterden. Ze mocht door haar uiterlijk haar man hebben gekregen, de andere vrouwen van de familie waren daardoor jaloers op haar en de mannen geil: ze hadden een oogje op haar. Het leek of iedereen in de familie een manier probeerde te vinden om het arme jonge meisje op haar nummer te zetten, haar in te peperen dat hij boven haar stond in de pikorde.

Mijn moeder raakte bijna direct nadat ze het land binnen was gekomen zwanger, maar dat betekende nog niet dat ze daarom werd ontlast van haar taken. Mijn oudste broer Ali werd ongeveer negen maanden na haar komst geboren en iets meer dan een jaar later mijn tweede broer Asif. Ongeveer een jaar daarna kreeg mijn moeder een doodgeboren meisje – iets waar we nooit echt over spraken. Twee jaar later was het mijn beurt. Toch moest mijn moeder nog steeds zo hard werken als ze kon, in huis en in het atelier, maar nu had ze ook nog drie kleine kinderen om voor te zorgen.

Elke ochtend, vaak voor het licht werd, reed er een busje van huis naar huis, waar de vrouwen van de familie achterin werden geprapt, om hen naar het atelier te brengen, maar de dag van die vrouwen was dan al lang begonnen. Bij ons thuis werd van mijn moeder verwacht dat zij als eerste opstond en het ontbijt voor de hele familie maakte; ze smeerde boterhammen voor iedereen om mee te nemen naar het atelier en maakte ons kinderen klaar voor de dag. Ze had niet eens tijd om haar eigen gezicht te wassen of om haar haren te kammen voor ze met de rest van de arbeiders in het witte busje klom. Vanaf mijn zevende ging ik in de weekenden mee naar de fabriek en het was altijd een oncomfortabele rit. De mannen zaten allemaal voorin, terwijl de vrouwen en kinderen opgepropt achterin zaten, op zakken met stof of op de wielkasten, wanhopig proberend zich in de bochten in evenwicht te houden. Het enige glimpje dat we van de buitenwereld opvingen, was door de twee bijna geheel verduisterde ramen in de achterdeuren.

Er waren maar twee vrouwen op de fabriek van wie ik me herinner dat het geen naaste familieleden waren, en zelfs zij waren familie van vrienden van de familie. Zij kregen hun loon op vrijdag betaald, maar ik herinner me niet dat ik ooit heb gezien dat iemand van de familieleden werd betaald voor de eindeloze uren die hij maakte.

Zodra ze op het atelier was aangekomen, zette mijn moeder thee voor iedereen, veegde de vloeren en deed haar deel van het naaiwerk. Aan het eind van de dag werd ze weer met het busje naar huis gebracht en begon alles van voren af aan: ze kookte voor wie er thuis was, terwijl ze tegelijkertijd probeerde mijn broers en mij te wassen en klaar te maken om naar bed te gaan. Er was nooit een moment dat niemand haar bevelen gaf of tegen haar schreeuwde, en toch ging ze door, zwijgend en somber kijkend, vastbesloten haar plicht te doen en niet te klagen. Ze had vrijwel geen contact met Engelsen, omdat mijn vader, net als de meeste Pakistaanse mannen, alle boodschappen deed en die 's avonds in tassen en dozen mee naar huis bracht, waardoor ze geen aanleiding had om regelmatig naar buiten te gaan. Het grootste deel van de tijd sprak iedereen in de familie Urdu of Punjabi, thuis en op het atelier, dus leerde ze nooit echt vloeiend Engels spreken. Ze bleef altijd een Pakistaanse die in een vreemd land leefde, maar leerde genoeg Engels om zich te redden.

De meeste ouders in Pakistan willen het liefst een man die hun dochter in elk geval voor een paar jaar meeneemt naar een land als Groot-Brittannië, omdat ze denken dat daar meer mogelijkheden zijn om te slagen en een beter leven te hebben. Veel families die emigreerden in de tijd dat mijn ouders dat ook deden, kregen inderdaad een betere levensstandaard door zichzelf in een welvarender land te vestigen, maar door de vele cultuurverschillen waarmee ze werden geconfronteerd werd het leven in andere opzichten juist moeilijker voor ze. Al behandelden de andere familieleden mijn moeder als een slaaf, dat betekende niet dat ze zelf niet hard hoefden te werken, en dat gold voor zowel de mannen als de vrouwen. Ik herinner me dat we vaak tot middernacht op het atelier waren en ons uitsloofden om een dringende order af te krijgen. Iedereen deed zijn best het hoofd boven water te houden en we deden het samen, maar de druk om ons te handhaven putte veel familieleden uit, waardoor ze verbitterd en snel boos op elkaar waren. De zenuwen waren altijd gespannen. De vrouwen reageerden zich het liefst af op iemand die jonger en kwetsbaarder was dan zij, de mannen koeioneerden en koelden hun woede op wie ze maar konden.

Mijn ooms moeten die drukke jaren best veel geld hebben verdiend, maar het verdween even snel als het binnenkwam. Het meeste werd naar familieleden gestuurd die nog steeds in armoede in Lahore leefden. Want dat werd door hen allemaal als hun belangrijkste plicht beschouwd, omdat hun familie krom had gelegen om het hun mogelijk te maken de reis te maken en in het buitenland te leven. We accepteerden allemaal dat we elk uur dat we konden moesten werken om niet alleen onze afhankelijke familieleden te ondersteunen, maar ook te proberen een comfortabel leven voor onszelf en voor toekomstige generaties op te bouwen. Niemand had ooit iets anders van het leven verwacht, tot de generatie die in het Westen was opgevoed, zoals mijn broers en ik, sommige regels en tradities die de generatie van onze ouders als vanzelfsprekend beschouwde in twijfel trokken. Dat was het moment waarop de culturen begonnen te botsen.

We leefden zeker niet in armoede en dat wisten we omdat we hadden gezien hoe onze familieleden in Lahore leefden. Mijn vader kocht altijd nieuwe kleren voor me zodat ik er leuk uitzag als we uitgingen en de familie eer aandeed en er stond altijd eten op tafel, maar we hadden nooit zo veel materiële goederen als andere, meer verwesterde families die we kenden.

Ik denk niet dat mijn vader ooit echt wist wat er in het bedrijf omging; dat werd allemaal overgelaten aan mijn oudste oom, als oudste man van de familie. Mijn vader werd altijd behandeld als jongste medefirmant omdat hij jonger was dan de anderen, en hij was te respectvol om te protesteren als hij buiten belangrijke beslissingen werd gehouden. De frustratie die hij voelde omdat hij geen controle had over zijn eigen bestaan, uitte zich echter vaak in woede-uitbarstingen tegenover zijn kinderen zodra zijn broers waren vertrokken naar hun eigen gezinnen en hij voor een paar uur de baas kon zijn in zijn eigen huis.

Ik heb zo vaak verhalen van Aziatische vrouwen gehoord dat de oudere vrouwen in families als die van mijn vader de jonge meisjes met wie hun mannelijke familieleden trouwen volkomen respectloos en zonder enig mededogen behandelen. Zij waren ongetwijfeld op dezelfde manier behandeld toen zij voor het eerst werden uitgehuwelijkt, en misschien hadden hun vader en broers hen daarvóór ook wel als een bediende behandeld, dus ik denk dat ze niet beter wisten. In families als de onze gaat het gewoon zo met vrouwen, dus als ze jong en onvrij zijn klagen ze niet, ze doen gewoon wat er van hen wordt gevraagd en ze zingen hun tijd uit tot het hun beurt is om de oudste te zijn die de anderen hun wil oplegt. De mannen en oudere vrouwen moesten bij de maaltijden altijd als eerste worden bediend, wat bijvoorbeeld inhield dat er vaak geen eten over was voor mijn moeder als ze klaar was met opscheppen, maar ze klaagde nooit.

Vrouwen in families als de onze worden, ongeacht hun leeftijd, bijna altijd onattent behandeld door hun mannen. Wanneer ze proberen voor zichzelf op te komen, worden ze vaak het slachtoffer van fysiek geweld, dus vanouds geven ze de mannen hun zin. Hoe slecht de mannen in een familie zich ook mogen gedragen, oudere en meer ervaren vrouwen zullen jongere echtgenotes altijd het advies geven vergevingsgezind te zijn.

'Hij komt tenminste nog thuis,' zeiden ze dan. 'Wees blij dat je een man hebt.'

Want uiteindelijk was dat het enige wat telde, omdat een vrouw zonder man in de dorpen van Pakistan weinig hoop had op een voorspoedig leven. Zodra mijn moeder was getrouwd en in Groot-Brittannië woonde als lid van de familie van mijn vader, kon ze dus geen kant meer op. Haar toekomst was beslist en ze moest er maar het beste van zien te maken.

'Waarom slikte je het?' vroeg ik haar toen ik ouder was en haar verhalen over die tijd hoorde vertellen.

'Dan dacht ik aan mijn vader,' zei ze. 'Ik wilde niet dat hij te horen zou krijgen dat ik een slechte vrouw was. Hij had mijn man voor mij uitgekozen en dus moest ik die overeenkomst respecteren. Wat kon ik bovendien doen? Ik had geen geld en sprak nauwelijks Engels.'

De oudste broer van mijn vader was het hoofd van de familie in Groot-Brittannië en hij bestierde die met ijzeren vuist. Zijn kinderen waren al volwassen en zijn kleinkinderen even oud als ik, wat betekende dat mijn broers en ik helemaal onderaan in de pikorde stonden. Mijn vader was altijd een strenge echtgenoot en vader, zelfs als hij alleen met ons was, maar hij werd een regelrechte tiran als mijn oom in de buurt was; dan stond hij erop dat we onze sjaal stevig om ons hoofd bonden, waar ik een hekel aan had. We moesten onze nagels van hem ook kort knippen, wat ik altijd verfoeide. Het leek alsof hij ons ervan beschuldigde dat we vies waren en onze handen niet goed wasten. Mijn oom was even streng voor zijn kleindochters als hij voor zijn dochters was geweest. Hij stond erop dat ze van school gingen en hun opleiding niet voortzetten, ook al hadden ze goede rapporten. Hij was nooit bereid compromissen aan te gaan over zijn opvattingen en we durfden hem geen van allen het hoofd te bieden of tegen te spreken. Zijn vrouw leed aan ernstige zwaarlijvigheid en klaagde altijd over pijn in haar benen en hoofdpijn, maar toch haalde ze ergens de kracht vandaan om de rest van ons de regels van haar man op te leggen. Er heersten altijd wrokgevoelens onder de jongere vrouwen, die nooit hun mening konden geven of zomaar konden gaan zitten om een kopje thee te drinken als zij er zin in hadden zonder dat iemand hen de les las of koeioneerde. Misschien was mijn oom bang dat de vrouwen hun krachten zouden bundelen en in verzet zouden komen wanneer ze te veel vrije tijd kregen om te praten. Wat religieuze zaken betreft was hij ook streng voor de jongens, maar als het om uitgaan en zichzelf vermaken ging hadden zij veel meer persoonlijke vrijheid. Ik denk dat hij hoopte dat het allemaal moellahs en respectabele leden van de moslimgemeenschap zouden worden.

Als mijn oom bij ons thuis kwam moesten mijn moeder en ik, en alle andere vrouwen die er waren, in de keuken verdwijnen om daar aan het werk te gaan, terwijl de mannen in de voorkamer zaten te praten. Nu ik zelf volwassen ben en mijn eigen huis heb, laat ik het liefst de deuren tussen alle kamers openstaan, en ik weet zeker dat dat komt doordat ik er zo'n hekel aan had om me opgesloten te voelen in de keuken, alsof wij tweederangsburgers waren. We mochten nog niet het kleinste geluidje maken, wat praktisch onmogelijk is als je kookt en gerechten klaarzet die naar een ander vertrek moeten worden gebracht. Het moest lijken alsof we er niet waren. Als we per ongeluk twee borden tegen elkaar aan sloegen of bestek op het aanrecht lieten vallen, kwam mijn vader binnenstormen, dan schreeuwde hij en sloeg hij ons omdat we hem in verlegenheid brachten tegenover de broer die hij zo bewonderde.

'Jullie weten toch dat jullie stil moeten zijn als we bezoek hebben,' ging hij dan tekeer, en kennelijk kon hij niet begrijpen hoe we zo onachtzaam en onnozel konden zijn. Hij probeerde altijd wanhopig indruk op zijn broer te maken, hem te bewijzen wat voor een goed moslimgezin we waren en hoe gehoorzaam en respectvol zijn vrouwvolk en kinderen waren. Als mijn broers of ik ook maar iets verkeerd deden, sloeg hij ons met zijn riem, en gebruikte hij al zijn kracht om ons een lesje te leren. Hij ventileerde dan een deel van de frustratie die hij kennelijk had opgekropt, terwijl hij zijn eigen positie binnen de familiehiërarchie probeerde te handhaven. Op een keer bleef hij ons zo lang en hard slaan dat de buurvrouw langskwam en hem smeekte te stoppen omdat ze alles door de scheidingsmuur kon volgen. Toen werd mijn vader nog kwader.

'Waag het niet naar mijn huis te komen en mij te vertellen hoe ik mijn kinderen op moet voeden!' bulderde hij tegen haar.

Als mijn broers en ik met onze neven en nichten in de tuin speelden en lawaai maakten kwamen de vrouwen al snel naar buiten schieten om ons stil te krijgen. 'Niet zo schreeuwen,' voeren ze nerveus tegen ons uit. 'Hebben jullie niet door dat de mannen hier zijn? Jullie moeten stil zijn.' Onze neven en nichten waren allemaal ouder dan wij en als ze op bezoek kwamen liep het altijd uit op trammelant. Wij moesten hun laten zien waar mijn moeder de snoepjes opborg en dan pikten zij ze en kregen wij de klappen als ze vertrokken waren.

Mijn oom maakte mijn moeder het leven zuur door mijn vader er voortdurend aan te herinneren dat hij nog steeds verplichtingen had tegenover zijn eerste vrouw omdat zij familie van hem was, en dat hij pas als zij gelukkig was met mijn moeder had kunnen trouwen en haar alles geven wat zij nodig had. Alle andere vrouwen in de familie keurden het af dat mijn vader met mijn moeder was getrouwd, maar ze durfden het nooit in zijn gezicht te zeggen, omdat dat oneerbiedig was tegenover een man. Dus reageerden ze zich in plaats daarvan af op mijn moeder of druppelden hun gif in mijn jonge oren, peperden me in dat mijn moeder maar een tweede vrouw was, dat ze minder was dan hun familielid, de eerste vrouw van mijn vader; dat het verkeerd was dat mijn vader met mijn moeder was getrouwd. Ik luisterde en het kwetste me, maar ik begreep niet echt waarover ze het hadden. Ik wist dat ik andere halfbroers en -zussen had, maar ik begreep niet hoe zo'n situatie had kunnen ontstaan of waarom die zo veel afkeuring opriep.

Mijn oom was een strenge man, bezeten van familietrots en familie-eer, en hij gebruikte zijn religie als excuus voor alles wat hij wilde. Mijn vader had altijd ontzag voor hem, werd erg overheerst en moest dingen doen die tegen zijn aard indruisten. Zijn oudere broers en zussen gedroegen zich tegenover hem meer als zijn ouders toen hij net in Groot-Brittannië was aangekomen; zijn echte ouders woonden nog steeds in Lahore. Pas toen mijn vader ouder werd en zich meer losmaakte van mijn oom, kon zijn zachtere, vriendelijker kant meer naar buiten komen. Onze hele jeugd had hij geprobeerd te bewijzen dat hij een even goede man was als zijn broer: even rechtdoorzee, deugdzaam en religieus als de rest van de familie.

Omdat mijn moeder knap was en zo veel mannen een oogje op haar hadden, gingen er aldoor geruchten dat ze mijn vader ontrouw was met een van zijn neven. Zonder enig bewijs geloofde mijn oom de geruchten en deelde hij de straf uit die op een dergelijk vergrijp stond. Omdat hij vond dat ze zijn familie had onteerd, sloeg hij mijn moeder zo hard dat ze er dertig jaar later nog de littekens van draagt. Ik geloof geen moment dat ze schuldig was aan de zonden waarvan ze werd beschuldigd, en ik betwijfel of mijn vader dat toen wel geloofde. Ik verdenk mijn oom ervan dat hij gewoon zijn spierballen wilde gebruiken en alle vrouwen eraan wilde herinneren wat er zou gebeuren als ze de familienaam te schande maakten. Ik maakte me er geen illusies over hoe belangrijk het was om te gehoorzamen en het de mannen altijd naar de zin te maken, en als kind trok ik het niet in twijfel, ik accepteerde het gewoon zoals het was.

3
Bij ons in het dorp

Toen ik acht jaar was veranderde alles onder de volwassenen in de familie. Hoewel ik nooit volkomen heb begrepen wat er tussen hen gebeurde, kon ik hen door stilletjes
op de achtergrond te blijven horen ruziën en een beetje reconstrueren wat er aan de hand was. Het zag ernaar uit dat mijn
oom grote schulden had gemaakt. Ik begreep niet wat dat precies betekende, maar ik had wel door dat de andere mannen er
erg boos over waren en de vrouwen bezorgd. Wetende wat ik nu
weet, denk ik dat hij te veel geld naar de familie in Pakistan had
gestuurd, want veel immigranten schijnen dat te doen. Wat de
reden er ook van was, het bedrijf leek ineens in de problemen te
zijn geraakt. Ze verhuurden delen van het atelier aan anderen en
probeerden wanhopig meer geld te verdienen om alle schulden
van mijn oom af te betalen. Er was veel ruzie en in aangrenzende
vertrekken hoorde je mensen met stemverheffing praten, maar
uiteindelijk waren al hun inspanningen tevergeefs. De mannen
konden het bedrijf niet redden en op een avond kondigde mijn
vader aan dat hij en mijn moeder ons naar een andere stad zouden brengen, waar ze werk zouden zoeken en niet meer afhankelijk zouden zijn van mijn oom en de rest van de familie.

Hoewel het voor mij als kind een beangstigende gedachte
was om naar een nieuwe stad te verhuizen, zonder de ondersteuning van onze familie om ons heen, was het in sommige

opzichten een opluchting dat we onder de invloed van mijn oom uit zouden zijn. Mijn vader was altijd meer ontspannen als zijn grote broer niet constant over zijn schouder meekeek. Voor mijn moeder moet het een geweldige ontwikkeling zijn geweest. Het faillissement van het familiebedrijf veranderde haar leven. Ze moest nog steeds elk uur van de dag aanpoten om voor ons en het huis te zorgen en nam alle stukwerk aan dat ze kon krijgen om extra geld te verdienen, maar ze was voor het grootste deel van de tijd eindelijk bevrijd van het neerbuigende gedrag van de andere familieleden en van de af-keurende blikken van mijn oom. We moesten nog steeds fami-liebezoek verduren als ze met z'n allen bij ons nieuwe huis op de stoep verschenen en gastvrijheid eisten, terwijl ze tegelij-kertijd hun minachting voor haar bleven tonen, maar meestal was ze baas in eigen huis. Daardoor kroop ze uit haar schulp, maar de jaren waarin ze was getreiterd en had gewerkt als een slaaf hadden haar verbitterd en kritisch gemaakt op alles wat er gebeurde, vooral als het met een van ons te maken had.

Mijn vader kreeg een baan bij een plaatselijk tankstation en verdiende net genoeg geld om ons te onderhouden. Dat was onze gelukkigste tijd als gezin, omdat niemand anders zich met ons bemoeide en mijn broers en ik ons meestal als voor-beeldige moslimkinderen gedroegen, respectvol en gehoor-zaam, en onze ouders of de dingen die ze ons vertelden nooit in twijfel trokken. Het was kennelijk de stilte voor de storm.

Elke week bracht mijn vader zijn loon mee naar huis en ver-deelden hij en mijn moeder het: ze zetten tien pond opzij voor groente en fruit, tien pond voor vlees, enzovoorts. In het week-end deed hij de boodschappen voor de hele volgende week. Zo was de traditionele werkverdeling in moslimgezinnen: de vrouwen zeiden wat ze nodig hadden en de mannen gingen eropuit om het te kopen. Op maandagochtend lagen er drie stapeltjes met munten van tien en twintig pence op de schoor-steenmantel, exact wat mijn broers en ik elke dag voor school nodig hadden zodat we de drankjes en chips konden kopen die we lekker vonden. Alle geld dat over was werd naar de familie in Pakistan gestuurd.

Hoewel we altijd genoeg hadden om te eten en ons te verwarmen, waren mijn broers en ik ons ervan bewust dat we arm waren. Wat we echter niet wisten was dat mijn vader en moeder vaak geld moesten lenen om naar huis te sturen om een van onze familieleden uit de brand te helpen. Dat was hun plicht, zo ging het traditioneel in een familie als de onze, maar de schulden kostten hun meer dan ze zich konden veroorloven en op de achtergrond dreigden problemen waar we niets van wisten.

Omdat ik gewend was deel uit te maken van een heel netwerk van familieleden was het moeilijk om er op mijn nieuwe school bij te horen en vrienden te maken. Op mijn vorige school had ik mijn neven en nichten en al hun vrienden en vriendinnen. Vanaf de eerste dag dat ik op school zat wisten veel mensen wie ik was, dus was ik het niet gewend eropuit te gaan en vrienden te maken in een menigte vreemden die elkaar allemaal al kenden. Ik voelde me een buitenstaander en zag er waarschijnlijk ook zo uit. Sommige andere kinderen namen de moeite me uit te nodigen om na school bij hen thuis te komen spelen, maar mijn moeder vond het nooit goed; ze zei dat mijn vader het niet prettig zou vinden, dus algauw vroeg ik haar niet eens meer om toestemming en zei ik automatisch 'nee' tegen de andere kinderen. Het duurde niet lang of ze vroegen me niet meer. Ik weet niet waarom mijn ouders me zo bij andere kinderen uit de buurt wilden houden – misschien wilden ze niet dat ik door hun westerse manieren werd 'aangestoken'. We mochten ook nooit vriendjes of vriendinnetjes mee naar huis nemen.

Naast ons woonde een blank gezin met een dochtertje. Ik zat altijd op mijn kamer boven door het raam te kijken als ze buiten in de tuin speelde. Soms kwam ze langs en belde ze aan om te vragen of ik met haar mocht spelen. Omdat mijn moeders Engels niet zo best was, vroeg ze een van mijn broers dan wat het meisje wilde. Als die het vertaalde, luidde haar antwoord altijd hetzelfde: 'Nee, Saira kan niet komen spelen. Ze heeft het druk met andere dingen.' Maar dat was niet zo. Ik zat gewoon boven uit het raam te staren.

Af en toe lieten ze me in de achtertuin, maar onze Aziatische buren hadden volwassen zonen en als die hun tuin in kwamen om cricket te spelen, werd ik snel weer naar binnen gejaagd voor het geval ze me zouden zien en dan zat ik weer achter mijn raam toe te kijken hoe het leven buiten doorging zonder mij.

De eerste school waar ik naartoe ging was een gemengde school, dus in het begin zaten mijn broers er ook op. Ze hielden nauwlettend in de gaten dat ik het niet in mijn hoofd haalde om met jongens te praten of met hen te spelen, wat me nog meer isoleerde. Als het speelkwartier was lette een van hen tweeën de hele tijd op me en als ze dachten dat ik met een jongen zou gaan spelen, of zelfs maar praten, kwamen ze eraan schieten en haalden ons uit elkaar: mijn zelfbenoemde morele beschermers.

'Waarom praat je met die jongen?' wilden ze weten. 'Heb je geen vriendinnen om mee te spelen? We gaan het tegen papa zeggen dat je met jongens speelt.'

Ik was bang dat ik geslagen zou worden als ze dat deden, dus gehoorzaamde ik hun. Ik wilde een goed moslimmeisje zijn. Ik denk dat mijn broers dachten te weten wat er in het hoofd van de andere jongetjes omging op grond van wat er in dat van henzelf omging. Ze waren heel anders dan ik op school, ze waren allebei heel goed in leren en in sport; ze wonnen altijd prijzen, wat betekende dat ze populair waren, gerespecteerd werden en enigszins gevreesd waren. En ze waren er moeiteloos toe in staat ervoor te waken dat iemand van de jongens bij me in de buurt kwam als zij dat hadden verboden.

Net als de familiebezoekjes die we hadden te dulden, was er een keer per jaar een religieus feest dat Eid al-Adha (Offerfeest) heette, waar we allemaal aan deel moesten nemen, en waarbij we gezellig moesten omgaan met alle andere ooms en tantes en neven en nichten die nog steeds in Groot-Brittannië woonden. Onze familie was een groot netwerk van mensen geworden, verspreid over een aantal steden, die allemaal hun wortels uitstrekten naar de familieleden van mijn vader en moeder die nog steeds in Pakistan woonden.

De eerste keer dat ik terugging om de familie in Lahore te bezoeken, had ik gemengde gevoelens over de reis. Aan de ene kant was ik opgewonden bij de gedachte om al die plaatsen en alle mensen te zien over wie ik de volwassenen om me heen hoorde praten, en aan de andere kant voelde ik angst omdat ik met een vreemde cultuur te maken kreeg, een cultuur waarvan ik uit ervaring wist dat die strenge gedragsregels had, en ik was bang dat ik die per ongeluk zou overtreden en daarom gestraft zou worden. Hoewel we mijn vaders familie op die reis ook bezochten, waren het de ouders van mijn moeder die ik me het best herinner. Daar waren we het grootste deel van de tijd en daar zag ik de andere kant van mijn moeder. Ze leek zich volkomen gelukkig en thuis te voelen bij haar broers en zussen en ik zag dat ze als oudste zus met een respect werd behandeld dat ze in Groot-Brittannië nooit kreeg. Ook al waren we maar een paar dagen bij mijn vaders familie, zelfs mijn jonge ogen en oren merkten op dat er veel verbittering en wrok jegens ons heerste omdat mijn vader met mijn moeder was getrouwd.

De ouders van mijn moeder en een aantal van haar broers en zussen woonden nog steeds in de plaats waar ze al generaties woonden en ondanks het zware leven dat ze hadden leek er veel liefde en genegenheid tussen de verschillende generaties te bestaan. Mijn opa leek wel honderd, zijn rug was krom door het torsen van het gewicht van de wereld en zijn hele lichaam was mager van het werken en de zorgen, maar hij was nog steeds uitzonderlijk lang als hij op zijn wankele oude benen stond en zijn huid was heel licht, wat verklaarde hoe mijn moeder aan haar prachtige teint kwam.

Het familiedomein lag op een stuk grond aan de rand van een dorp, met op elke hoek een klein huisje van leem. Elk huis werd bewoond door een ander deel van de familie, en de generaties verhuisden moeiteloos van het ene deel van het land naar het andere, gingen prettig met elkaar om en steunden elkaar. In de huizen waren kleine tekenen van het moderne leven te zien, zoals stevige betonnen vloeren, maar er was geen stromend water om je mee te wassen of om te drinken. In één kamer van het huis van mijn grootouders was een elektrische ventilator, die hard nodig was, maar in de andere was een ventilator die nog met de hand bediend moest worden door aan een touw te trekken.

De badkamer in het huis waar wij logeerden was een gestucte ruimte met een kraan en een afvoerbuis tegen de muur. Als je je wilde wassen moest je water halen bij de pomp buiten en een tank vullen die boven op de muren stond, waardoor het water uit de kraan kon komen. De kamer had geen plafond, dus als ik er was, was ik altijd bang dat een ondeugend iemand, zoals een van mijn broers, op het idee zou komen om naar boven te klimmen en naar me te kijken, dus besloot ik mezelf zo snel en zedig te wassen als ik kon. Er was een houten deur met haakjes aan de achterkant om je kleren aan op te hangen, maar er zaten spleten tussen de planken, en ik was ervan overtuigd dat mensen zouden proberen ertussendoor te kijken. Omdat me was bijgebracht dat zedigheid de belangrijkste eigenschap van een meisje was, was ik eindeloos in de weer mijn badhanddoeken en kleren zo neer te hangen dat ze de spleten bedekten zodat ik in elk geval vanuit één hoek verzekerd was van privacy, ook al kon ik niets tegen het ontbrekende dak doen.

Door de dieren die bij de familie hoorden waren er overal vliegen en de hele vier weken van ons verblijf was ik gewapend met twee vliegenmeppers en vocht ik mijn weg de deuren in en uit door de zoemende zwermen heen. De vrouwen kookten ons eten op een fornuis met muurtjes van leem, hun pannen stonden boven het open vuur (gemaakt met hout dat ze op de omringende velden hadden gesprokkeld), dat mijn oma uren achtereen tot leven probeerde te brengen met een primitieve blaasbalg. Als ik probeerde het haar na te doen, kreeg ik alleen maar rook in mijn gezicht, die in mijn neus en keel terecht-kwam en waar mijn ogen van gingen branden. Ook al werden ze op een andere manier bereid, de curry's en *chapati's* die ze klaarmaakten waren hetzelfde als thuis, wat geruststellend was. Er stond een grote, kromme oude boom op de binnen-plaats die vruchten droeg die ik in Groot-Brittannië nog nooit had gezien, en die we mochten plukken en eten als we honger hadden. Ze smaakten zuur en zoet tegelijk.

De vrouwen wasten hun kleren aan de oever van het kleine riviertje dat langs de hoofdweg door het dorp liep en sloegen het vuil eruit op houten planken. Het rivierwater was dik van de rode modder, waar slaven bedekt met een laag rood stof ste-nen van bakten in de vele ovens die langs de kant van de hoofdweg naar Lahore stonden, op exact dezelfde manier als dat al honderden jaren werd gedaan. Rustende waterbuffels wentelden zich in het water terwijl alleen hun neusgaten, ho-rens en bulten zichtbaar waren boven de oppervlakte en de dorpskinderen om hen heen doken en iedereen probeerde koel te blijven. Ik probeerde er een keer te zwemmen en waad-de de rivier in met al mijn kleren aan, net als de andere meisjes, maar het water was zo vies dat het goor smaakte en ik had er geen zin in om het nog een keer te doen. Er stond een giganti-sche pomp in de velden, die water oppompte uit de grond, dat vervolgens over de gewassen werd verspreid. De mannen gin-gen ernaartoe als ze zich wilden wassen en stonden dan onder het frisse, koude water.

Er waren bijna geen auto's in het dorp, de meeste mensen

reisden naar en van het plaatselijke busstation op karren van houten planken op wielen, die getrokken werden door twee ezels. De dorpsjongens sprongen op de karren en er weer af terwijl ze ronddraafden; de voermannen stonden vast op hun benen en probeerden hun vermoeide en er mager uitziende dieren constant op te zwepen om sneller te lopen, en onderwijl lachten ze en schreeuwden groeten naar iedereen die ze passeerden. Ik heb het gemak en de behendigheid van de dorpsjongens nooit bereikt. Als ik ergens naartoe moest, hees ik me altijd met moeite op een van de gammele bodems en dan zat ik daar en klampte me vast alsof mijn leven ervan afhing, terwijl de wielen onder me hotsend en botsend door alle kuilen in de weg reden en het zand en de modder om me heen sproeiden.

Alle wegen werden omzoomd door stalletjes die fruit en drankjes verkochten en allerlei andere dingen waar ze de hand op hadden weten te leggen. Iedereen moest elke dag zo veel mogelijk geld proberen te verdienen, gewoon om te overleven, ook al was het niet meer dan een paar roepies. Omdat er geen koelkasten waren, moest alles wat de handelaren koel moesten houden op enorme blokken ijs worden gelegd. Zelfs al stonden ze in de schaduw, aan het eind van de middag waren er door de hitte op de plek waar de ijsblokken hadden gelegen alleen nog modderpoelen te zien.

Toen ik mijn grootouders een paar jaar later opnieuw bezocht, hadden ze een latrinegreppel in een hut buiten het huis aangelegd. Ze hadden planken over de greppel heen gelegd, waar je op kon gaan staan. Je hing dan boven het gat en de uitwerpselen vielen in de greppel eronder. Het was beter dan je behoefte in het open veld doen, maar de stank van het resultaat van al die bezoekjes, net onder het gat in de planken, was verschrikkelijk. Ik kan me de stank van dat huisje nog steeds herinneren als ik me langs de mest van de buffels en de stank van de latrines haastte om naar binnen te gaan, waar ik werd begroet door het aroma van rook en eten van de open vuren die op de binnenplaats brandden. Midden in de kleine, volle kamers hing een mengeling van geuren van zwetende lichamen en de vele verschillende kruiden en specerijen die de vrouwen gebruikten.

Ondanks het gebrek aan comfort was het voor een kind een spannende plek om op bezoek te gaan, en het leven was niet zo moeilijk als ik had gedacht toen we net aankwamen. Tussen de verschillende generaties vrouwen voelde ik me thuis. Ik had er een natuurlijke plaats waarvan ik in Groot-Brittannië niet zo zeker was. Ik denk dat als mijn ouders niet uit Pakistan waren vertrokken ik getrouwd zou zijn en mijn hele leven in zo'n dorp was gebleven en dat mijn broers nette, arme, hardwerkende mannen waren geworden. Maar doordat mijn ouders het lot van de hele familie probeerden te verbeteren door naar een andere cultuur te verhuizen, kregen we glimpjes van andere manieren van leven te zien en toegang tot mogelijkheden waardoor we een beter leven hadden moeten krijgen, maar die er uiteindelijk toe leidden dat we alle drie op onze levensreis op het verkeerde pad raakten. Mijn oom zou waarschijnlijk hebben gezegd dat we waren besmet door het decadente Westen.

4
Dik en lelijk

Religie speelde in mijn jeugd een grote rol in ons gezinsleven, maar hoewel ik veel ervan saai vond, trok ik de dingen die me werden bijgebracht nooit in twijfel. Elke dag kwamen mijn broers en ik om half vier thuis uit school en kregen we iets te eten. Om half vijf of vijf uur waren we in de moskee om de Koran, de gebeden, de rituelen van ons geloof en het Arabische alfabet te leren. Ik verheugde me er niet op maar ik vond het niet vreemd omdat ik dacht dat iedereen dat moest doen. De leraar instrueerde ons om dezelfde passages telkens maar weer te lezen en ik zat met het boek open voor me naar de woorden te staren; mijn vinger ging heen en weer terwijl ik de regels volgde en mijn geest honderd verschillende kanten op dwaalde.

Mijn broers waren veel leergieriger met betrekking tot het geloof. Ze wisten er daardoor veel meer van dan ik en dus ook hoe ze mij, het meisje van het gezin, de regels moesten opleggen. Niet dat ik het allemaal niet geloofde, want dat deed ik wel, maar ik had gewoon liever andere dingen gedaan of over andere dingen nagedacht als ik uit school kwam. Mijn gebrek aan aandacht gaf me permanent een schuldgevoel dat ik een slechte moslim was.

Een *pir*, zo heet in de islam een heilige man, die onze familie in Pakistan kende, kwam één keer per jaar naar Groot-Brittannië. Hij reisde rond en bleef telkens een paar dagen bij elke tak van de familie. Als hij bij ons thuis was, mochten wij vrouwen en kinderen alleen voor hem verschijnen als we werden ontboden voor gebeden en onderricht, de rest van de tijd mochten we hem niet onder ogen komen om hem zowel als man als als religieus voorganger respect te betonen. Ik herinner me dat ik hem zag aankomen bij ons huis, ik gluurde door de netvitrage boven toen hij uit de auto stapte en door mijn vader bij de deur werd begroet. Hij leek echt een gloed van heiligheid om zich heen te hebben toen hij het huis in kwam en iedereen naar zijn pijpen danste. Met zijn lange witte baard en zijn rustige manier van doen, leek hij zo'n krachtige, charismatische man dat ik het idee dat hij en de andere mannen méér waren in Gods ogen dan wij vrouwen ooit zouden zijn nooit in twijfel trok.

Zolang hij bij ons thuis logeerde draaide alles om zijn behoeften, en mijn vader en de jongens werden gedegradeerd tot zijn hulpjes. Mijn moeder maakte bergen speciaal eten voor hem, acht of tien gangen per maaltijd, delicatessen die we ons anders nooit konden veroorloven, en andere mensen uit de buurt kwamen naar ons huis om hun opwachting te maken en te luisteren naar de wijsheid die hij uitdeelde. Als hij er was, gaf hij zelfs les aan ons kinderen, en we moesten erbij aanwezig zijn en dezelfde regels gehoorzamen als wanneer we naar het moskeegebed gingen.

Ik was eraan gewend om alle verplichte rituelen te ondergaan, van wassen en vijf keer per dag bidden, en had geleerd ze het grootste deel van de tijd te bekorten. Er was een strikte volgorde voor het wassen: eerst je geslachtsdelen wassen, daarna je mond spoelen, je neusgaten, je gezicht en de binnenkant van je oren en dan je handen tot de ellebogen wassen en je voeten; alles werd drie keer gedaan. Het was eentonig en tijdrovend, en net als elk normaal kind probeerde ik het af te raffelen. Als niemand keek, zette ik de kraan helemaal open zodat hij veel lawaai maakte en dan deed ik net alsof ik me waste of ik liet mijn geest afdwalen als ik eigenlijk een heilige tekst moest lezen. De enige keer dat ik het wasritueel oversloeg toen de *pir* er was, wist hij het echter, hoewel ik nooit heb begrepen hoe hij erachter was gekomen. Aan het eind van de les informeerde hij vriendelijk of ik had gedaan wat ik had moeten doen, waardoor mijn gezicht brandde van schuldgevoel. Mijn vader gaf me naderhand harde klappen omdat ik een man die zijn familie eerde alleen door er te zijn zo weinig respect betoonde.

Zelfs nadat we onder de invloed van zijn broers uit waren, was mijn vader nog steeds streng als het ging om de schijn ophouden tegenover andere leden van de familie. En als hij ons ooit op een leugen betrapte, sloeg hij ons of gaf hij ons een andere straf. Dan moesten we bijvoorbeeld uren op één been of in de hoek staan.

Mijn moeder gaf meestal niet zulke zware straffen, maar toen ik groter werd begon ze haar afkeuring van mij steeds meer te tonen, vooral als het om mijn uiterlijk ging. Dat leek haar eindeloos veel frustratie te bezorgen, want ze was bang dat ze er nooit in zou slagen me uit te huwelijken. Zij was zo blank en mooi geweest als meisje, maar ik had de donkerdere huid van mijn vader geërfd, waardoor mijn huid in haar ogen altijd vies leek. Vergeleken met haar en mijn broers was ik het lelijke eendje van het gezin. De manier waarop ze met me praatte, gaf me altijd het gevoel dat ik een buitenstaander in het gezin was, dus deed ik kleine dingetjes om het gevoel te krijgen dat ze toch een beetje van me hielden en voor me zorgden. Ik vertelde leugentjes, bijvoorbeeld dat ik ziek was of dat ik kiespijn had of dat mijn ogen getest moesten worden, terwijl er niets aan de hand was, alleen om mijn moeders aandacht te krijgen.

Als ik echter aandacht kreeg, was het niet altijd wat ik wilde. Ze stond er bijvoorbeeld op me te wassen, ook al was ik daar als tiener veel te oud voor. Ze zei tegen me dat ik me niet goed genoeg waste om het vuil eraf te krijgen. Ik had al borsten en menstrueerde al, en toch stond ze erop mij zelf te wassen. Het was heel onterecht omdat ik wist dat ik mezelf goed waste. Het kwam gewoon door het pigment in mijn huid, vooral de donkere huid in mijn nek en op mijn keel. Ze beschuldigde me er altijd van dat ik was aangekomen, omdat ik niet graatmager was zoals zij en veel andere meisjes die we kenden. De onuitgesproken veronderstelling leek dat als ik lichter van huid en slanker was geweest ik meer kans zou hebben om een goede man te krijgen, wat de enige ambitie in de familie was die men voor mij had.

In de loop van de jaren heb ik ontdekt dat het normaal is voor families als die van ons om meisjes uitsluitend als huwelijksmateriaal te beschouwen. Zo was het altijd geweest en alleen de meest vooruitstrevende immigrantenouders geloofden er serieus in dat hun dochters een carrière konden hebben die overeenkwam met hun kwaliteiten of die zelfs de ambities van hun broers evenaarde. Het enige wat er van een meisje werd verwacht was dat ze een man vond die voor haar zou zorgen en voor alle kinderen die ze samen zouden krijgen. Als hij ertoe kon worden overgehaald om van haar te houden en ook nog aardig voor haar te zijn, dan was dat mooi meegenomen.

Als dat echter het enige is waar een vrouw zogenaamd goed voor is, en ze krijgt geen goede opleiding, verkeert een vrouw ernstig in het nadeel als ze uiteindelijk gaat trouwen. Vanaf het moment van de bruiloft is ze volkomen afhankelijk van haar man en kan ze niet voor zichzelf opkomen omdat ze bang is dat ze zal worden geslagen of, nog erger, aan de kant gezet, waarna ze zichzelf maar moet zien te redden zonder diploma's of vaardigheden waardoor ze meer zou kunnen verdienen dan een zeer schamel inkomen. Alle energie van een moeder wordt er daarom op gericht haar dochter aantrekkelijk te maken voor het juiste soort mannen, wat inhoudt dat ze puur moet blijven en haar reputatie vlekkeloos, wat als garantie wordt gezien om een succesvol huwelijk tot stand te brengen.

'Je bent dik en vies en je stinkt,' zei mijn moeder altijd tegen me als ze me in bad boende tot het pijn deed, en ik ernaar verlangde om mooi, licht van huid en aantrekkelijk te zijn, net als zij op mijn leeftijd was geweest.

In mijn hart denk ik dat ze waarschijnlijk gelijk had, want ik voelde me niet prettig in mijn lichaam, vooral niet toen ik de puberteit bereikte. Ik kwam aan en toen ik veranderde in een vrouw kreeg ik borsten die de ondersteuning van een veel betere beha nodig hadden dan mijn moeder ooit voor me wilde kopen. Ze weigerde mij mee te nemen als ze beha's voor me ging kopen en ze pasten nooit, maar dat leek haar niets te kunnen schelen. Ik mocht van haar ook geen deodorant onder mijn oksels doen, dus kreeg ik op school onder andere kinderen de naam dat ik stonk, vooral als we ons lichamelijk hadden ingespannen zoals bij gym, en er waren genoeg meisjes die me daar graag op attendeerden.

'Zijn je ouders soms zo arm dat ze niet eens een bus deo kunnen kopen?' zeiden ze spottend.

De meisjes die zelfverzekerder en populairder waren deden in de kleedkamer naderhand allemaal deo onder hun oksels, maar ik was te verlegen om hun te vragen of ik hun deo mocht lenen. De ergste geur kwam van mijn voeten. Ik leek altijd zweetvoeten te hebben en iedereen klaagde erover, zowel op school als thuis, vooral als ik mijn sportschoenen uitdeed. Mijn moeder beschuldigde me ervan dat ik ze niet goed waste voor het gebed, dus boende en boende ik mijn voeten in een poging de zweetklieren te verslaan, maar op het moment dat ik ze weer in de goedkope sportschoenen propte die ik van mijn moeder moest kopen, begonnen ze opnieuw te transpireren. Uiteindelijk werd mijn vader zo wanhopig dat hij me meenam naar de dokter.

'U moet gewoon een paar goede leren schoenen voor haar

kopen, meneer Ahmed,' zei de dokter tegen hem. 'Zodat haar voeten kunnen ademen.'

Het sierde mijn vader dat hij dat deed en daarna werd het een stuk beter, maar tegen die tijd was mijn zelfvertrouwen inmiddels beschadigd en was ik paranoïde over elk klein geurtje dat aan mijn lichaam zou kunnen ontsnappen. Ik verlangde ernaar om parfum te dragen en bodysprays, zoals alle jonge meisjes die zo bevallig, geurig en perfect leken, terwijl ik tussen hen in sjokte in mijn goedkope kleren, met mijn ongeknipte haar, dat ik van mijn moeder per se op de traditionele manier moest oliën. Omdat ik geen oudere zussen had die het me konden leren, wist ik niets van het moderne leven van andere meisjes, waardoor ik op school een nog grotere buitenstaander was als ik mijn mond opendeed om iets te zeggen.

'O, je gebruikt *surma*,' zei ik op een dag bewonderend toen ik zag dat een van de andere meisjes haar ogen donker maakte. *Surma* is een soort roet dat traditionele Aziatische vrouwen om hun ogen smeren, zowel om het cosmetische effect als omdat ze geloven dat het een magische en genezende werking heeft.

'Nee,' zei het meisje en ze keek me aan alsof ik van een andere planeet kwam. 'Het is eyeliner.'

Ik kon me niet voorstellen hoe ze haar moeder ooit had overgehaald om zoiets uitdagends en mysterieus te mogen gebruiken. Het enige wat mijn moeder bezat was één lipstick, die ze ongeveer twee keer per jaar bij speciale gelegenheden opdeed en in het hele huis stond maar één grote fles babylotion die we allemaal moesten delen als vochtinbrengende crème.

'Waarom mag ik niet zulke rokken aan?' vroeg ik mijn moeder als we naar huis liepen achter groepjes modieus geklede meisjes, die allemaal leken te lachen en samen roddelden over onderwerpen die een volslagen mysterie voor mij waren.

'Nee,' zei ze met een stem die betekende dat hier niet over werd gediscussieerd. 'Je wilt toch niet net zo zijn als zij.'

Ik was te gesloten en te verlegen om te kunnen gedijen in de prestatiegerichte sfeer van een school. Mijn vader en moeder leken altijd boos of afkeurend en mijn broers gaven altijd op me af, net als de meisjes op school. Ik herinner me niet dat ik in die tijd ooit iets van liefde voelde. Ik verwachtte het niet omdat het niet iets was wat ik om me heen had gezien, zodat ik het ook niet miste. Ik zag mijn vader of moeder elkaar nooit enige genegenheid tonen. Ze zouden elkaar in ons bijzijn nooit zoenen of aanraken. Ik zag zelfs nooit dat ze het bed deelden, hoewel ze dat moeten hebben gedaan om ons te verwekken. Mijn moeder sliep altijd beneden op de bank of op mijn kamer.

Jaren later, toen ik oud genoeg was om over zulke dingen te praten en mijn broers en ik het huis uit waren, vroeg ik mijn moeder waarom ze nu niet het bed deelde met mijn vader, zodat ze 's nachts wat comfortabeler kon slapen.

'O, nee,' zei ze en kennelijk schrok ze van de vraag. 'Je vader vond dat nooit prettig. Ik heb het mijn hele leven nog nooit gedaan, denk je dat ik er dan nu mee begin?'

Alle andere meisjes in mijn klas leken opener en zelfverzekerder dan waar ik ooit van durfde dromen. De enige regel met betrekking tot de schoolkleding was dat die donkerblauw moest zijn. De anderen mochten kiezen wat ze wilden en droegen een rok als ze er zin in hadden. Mijn vader en moeder stonden me alleen toe dat ik de traditionele kleren droeg die mijn moeder of een ander familielid voor me had genaaid: een losse tuniek met een slobberbroek eronder. Wat het nog erger maakte was dat de meters stof om mijn benen op winderige dagen opbolden als parachutes, waardoor ik er nog kolossaler uitzag dan ik al was als ik over het plein dwaalde op zoek naar iemand die mijn vriendin wilde zijn.

De meeste kinderen op onze school waren moslim en kwamen uit Pakistan, maar als je ze zag was het duidelijk dat ze niet allemaal uit gezinnen kwamen die even streng waren als dat van ons. Op mijn tweede school mochten veel meisjes zelfs van huis naar school lopen zonder dat hun ouders hen begeleidden. Er waren anderen die net als ik een sjaaltje om hun hoofd moesten, maar zelfs die hadden leukere kleren en meer vrijheid dan ik. Ik keek altijd naar de mooie, populaire meisjes en verlangde ernaar om bij hun groepje te horen. Op mijn manier probeerde ik vriendschap met hen te sluiten, maar ik kon hun gekwebbel niet volgen omdat ik nauwelijks wist waar ze het over hadden. Ze wilden praten over televisieprogramma's als *Dallas*, *Neighbours* of *Top of the Pops*, waar wij nooit naar mochten kijken. Het enige wat we mochten zien waren kinderprogramma's of tekenfilms, of educatieve programma's als *Countdown*, waar we met pen en papier in de aanslag voor klaar moesten gaan zitten. Als we de antwoorden goed hadden waren we die dag het lievelingetje van papa, maar als we ze fout hadden, hadden we 'geen verstand' en hadden we 'niet opgelet op school'. Het kwam nooit bij hem op dat de mensen die de vragen op televisie beantwoordden volwassenen waren, geen kinderen.

Soms brachten mijn vader en moeder Bollywoodfilms of Pakistaanse films mee naar huis, maar zelfs dan spoelden ze snel vooruit als er scènes in voorkwamen die zij ongeschikt voor ons achtten, zoals stelletjes die samen zongen of zoenden.

Vooral de gymlessen waren pijnlijk voor me omdat mijn moeder nog steeds weigerde goede beha's voor me te kopen en mijn borsten onaangenaam en onaantrekkelijk op en neer wipten als ik rende. Ik probeerde ze met mijn armen tegen elkaar aan te drukken, waardoor ik me eerder als een lompe vrouw van middelbare leeftijd bewoog dan als een jong meisje en de anderen begonnen te lachen, renden om me heen en deden me na. Hun gelach versterkte het idee in zowel hun hoofd als dat van mij dat ik koddig en belachelijk was. Mijn gymlerares, mevrouw Thomson, was een aardige, nuchtere vrouw en ze zette de andere meisjes op hun plaats als ze de spot met me dreven, maar mijn zelfvertrouwen was toen al beschadigd. Ik probeerde als het maar enigszins kon onder gym uit te komen, en dat viel mevrouw Thomson op. Ze vroeg me naar haar kantoortje te komen.

'Zijn er problemen thuis?' vroeg ze.

'Nee,' loog ik. Ik had haar dolgraag gevraagd om naar mijn moeder toe te gaan en te zeggen dat ik deodorant nodig had . net als de andere meisjes, of een goede beha, maar ik wist dat mijn vader en moeder allebei door het lint zouden gaan en me zouden slaan als ze in de gaten kregen dat ik met iemand van buiten de familie over privézaken had gepraat. Het kwam zo weinig voor dat iemand voor me opkwam, dat ik mevrouw Thomson ongelooflijk dankbaar was. Ik vergat dat moment waarop ze liet merken dat ze zich zorgen om me maakte, terwijl mijn ouders alleen hun minachting toonden, nooit.

De middelbare school waar ik naartoe was gestuurd was een meisjesschool en tegen die tijd mochten mijn broers zelf naar en van school lopen, maar ik moest nog steeds elke dag worden gebracht en gehaald, tweeënhalve kilometer heen en tweeënhalve kilometer terug. Mijn vader of mijn moeder ging altijd met me mee, ik mocht nooit alleen. Toen mijn broers ouder werden, werden zij soms gevraagd om met mij mee te gaan als ze vroeg uit waren en ze waren net zo overdreven beschermend als op onze eerste school. Ik mocht van hen nooit met iemand praten, ze stonden erop dat ik linea recta met hen naar huis ging, zodat ik niet kon worden bedorven of op het verkeerde pad gebracht door de andere jongens, die in auto's buiten de hekken hingen en met de meisjes probeerden te praten als ze naar buiten kwamen. Veel andere moslimmeisjes werden net zo beschermd als ik, dus had ik niet het gevoel dat ik de enige was, maar toch waren er ook meisjes die alleen naar huis mochten lopen, wat op mij heel volwassen en aanlokkelijk overkwam.

Het waren dezelfde meisjes die soms gedurende de dag over

45

de schoolhekken sprongen en snoep en sigaretten bij plaatselijke winkels gingen kopen. Ik kon me niet voorstellen hoe iemand het lef opbracht om zo rebels te zijn en was jaloers op hun onbeschaamdheid. Er was één meisje dat altijd een T-shirt droeg met de slogan SEKS BEVAT GEEN CALORIEËN.

'Wat betekent dat?' vroeg ik toen ik het las, niet in staat mijn verbazing te verbergen ook al liet ik daardoor mijn naïviteit blijken. 'Nou, als je het doet, kom je er niet van aan,' zei ze en ze keek naar me alsof ik een oen was. 'Jij wel soms?'

Ik piekerde er lang over waar die laatste opmerking op sloeg, maar ik had geen idee waar het allemaal over ging.

Toen de jongens ouder werden, vonden mijn vader en moeder het geen probleem om ons alleen thuis te laten als zij oppasten. Ik zag erg op tegen die dagen, want zodra de deur achter mijn moeder dichtging, wilden Ali en Asif spelletjes spelen, wat meestal inhield dat ik geblinddoekt werd en een paar keer rondgedraaid voor ik onder de trap, in het donker, werd opgesloten omdat zij er lol in hadden. Ali vond het heerlijk om lucifers aan te steken, ze uit te blazen en vervolgens de smeulende zwarte uiteinden in mijn gezicht te steken, alleen om me te zien opspringen en me te horen gillen. Ik heb er nog steeds een paar littekens van. Ik vond het gewoon dat ze me te grazen namen, aangezien ik eraan gewend was dat ik minderwaardig was omdat ik een donkere huid had, stonk en dik was, maar dat betekende nog niet dat ik het leuk vond. Ze wilden ook altijd verstoppertje spelen als mijn ouders ons alleen lieten, wat onschuldig klonk, ware het niet dat ík me altijd moest verstoppen en als ze me vonden zaten ze met hun handen overal aan: ze onderzochten mijn borsten en mijn billen en knepen erin en gingen tussen mijn benen omhoog. Ook al waren er in het hele huis maar een paar plekken waar je je kon verstoppen, inclusief de kast waar ze me graag in opsloten, het lukte hun elke keer om van de jacht voor zichzelf een spannende sport en voor mij een angstaanjagende bezoeking te maken. Ik hoorde hoe ze mijn verstopplaats naderden, doelbewust de tijd namen en net deden alsof ze op plekken zochten waarvan ze wisten dat ik er niet in kon, alleen om de kwelling te verlengen. Als ze me gevonden hadden en met hun ruwe handtastelijkheden begonnen, was ik bang dat ze misschien iets heel ergs zouden doen en dan probeerde ik ze wanhopig van me af te houden; ik deed mijn best om niet te huilen als ik ze smeekte het niet te doen, ik wilde mijn zwakte niet tonen, ze niet laten zien hoeveel angst ze me aanjoegen.

Het voelde niet goed dat ze me overal zo brutaal en pijnlijk aanraakten. Ik wist dat het ze opwond op een manier die zondig was, maar ik wist niet waarom ze me pijn wilden doen en vernederen. Lokte ik het uit? Was het omdat ik mezelf in huis niet genoeg bedekte? Was het omdat ik mijn gebeden niet goed genoeg zei of omdat ik ernaar verlangde om rokken te dragen? Voor hen was het waarschijnlijk niet meer dan een mengeling van nieuwsgierigheid en misplaatste wellust, maar de angst sloeg me om het hart als ik wist dat mijn vader en mijn moeder tegelijkertijd het huis zouden verlaten. Ik smeekte mijn moeder dan om te blijven of me mee te nemen, zonder dat ik haar kon uitleggen waarom ik zo bang was, maar ze begreep mijn wanhoop nooit, deed die af als dwaasheid, verzekerde me ervan dat ik nergens bang voor hoefde te zijn omdat mijn broers er immers waren om me te beschermen als er iets gebeurde.

Op een keer zat ik voor mijn raam naar de buurjongens te kijken die cricket speelden toen mijn oudste broer binnenkwam en me betrapte.

'Je flirt met die jongens,' zei hij triomfantelijk. 'Dat ga ik tegen papa en mama vertellen, of je moet doen wat ik zeg.'

Om zijn zwijgen te kopen moest ik mijn topje uitdoen, hem mijn borsten laten zien en ze hem laten vastpakken en ik moest hem op zijn lippen zoenen.

'Net zoals op televisie,' zei hij.

Hoe hij wist wat ze op televisie deden, mocht Joost weten,

want hij had nooit toestemming gehad om dat te zien. Ik vermoed dat hij dingen bij zijn vrienden thuis had kunnen zien als hij na school met hen meeging.

Ik denk niet dat het uitzonderlijk was om te zwijgen over zulke gênante en persoonlijke dingen. Slechts weinig meisjes uit gezinnen zoals dat van ons zouden het ooit wagen om er eerlijk voor uit te komen, uit angst dat zij er de schuld van zouden krijgen dat ze de jongens hadden verleid, bang zich de toorn van hun ouders en de afkeuring van ieder ander op de hals te halen, gebrandmerkt te worden als onreine waar. Je dacht er niet eens over na om over zulke dingen te praten, het was te gênant en je kon het maar beter allemaal voor je houden. Als ik een betere relatie met mijn moeder had gehad, had ik misschien de indruk gekregen dat ik ermee voor de draad kon komen, maar ze gaf me nooit het gevoel dat ik in welk opzicht dan ook speciaal was, dus ging ik ervan uit dat ik niet beter verdiende dan te worden betast, geknepen en geslagen.

Soms vroeg ik me af of mijn moeder meer wist dan ze deed voorkomen. Op een avond moest ik om de een of andere reden in dezelfde slaapkamer slapen als Ali en hij begon me te zoenen. Ik duwde hem boos van me af.

'Alsjeblieft, alsjeblieft, laat me nou,' smeekte hij, terwijl hij met zijn handen overal aanzat.

'Nee.' Ik voelde me sterk omdat ik wist dat mijn vader en moeder beneden waren. 'Als je het weer probeert, roep ik mama.'

Ik denk dat hij niet geloofde dat ik dat durfde, want hij bleef zichzelf tegen me aan duwen.

'Mam!' schreeuwde ik. 'Mam!'

De paar seconden dat het duurde voor mijn moeder in antwoord op mijn geroep de trap op kwam, moeten Ali een eeuwigheid hebben toegeschenen. Hij heeft vast gedacht dat het niet lang zou duren voor hij een flink pak slaag kreeg.

'Mam,' zei ik toen ze de kamer binnenkwam. 'Ik wil niet in deze kamer slapen.'

Ze stelde geen vragen maar regelde simpelweg dat ik direct naar een andere kamer kon, alsof ze exact wist waarom ik het vroeg en niet wilde dat de reden onder woorden werd gebracht, wat onvermijdelijk verschrikkelijke gevolgen zou hebben. De reputatie en eer van een meisje waren zelfs nog belangrijker dan haar schoonheid of haar rijkdom als het om uithuwelijken ging. Elke suggestie dat ik onzedelijk zou kunnen zijn kon alle hoop van de familie op een goed huwelijk over een paar jaar de grond in boren.

Door deze mantel van zwijgen om zulke kwesties heen kunnen jongens en meisjes in gezinnen als het onze alles maken zolang niemand ze op heterdaad betrapt. Je komt er nooit achter hoeveel deze dingen voorkomen, maar ik vermoed dat mijn ervaringen veel gebruikelijker zijn dan de meeste moslimmannen graag zouden willen toegeven. Meisjes uit traditionele moslimgezinnen worden altijd ijverig beschermd als ze in de buitenwereld zijn, maar als ze jong zijn niet tegen de beschermers zelf.

Hoewel ik het niet leuk vond als ze zich zo gedroegen, wilde ik het mijn broers op andere manieren altijd naar de zin maken en ik was een gewillige prooi als ik dacht dat ze me daardoor aardiger vonden.

Als ze bijvoorbeeld zeiden: 'Haal vijftig pence uit mama's handtas,' dan gehoorzaamde ik al na maar een heel klein beetje verzet. Wat overigens niet betekende dat ik zelf niet af en toe wat kleingeld in mijn eigen zak liet glijden als ik er de kans toe zag. Mijn moeder vroeg me altijd om te controleren of er nog genoeg munten in de gasmeter in het huis zaten. Dan kwam ik terug en zei ik dat er zogenaamd vijftig pence in moest en hield het geld zelf. Ik gebruikte mijn gestolen goed om de volgende dag snoep te kopen dat ik kon ronddelen in de klas om mezelf populairder te maken. Ik voelde me er schuldig over, toen en zelfs nu nog, maar ik wilde wanhopig graag dat mensen me aardig vonden en ik kon geen andere manier bedenken om dat voor elkaar te krijgen.

Mijn moeder vond het uiteindelijk ook goed dat ik bodyspray kocht en ik hulde mezelf in wolken van dat spul. Het voelde heerlijk om eindelijk fris te ruiken en er niet constant op te hoeven letten dat je niet te dicht bij andere mensen ging staan, maar het was te laat om de schade die het had aangericht aan mijn reputatie ongedaan te maken. Ik stond gewoon bekend als een dik, stinkend, onaantrekkelijk en saai meisje en ze zouden me nooit anders zien, hoe hard ik ook mijn best deed.

Soms was een van de andere meisjes op school aardig en praatte ze met me, wat mijn hoop dat ik populair zou worden aanwakkerde, maar zodra haar echte vriendinnen verschenen was ze verdwenen en stond ik weer alleen en probeerde ik net te doen alsof het me niets kon schelen. Een van hen vertelde me dat de broer van een ander meisje had gezegd dat hij vond dat ik er 'leuk' uitzag. Mijn hart begon echt sneller te slaan toen ik haar vriendelijk bedoelde woorden in me opnam. Een jongen dacht dat ik aantrekkelijk was? Welke jongen? Waar was hij? Hoe zag hij eruit? Wekenlang strekte ik elke dag mijn hoofd boven de menigte bij de schoolpoort uit, in de hoop een knappe jongen te zien die zijn zus ophaalde terwijl hij mij bewonderende blikken toewierp, maar het lukte me nooit vast te stellen wie het was. Voor zover ik wist, keek niemand naar me, en zeker geen jongen, maar die ene terloopse opmerking maakte me zo opgewonden en gaf me een sprankje hoop dat ik misschien elk moment kon opbloeien tot een zwaan en dat meer jongens belangstelling zouden tonen. Een prachtige droom als je je hele leven te horen hebt gekregen dat je dik, vies en onaantrekkelijk bent. In de beslotenheid van mijn gedachten haalde ik me voor de geest dat hij naar me toe kwam om met me te praten of dat hij misschien mijn vader vroeg of hij op bezoek mocht komen. Ik stelde me voor hoe ik me zou kleden en dat ik zedig mijn blik neer zou slaan en misschien af en toe flirtend naar hem op zou kijken.

Maar hij liet zich nooit zien en maakte zich nooit bekend, wat misschien maar beter was ook. Ik denk dat ik me hem veel aantrekkelijker en galanter voorstelde dan de echte tienerjongen ooit geweest zal zijn. Vaak is het leven dat we ons verbeelden zo veel beter dan de werkelijkheid. Dus bleef ik het dikke, stinkende meisje met de donkere huid, in wie niemand geïnteresseerd was, en het verlangen om aantrekkelijk te zijn en bemind te worden door mannen smeulde stilletjes in me, het wachtte op de dag dat het zo sterk was dat ik me er niet meer tegen kon verzetten. Toen kwam het tot uitbarsting en bracht me helemaal op het slechte pad.

5
Een potentiële echtgenoot

Zelfs toen mijn broers en ik oud genoeg waren om grotendeels voor onszelf te zorgen, bestond het leven van mijn
moeder thuis nog steeds uit koken, schoonmaken, voor
de mannen zorgen en achter de naaimachine zitten die permanent in onze voorkamer stond en waarmee eindeloze hoeveelhe-
den spijkerbroeken en -rokken werden genaaid. Het was normaal om die machine tot drie of vier uur 's ochtends te horen
snorren als je even opstond om naar de wc te gaan, en een paar
uur later was mijn moeder nog steeds op om ons te wekken
en klaar te maken voor school. Ze had altijd zwarte wallen van
vermoeidheid onder haar ogen, en raakte snel geïrriteerd door
alles en iedereen. Ik herinner me niet dat ik haar ooit hoorde lachen of blij zag zijn, er leek altijd wel iets te zijn wat haar boos
maakte.

Zij en ik hadden nooit echt de moeder-dochterrelatie die ik
andere meisjes met hun moeder zag hebben. Ze hielp me bijvoorbeeld nooit met het maken van leuke kapsels, maar deed
elke ochtend kokosolie in mijn haar en maakte er twee vlech-
ten in, die ze van onderen vastmaakte met bruine elastiekjes
die ze gratis kreeg bij de boodschappen. Veel andere meisjes
styleden hun haar met gel en haarspray en kregen mooie haar-
spelden en haarbanden om in te doen. Zij maakte al mijn kleren voor mij: ze verknipte haar eigen oude kleren zodat ze mij

min of meer pasten of ze maakte ze van stukken stof die overbleven uit het naaiatelier van mijn oom.

Uiteindelijk gaf mijn vader toe wat betreft mijn haar: ik mocht het laten knippen. Ik was bijna buiten mezelf van opwinding en stelde me voor dat ik als ik de salon uit kwam een metamorfose had ondergaan en er mooi uit zou zien. Ik ging naar een kapper en vroeg haar mijn haar in een pony te knippen. Het vervelende was dat mijn haar op het moment dat ik weer buiten was helemaal ging kroezen en totaal niet leek op het mondaine plaatje dat ik in mijn hoofd had gehad. Ik probeerde het de volgende dag voor school in een paardenstaart te doen, maar er bleven twee flappen omlaag hangen als de oren van een spaniël. In plaats van dat ik meer op de modieuze meisjes op school leek die ik zo bewonderde, leverden de flappen me de nieuwe bijnaam 'Dumbo' op. Ik was bijna ten einde raad en betwijfelde sterk of ik mezelf er ooit aantrekkelijker uit zou kunnen laten zien.

Mijn moeder zou nooit naast me komen zitten en iets aardigs zeggen, er klonk altijd een zekere wrok door in haar stem, die ik niet begreep. Ik verlangde ernaar me gewenst te voelen en niet elke keer op mijn kop te krijgen als ze haar mond opendeed. Toen mijn broers in knappe jongemannen veranderden, leek ik het zwarte schaap van het gezin te blijven. Ze was zo trots op haar jongens en kon nooit geloven dat ze ook maar een fout konden maken. In een traditioneel moslimgezin als het onze zijn de mannen en de jongens altijd en in elke situatie de belangrijkste personen. Alles moest voor mijn broers worden gedaan voordat het voor mij werd gedaan. Zij kregen het eerst opgeschept als we aten en hoefden na afloop nooit te helpen met opruimen of met andere huishoudelijke karweitjes. Het waren net kleine prinsjes, en mijn moeder en ik hun geduldige bediendes. Het was geen ongebruikelijke situatie, maar de norm in het land waar wij vandaan kwamen, en hoewel ik vond dat het niet eerlijk was, nam ik niet de moeite ertegenin te gaan omdat ik wist dat dat geen zin had en me alleen maar een pak slaag zou opleveren.

Hoewel ze werden behandeld alsof ze beter waren dan ik, kregen de jongens ook hun portie straf wel toen ze klein waren. Mijn vader eiste van ons dat we altijd de waarheid zeiden, en als hij een van ons op een leugen betrapte, sloeg hij ons zo hard hij kon. Soms leek hij plezier te hebben in het straffen en bedacht hij nieuwe vernederingen voor ons. Elke straf had tot doel de boosdoener met zo veel mogelijk vernederingen te overladen. Een paar keer zat een van mijn broers in de problemen en stond hij in zijn onderbroek in het midden van de zitkamer, huiverend van kou en van angst en dan vroeg mijn vader me de kamer binnen te komen.

'Sla hem,' instrueerde hij me de eerste keer dat het gebeurde.

Omdat ik mijn broer geen pijn wilde doen, uit angst voor wraak en omdat het leek in te druisen tegen alle respectregels die er bij me in waren geramd, maar ook niet ongehoorzaam wilde zijn tegenover mijn vader en zijn toorn niet over me af wilde roepen, sloeg ik mijn broer tegen zijn blote benen, waardoor hij al siste van de pijn terwijl hij zichzelf ertoe dwong niet te huilen.

'Nee,' bulderde mijn vader en hij trok een bamboestok tevoorschijn en mepte mij zo hard op mijn rug dat ik vooroversloeg. 'Zo!'

Hij bleef me slaan en liet het me opnieuw proberen met de stok tot hij tevreden was dat ik zo hard sloeg als hij wilde en mijn broer in elkaar gezakt op zijn knieën lag te huilen en om genade smeekte. Na de eerste keer wist ik wat er van me werd verwacht als hij me binnenriep. Hoewel ik niet denk dat mijn broers het mij ooit verweten, omdat ze konden zien dat ik er tegen mijn wil toe werd gedwongen, verhardden ze er zeker door tegenover mijn vader. Zulke straffen leken altijd buitensporig, alsof hij zijn eigen frustratie en woede over de manier waarop het leven hem behandelde probeerde af te reageren in plaats van mij of mijn broers te leren ons gedrag te verbeteren. Misschien was hij er diep vanbinnen van overtuigd dat hij zijn plicht als vader vervulde en ons een bepaalde moraal en regels bijbracht om naar te leven, en wist hij gewoon niet hoe hij zich op de juiste manier moest uiten, waardoor hij er altijd voor koos om te schreeuwen en te slaan in plaats van te gaan zitten en te praten.

Hoewel mijn moeder niet zo gewelddadig was, kon ook zij streng zijn als ze boos werd en ze zou nooit voor ons opkomen als onze vader ons strafte: ze vond dat mijn vader altijd gelijk had als hij ons disciplineerde, ervan overtuigd dat wij dezelfde lessen moesten leren als hun waren bijgebracht toen zij even oud waren als wij. Zelf schreeuwde ze altijd naar ons als we iets deden wat volgens haar verkeerd was. Soms pakte ze ons bij de pols en sleurde ons naar het fornuis, hield onze hand boven de open gasvlam tot we de hitte in ons vlees voelden branden, dreigde ons dat ze hem er dichter bij zou houden als we ons niet gedroegen en gehoorzaamden. Soms gebruikte ze een heet strijkijzer als wapen en drukte het tegen onze armen of benen, wat brandwonden veroorzaakte. Net als de oudere vrouwen die haar op de huid zaten toen zij jong was, leek ze altijd boos en verbitterd over alles te zijn, ze had constant iets op ons aan te merken en klaagde dat we haar leven nog moeilijker maakten dan het al was. Wij leerden op onze beurt er even gedwee en onderdanig onder te zijn als zijzelf toen ze net aankwam in Groot-Brittannië – tenminste toen we jong waren – maar dat veranderde toen we ouder werden en ons beter bewust werden van de westerse manier van leven om ons heen. Misschien hoopten mijn vader en moeder dat hun straffen ons sterk genoeg zouden maken om weerstand te bieden aan de verleidingen waar we mee geconfronteerd zouden worden als we opgroeiden, maar als ze dat hoopten zaten ze er jammerlijk naast.

Wat hun motieven ook waren, het is mogelijk dat mijn vader en moeder, door ons allemaal zo wreed te straffen als ze boos waren, ons in zekere zin gevoelloos maakten en wellicht het zaad van een verbittering en ontevredenheid met het leven zaaiden waardoor mijn broers zo'n misdadig en destructief leven gingen leiden en waardoor ik een besluit nam dat mijn leven bijna verwoestte. Tegelijkertijd ontstaken ze misschien een vonk van rebellie in mij en ontwikkelden ze een onverzettelijkheid in me, waardoor ik de beproevingen waarmee ik geconfronteerd zou worden kon doorstaan.

Veel van de andere meisjes op school waren volgens hun familie nu oud genoeg om zelf naar school te gaan en ik was erg jaloers op ze. Ik zag ze praten en lachen, en vroeg me af waarom ik me nooit zo voelde. Ik lachte nooit echt, niet uit de grond van mijn hart. Het beste wat ik eruit kreeg was een soort nerveus gegiechel. Sommige andere meisjes op school die er net als ik moeite mee hadden om contacten te leggen, compenseerden dat door uit te blinken in de klas en extra tijd in hun huiswerk te steken als de anderen televisie keken of gezellig bij elkaar waren en hoge cijfers voor hun examens te halen. Ook daarin scoorde ik niet. Ik leek gewoon niet genoeg zelfvertrouwen bij elkaar te kunnen verzamelen om iets te bereiken in een van de vakken die ik deed. Het leek wel of ik me in de klas nooit lang genoeg kon concentreren om de kennis die de leraren ons probeerden bij te brengen te onthouden. Als ik aan het begin van de les de klas binnenging was ik altijd van plan me te concentreren, en elke dag zei ik tegen mezelf dat ik beter mijn best moest doen, maar op de een of andere manier dwaalde mijn geest bijna meteen af naar de vele dingen in het leven die me verbaasden en dwarszaten.

De enige les waar ik echt van genoot en waar ik goed in was, was handvaardigheid. Eén specifieke lerares handvaardigheid had me geïnspireerd toen we een project over textielontwerpen deden. Ze had ons de vrije hand gegeven om te ontwerpen wat we wilden en ik maakte een stel patronen voor sari's en rokken, zoals ik ze zelf graag wilde dragen. Op een dag vroeg ze me na de les nog even te blijven en nam mijn tekeningen door terwijl ik naast haar stond.

'Deze zijn echt goed, Saira,' zei ze tegen me. 'Ik denk dat je talent hebt. Misschien moet je je inschrijven bij de kunstacademie.'

Door haar lovende woorden raakte ik in een euforie, zelfs al dacht ik niet dat er enige kans was dat mijn vader het me ooit zou toestaan om zo'n soort opleiding te doen. Als hij al moeite had met de andere meisjes op mijn school, dan zou hij zeker problemen hebben met de onconventionele studenten die naar de kunstacademie gingen. Haar lovende woorden bleven me stimuleren en als ik tekenmateriaal te pakken kon krijgen, zat ik altijd nieuwe patronen te tekenen en schetste ik hoe ze eruit zouden zien als jurken of gordijnen of kussenhoezen. Ik was altijd volkomen ontspannen en gelukkig als ik opging in mijn patronen en kleuren.

Voor mijn eindexamen had ik denk ik vier zevens, een acht, een zes en een vijf. Niet echt schitterende schoolprestaties, maar ik had ook nooit het gevoel dat ik goede examenresultaten nodig had, omdat ik me niet kon voorstellen dat mijn vader het goed zou vinden dat ik door zou leren of zou solliciteren naar een baan waarvoor ik een universitaire opleiding nodig had. Niemand in de familie wees er ooit op dat ik daar anders over moest denken. Alle vrouwen hadden als naaister of verkoopster gewerkt, en ze werkten bijna altijd voor andere familieleden, zodat ze nooit een sollicitatiegesprek hoefden te voeren of iemand hun diploma's hoefden te laten zien. Ik wist wel dat er een alternatieve weg was, waar de meer verwesterde meisjes koers naar zetten, maar ik dacht dat die op mij niet van toepassing was. Ik vroeg me af of ik misschien in een van de kledingfabrieken in onze buurt kon werken en daar mijn ontwerpen aan de eigenaren kon laten zien, die ze wellicht zouden kopen en realiseren en me vervolgens zouden inhuren om er meer te maken. Ik wist diep vanbinnen dat dat een stoute droom was, en daarom durfde ik er met niemand over te praten, uit angst belachelijk gemaakt te worden. Dus bleef ik voor mezelf schetsen en verstopte ik mijn schetsboeken als er iemand anders in de buurt kwam, want ik wilde niet dat de draak werd gestoken met mijn tere dromen zodat ze voorgoed kapot werden gemaakt.

Om mijn vader recht te doen: hij zei altijd dat hij vond dat ik net als mijn broers een opleiding moest hebben, zodat ik onafhankelijk zou zijn als ik volwassen was. Hij was altijd bereid de studieboeken te kopen die ik nodig had, maar al leek hij dus in theorie een voorstander van scholing, de werkelijkheid voor mijn ogen was het bewijs dat wij niet het soort familie waren dat in gelijke kansen voor vrouwen geloofde. Vele jaren later vroeg ik mijn vader hoe hij de manier waarop de vrouwen in onze familie door de mannen, inclusief hijzelf, werden behandeld kon rechtvaardigen als hij echt vond dat ik onafhankelijk moest zijn als ik volwassen was.

'Hoe wij onze vrouwen ook behandelen,' zei hij na even te hebben nagedacht, 'ik zou niet willen dat een man van buiten de familie mijn dochter slecht behandelt. Ik zou willen dat ze een opleiding had om zichzelf te beschermen.'

Hij leek niet te beseffen dat zo'n hypocriet standpunt eigenaardig was, gezien het feit dat hij me later met huid en haar overleverde aan een man die me slecht zou behandelen. Het leek juist alsof hij vond dat het zonneklaar was dat dit de juiste manier van handelen was, de enige weg die hem openstond.

Veel van zijn inspanningen waren tevergeefs omdat ik kennelijk niet in staat was uit te blinken op school, hoe graag ik het ook wilde. Ik denk dat ik meer mijn best had kunnen doen om me te concentreren in de klas zodat ik een betere examenuitslag had gehad om me voor te bereiden op het echte leven buiten de familie, maar ik leefde liever in mijn eigen kleine droomwereld en het constante gevit en de woede-uitbarstingen thuis maakten dat er niet beter op, zorgden ervoor dat ik me nog meer terugtrok in mijn hoofd en in mijn eigen gedachten. Het leek sowieso zinloos. Ik kon me niet voorstellen dat iemand die zo dik, lelijk en stom was als ik in de buitenwereld ooit iets zou bereiken. In mijn somberste momenten had ik me neergelegd bij het idee dat ik waarschijnlijk zou trouwen met een onaantrekkelijke man, kinderen zou krijgen en het huishouden zou doen en voor mijn gezin zou zorgen, net als mijn moeder moest doen en net als al mijn tantes en nichten. Dan had ik op een dag misschien zelf dochters of schoondochters die mij op mijn wenken moesten bedienen. Ik ging ervan uit dat dat mijn lot zou zijn en het had weinig zin om andere dromen of ambities te koesteren. Het idee schrikte me niet echt af omdat het gewoon de manier was waarop het waarschijnlijk zou lopen, maar het stemde me ook niet hoopvol of blij.

Het grootste probleem dat ik zag was hoe ik aan een leuke echtgenoot moest komen als ik lichamelijk zo weinig aantrekkelijk was. Er kwamen geregeld brieven uit Pakistan waar een foto van een zelfverzekerde jongen of jongeman die een vrouw nodig had uit viel, op de keukentafel waar mijn moeder de envelop openmaakte.

'Wat vind je dan van deze?' vroeg ze, het laatste aanbod omhooghoudend zodat ik het kon zien en ik mompelde een of ander vrijblijvend antwoord. Ik was er nog niet eens aan toe om na te denken over de mogelijkheid om iemands vrouw te zijn, terwijl ik tegelijkertijd wildromantische ideeën koesterde over het soort man dat uiteindelijk aan de deur zou staan en me halsoverkop verliefd zou maken.

Ik zal ongeveer twaalf zijn geweest toen mijn moeder me een foto van Ahmed liet zien. Hij zag er niet speciaal uit, daarvan gingen er dertien in een dozijn, dus sloeg ik er weinig acht op.

'Je oma wil dat je met deze trouwt,' zei ze. 'Hij is een neef van

60

haar. Ze zegt dat jullie een goede partij voor elkaar zouden zijn.'

Ik zei niets, had nog steeds niet door dat het iets was waar ik een beslissing over moest nemen, want ik had het allemaal al zo vaak gehoord. Ik wist dat ik volgens de Engelse wet nog een paar jaar op school moest blijven en besloot me pas zorgen te maken over het kiezen van de juiste potentiële echtgenoot als de tijd zich aandiende. Mijn moeder moet de foto ergens weg hebben geborgen bij de andere, want ze had het er niet meer over.

Het jaar daarop ging een van de meisjes uit mijn klas in de zomervakantie terug naar Pakistan. Ze kwam het volgende schooljaar weer terug, vol verhalen over het plan van haar familie om haar uit te huwelijken, terwijl wij met open mond luisterden en achter onze hand moesten giechelen bij de gedachte dat we getrouwd zouden zijn; deels geschokt en deels opgewonden bij het vooruitzicht van wat ons allemaal te wachten stond. Een paar weken later verdween dat meisje. Haar stoel op school bleef leeg en er werd geen officiële verklaring gegeven waar ze was gebleven. Onder haar beste vriendinnen deden geruchten de ronde dat ze mee terug was genomen naar Pakistan en nu getrouwd was met de man die haar familie had uitgekozen. Ik voelde een huivering van onbehagen bij de gedachte dat haar familie dat had kunnen doen. Als ze haar op haar dertiende hadden laten trouwen, kon mij dan hetzelfde overkomen? Ik mocht misschien niet geïnteresseerd zijn in school, ik was er echt nog niet aan toe om te vertrekken en een getrouwde vrouw te worden.

Datzelfde jaar gingen we opnieuw op familiebezoek in Lahore, omdat we bericht hadden gekregen dat de vader van mijn moeder was overleden. Zelfs al had hij heel oud geleken, ik was verdrietig als ik eraan dacht dat ik mijn opa nooit meer zou zien en ik keek er echt naar uit om terug te gaan naar Lahore om hem de laatste eer te bewijzen en mijn andere familieleden te zien. Ik had genoten van mijn andere bezoeken en er vaak aan teruggedacht, en wilde mijn oma graag laten zien hoe volwassen ik was geworden sinds ze me voor het laatst had gezien. Tegelijkertijd was ik zenuwachtig dat ze misschien plannen met me hadden waar ze niet over spraken, net als de familie van het meisje dat van school was verdwenen. Ik zei tegen mezelf dat ik niet zo stom moest zijn en dat mijn vader en moeder me zoiets nooit zouden aandoen.

Er was veel veranderd toen we in Lahore aankwamen, deels dankzij het geld dat mijn moeder en andere leden van de familie uit het buitenland naar huis hadden gestuurd. Mijn oma en haar familie waren verhuisd uit de lemen hut waar ze vroeger woonden en hadden een huis in de stad gekocht, een stevig gebouw dat meer leek op het soort huizen waaraan ik in Groot-Brittannië gewend was.

Er waren veel dingen in het leven in Pakistan waar ik van hield, zoals de sfeervolle oproep tot gebed die vijf keer per dag luid boven de stad weerklonk. Ze riepen alle diepste herinneringen op, die ik had opgeslagen tijdens de vele, vele uren die ik als kind in moskeeën had doorgebracht, terwijl ik net deed alsof ik bad of de Koran las maar zonder het te weten de atmosfeer inademde. Hoewel het in Groot-Brittannië een beetje een corvee had geleken, had het me doen beseffen wat mijn achtergrond was en dat ik bij iets hoorde wat groter was dan ikzelf. De oproepen van de minaretten hadden zelfs een nog grotere romantiek als ik in het land was waar de overtuigingen die mij waren aangereikt zo diep geworteld waren; de stemmen werkten zo op mijn gemoed dat de rillingen me ervan over de rug liepen. Als kind had ik misschien weinig geduld gehad met de rituelen en de eentonigheid van de religieuze geloofsuitoefening waar mijn ouders aan vasthielden, maar toch was die deel gaan uitmaken van mijn ziel. Hoewel ik me nooit honderd procent Pakistaans voelde, voelde ik me wel altijd honderd procent moslim.

Er waren andere elementen van het straatleven in Lahore die ik niet zo leuk vond, zoals de manier waarop veel mannen kauwden en op straat spuugden en constant met zichzelf leken te spelen en hun broek ophesen terwijl ze agressief naar passerende vrouwen keken. Ik vond het vaak bedreigend en had er niet alleen rond willen lopen, iets waarnaar ik in Groot-Brittannië juist altijd verlangde. Als wij vrouwen de straat op gingen waren we altijd van top tot teen gesluierd, maar dan voelde ik me nog steeds kwetsbaar.

Ahmed, het familielid van wie mijn oma via mijn moeder een foto had gestuurd, bleef langskomen voor bezoekjes terwijl wij er waren. Hij was nog maar in de twintig maar op mij kwam hij over als een oude man, gewoon een van de vele ooms aan wie ik altijd werd voorgesteld zonder exact te begrijpen wie het waren en hoe de verwantschap in elkaar zat. Als Ahmed er was, kwamen de andere meisjes me zoeken en piepten ze van onnozele opwinding.

'Raad eens wie er is?' giechelden ze. 'Je toekomstige echtgenoot.'

'Ik ga niet met hem trouwen,' luidde mijn zwakke protest. Ik voelde me gevleid door de aandacht maar was zenuwachtig voor het geval het uit de hand liep. 'Ik ga met niemand trouwen. We zijn hier alleen voor de begrafenis van opa, nergens anders voor.'

'Maar oma wil dat je met hem trouwt,' vertelden ze me opgewekt. Ze dachten kennelijk dat ik het doel van ons bezoek helemaal verkeerd had begrepen.

Ik zei tegen mezelf dat het idee belachelijk was, dat ik gewoon nog maar een schoolmeisje was dat duizenden kilometers bij al deze familieaangelegenheden vandaan woonde, maar vanbinnen kreeg ik het koud en had ik een vaag voorgevoel. Was het mogelijk dat mijn vader en moeder me aan deze man zouden uithuwelijken zodra ik oud genoeg was? Hadden zij mij al aan hem beloofd? Het was mijn klasgenootje op school overkomen en ik had verhalen van andere Aziatische families gehoord, was ik misschien als volgende aan de beurt? Ik had de moed niet om iets tegen een van de volwassenen te zeggen, ik had het gevoel dat ik moest wachten tot me werd verteld wat ze van plan waren vóór ik mijn protest kon laten horen.

Zelfs al was ik niet van plan met hem te trouwen, ik kon het niet helpen om zo discreet als ik kon naar Ahmed te gluren als hij er was, om te zien wat voor soort lot me te wachten zou hebben gestaan als ik erin had toegestemd, om te zien wat voor soort man het was dat belangstelling voor me toonde. Hij zag er heel gewoon uit, had een baard en was niet adembenemend knap maar ook niet afschuwelijk lelijk. Hij bleef naar me kijken als hij langsliep en wierp me flirtende blikken toe. Ik voelde dat ik bloosde als ik zijn blik ving. Zolang het niet serieus werd was ik best gevleid door zijn belangstelling, en af en toe beantwoordde ik zijn blikken voor ik snel mijn ogen weer neersloeg.

Een van mijn tantes, die getrouwd was met een van Ahmeds oudere broers, kreeg me op een dag te pakken toen ik alleen was, en begon een beetje samenzweerderig tegen me te fluisteren.

'Ahmed wil je spreken,' zei ze tegen me.

'Me spreken, maar waarover?' wilde ik weten, want ik kon me niet voorstellen wat ik tegen een volwassen man te zeggen zou kunnen hebben dat hem zou interesseren.

'Ik weet het niet.' Ze zag er zenuwachtig uit omdat ze iets moest uitleggen waarvan ze waarschijnlijk dacht dat er niet hardop over mocht worden gesproken. 'Hij wil je gewoon spreken. Kom naar mijn huis, dan kun je hem ontmoeten.'

Ik wist niet hoe ik de uitnodiging moest afslaan zonder haar voor het hoofd te stoten. Bovendien was het spannend om iets te doen wat zo volwassen was, maar tegelijkertijd kwam het koude gevoel van angst terug, alsof ik instinctief wist dat ik me op gevaarlijk terrein begaf. Mijn hart bonsde toen ik later die dag in het huis van mijn tante zat, en tegen de tijd dat Ahmed eindelijk de kamer binnenkwam kon ik nauwelijks nog ademen.

'Waarover wil je met me praten?' vroeg ik en ik probeerde rustig te klinken, durfde nauwelijks van de vloer omhoog te kijken.

'Vind je me aardig?' vroeg hij en hij kwam meteen ter zake.

'Nee,' zei ik, want ik liep liever het risico dat ik bot overkwam dan dat ik ervan werd beschuldigd hem te verleiden. Hij deed zijn mond open om iets terug te zeggen, maar hij raakte kennelijk in paniek door het geluid van andere stemmen die de kamer naderden en liet me snel alleen achter.

Er moet in de familie heel wat zijn afgeroddeld over mij, want tegen de tijd dat ik later die dag weer bij mijn oma thuis was teruggekeerd, had mijn broer Ali gehoord dat Ahmed met mij alleen in een kamer was geweest en met me had geflirt. Zelfs al wilden oudere leden van de familie dat wij zouden trouwen, dan betekende dat nog niet dat Ahmed met me alleen mocht zijn, want dan zouden de mensen erover praten en dan zou mijn naam bezoedeld raken. Ik schrok hoe boos Ali door deze aantasting van de eer van zijn zus werd. Ik dacht dat hij me zou slaan, maar op de een of andere manier slaagde hij erin zich te beheersen en in plaats daarvan stormde hij op de jongere broer van mijn moeder af, mijn favoriete oom, om hem te vertellen wat hij over ons had gehoord. Ik had het gruwelijke gevoel dat ik ze hierdoor het excuus had gegeven dat ze nodig hadden om me snel uit te huwelijken. Door alleen met Ahmed in een kamer te zitten had ik mezelf in opspraak gebracht, nu kon ik niet meer protesteren tegen wat de mannen misschien zouden voorstellen. Ik voelde me ziek van angst bij de gedachte dat ik hun helemaal in de kaart had gespeeld.

'Zeg maar tegen die Ahmed dat ik met hem wil praten,' beval Ali onze oom met al het gezag van een man die tekort is gedaan. Mijn oom had geen andere keus dan zijn bevel uit te voeren en Ahmed werd prompt bij mijn oma thuis ontboden. Toen hij arriveerde begroette Ali hem koel, hij stond erop dat ze samen naar het park zouden gaan voor een serieus gesprek van man tot man. Ahmed moet geweten hebben dat hij in de problemen zat, maar hij ging toch. Het was alsof ze allebei die schertsvertoning omwille van mij moesten opvoeren. Zodra Ali met hem alleen was, sloeg hij Ahmed meedogenloos in elkaar om hem te laten zien hoe kostbaar mijn reputatie was en hoe hoog ze zijn gebrek aan respect voor onze familie opnamen.

Ik schrok toen ik hoorde wat er was gebeurd en hoe erg Ahmed in elkaar was geslagen. Hoewel ik opgelucht was dat ze niet tot overeenstemming waren gekomen dat wij zouden trouwen, gaf het me een des te ongemakkelijker gevoel dat mijn onvoorzichtige gedrag ertoe had geleid dat Ali deze arme man omwille van mij te lijf was gegaan. Ik vroeg me af of het misschien allemaal mijn schuld was. Had ik hem verleid door naar het huis van mijn tante toe te gaan en door blikken met hem te wisselen? De hele situatie leek zo gevaarlijk en volwassen en stond zo ver af van alles waar ik verstand van had dat ik het niet wist.

Voor we het huis verlieten om terug te keren naar Groot-Brittannië gaf mijn oma mijn moeder een ring die ze van Ahmeds ouders had gekregen. Hoewel er geen officiële aankondiging of ceremonie was geweest en we zelfs niet eens fatsoenlijk aan elkaar waren voorgesteld leek het of de ouderen van beide kanten al hadden beslist dat we als officieus verloofd moesten worden beschouwd, ondanks onze misstap in het huis van mijn tante en de heetgebakerde reactie daarop van mijn broer. Ik kwam pas achter het verhaal van de ring toen ik het mijn moeder aan mijn vader hoorde vertellen toen we weer thuis waren.

'Stop hem voorlopig maar weer in de koffer,' zei mijn vader

tegen haar. 'Dat zien we later wel, als de tijd daar is.' Ik denk niet dat hij meer wist van de plannen die mijn moeder en mijn oma hadden bekokstoofd dan ik. Ik heb geen idee hoeveel mensen op dat moment mijn toekomst al invulden zonder dat ik er iets van wist.

6
Verliefd

Er werd niets meer gezegd over ons bezoek aan Lahore of over de verlovingsring die nog steeds in de koffer van mijn moeder lag en zijn tijd afwachtte. Kennelijk was ik toch niet voorbestemd om een kinderbruid te zijn. Ik maakte mijn school af zonder te weten wat er daarna ging gebeuren. Ik was zestien en het drong tot me door dat, ook al was ik op school niet zo goed geweest als sommige van mijn vriendinnen, een dagopleiding volgen me wat meer tijd zou geven voor ik werd uitgehuwelijkt en gedwongen net zo te leven als de andere vrouwen in mijn familie. Mijn examenresultaten waren goed genoeg om naar het vwo te gaan als mijn vader het goedvond. Ik dacht dat als ik hem vertelde dat ik naar de heao wilde, ik hem ervan zou kunnen overtuigen dat het goed zou zijn voor de familie, omdat ik dan een betere baan kon krijgen en financieel meer kon bijdragen. Ik had geen idee of mijn vader toestemming zou geven en ik durfde het hem niet rechtstreeks te vragen, dus zinspeelde ik erop bij mijn moeder en hoopte dat zij het doorgaf.

Op een dag besloot ik dapper te zijn en het hem op de man af te vragen.

'Papa,' zei ik en ik durfde hem nauwelijks te tonen hoe zenuwachtig ik was voor het stellen van die vraag. Ik wist bijna zeker dat als hij het verbood, het zou betekenen dat hij direct huwelijksplannen voor me ging maken. 'Ik wil graag naar de heao, als u het goedvindt. Ik wil zakenvrouw worden en veel geld verdienen. Laat het me alstublieft doen, pap. Mijn broers zitten er ook op en zij doen het toch ook goed?'

Ik had het gevoel dat er een sprankje hoop was dat hij erover wilde praten. Misschien was dit een manier om helemaal te ontsnappen aan het lot dat zo veel andere Aziatische vrouwen op school en mijn nichtjes overkwam als hun ouders besloten dat het moment was gekomen om te stoppen met school en te trouwen. Zodra ik een opleiding had was ik ongetrouwd misschien waardevoller voor hen dan getrouwd.

'Ik zal erover nadenken,' zei hij en ik wist dat ik het daarmee moest doen. Ik ging de kamer uit en mijn moeder had zoals gebruikelijk een heleboel karweitjes voor me. Terwijl ik in de keuken bezig was, kon ik horen hoe ze hem in de woonkamer probeerde te beïnvloeden.

'Ze is een meisje,' bleef ze maar zeggen. 'En meisjes gaan niet studeren. Daar zijn ook jongens. Wat zullen je broer en zijn familie ervan zeggen?'

Ik bleef hopen dat hij sterk genoeg zou zijn om tot een besluit te komen zonder naar haar te luisteren. Ten slotte riep hij me weer de kamer in en vroeg me hoe graag ik wilde studeren.

'Het zou geweldig zijn als u me toestemming gaf,' zei ik, mijn ogen nederig neergeslagen. 'Maar als u het niet goedvindt, is dat ook goed.'

'Ik weet dat ik hierover problemen krijg met je moeder en met mijn familie,' zei hij na even nagedacht te hebben. 'Maar ik ga je een kans geven. Beschaam mijn vertrouwen niet, Saira.'

Ik denk dat het de eerste keer in zestien jaar was dat ik helemaal vanuit mijn hart glimlachte, me echt gelukkig voelde. Ik had eindelijk een kans gekregen om te ontsnappen aan mijn verleden en aan de verwachtingen van mijn familie. Ik beloofde mezelf plechtig dat ik harder zou werken dan ik op de middelbare school ooit had gedaan en niets zou doen om mijn vader teleur te stellen nu hij eindelijk had laten zien dat hij in me geloofde.

Mijn zelfvertrouwen begon toe te nemen tegen de tijd dat ik naar de heao ging, maar het was nog steeds niet groot genoeg om op een natuurlijke manier met de andere studenten om te gaan. Nu ik de middelbare school met alleen meisjes had verlaten, was ik gedwongen de hele dag met jongens om te gaan. Ervaring in praten met de andere sekse had ik niet, behalve dan met mijn broers, die allebei nooit erg aardig tegen me waren geweest. Ik had geen idee wat ik tegen jongens moest zeggen of hoe ik me in hun gezelschap moest gedragen. Ik was constant verbaasd als ze ook maar een beetje aardig tegen me deden of me überhaupt opmerkten. Ik wilde vriendelijk zijn en een beetje met ze flirten, wat ik een paar andere meisjes ook zag doen, maar ik was als de dood dat ik ze de verkeerde boodschap zou geven waardoor ik de wraak van mijn vader en broers over mij en die jongen zou afroepen, die er misschien wel van zou worden beschuldigd dat hij mij had onteerd terwijl hij alleen maar vriendelijk was geweest. Het zou vreselijk vernederend zijn als een van mijn medestudenten gesommeerd zou worden om naar het plaatselijke park te komen om vervolgens in elkaar geslagen te worden. Mijn enige hoop om uit de problemen te blijven was door mijn hoofd naar beneden te houden, met mijn blik op de vloer gericht, en me terug te trekken in mijn eigen gedachten. Ik kon me niet voorstellen hoe de andere meisjes zo open en zelfverzekerd met de jongens om konden gaan zonder dat ze in de problemen kwamen.

Hoewel ik verlegen was tegenover mannen en niet wist hoe ik me moest gedragen, was het een opluchting om niet meer omringd te zijn door alleen vrouwen, die de hele tijd met elkaar wedijverden en me het gevoel gaven dat ze neerkeken op mensen als ik. Ik moest nog steeds van de heao worden opgehaald door een van mijn ouders of mijn broers, wat gênant was, maar beter dan helemaal niet mogen gaan.

'Is dat je vriend?' vroegen de andere meisjes soms als ze een van mijn knappe broers bij de hekken zagen staan wachten.

'Nee,' zei ik dan blozend, 'het is mijn broer.'

'Waarom word je zo in de gaten gehouden door je familie?' vroegen ze oprecht verbaasd. 'Vertrouwen ze je niet?'

Daar had ik geen antwoord op omdat ik het zelf niet begreep. Wat had ik ooit gedaan waardoor mijn familie dacht dat ik mezelf niet kon redden?

Ik kwam erachter dat ik de jongens beter wilde leren kennen dan de meisjes. Ik hield van hun eerlijkheid en goedhartigheid. Ze leken geen verborgen agenda te hebben, zoals sommige meisjes, maar ik had geen idee hoe ik een gesprek met hen moest aanknopen, dus bleef ik op afstand en was ik het grootste deel van de tijd alleen.

Toen de weken verstreken en mijn broers me minder scherp in de gaten hielden, nam mijn zelfvertrouwen een beetje toe en begon ik op te kijken van de vloer en de jongens beter te bestuderen als ze niet keken. Er was er een bij die ik echt geweldig vond en in de klas bleef ik naar hem kijken; ik wendde mijn blik altijd af als hij terugkeek, ik wilde zijn aandacht trekken en hem aanmoedigen op me af te komen en met me te praten, maar tegelijkertijd joeg het me angst aan, omdat ik geen idee had wat ik dan tegen hem moest zeggen. Het gaf me al een ongelooflijk moedig gevoel dat ik naar hem durfde te staren. Na een paar dagen wist ik dat het hem was opgevallen dat ik naar hem keek en hij keek zelfs terug. Ik begon te fantaseren hoe we in gesprek zouden komen en uiteindelijk verliefd werden en dat ik zelf de man uitkoos met wie ik wilde trouwen zonder dat mijn broers, mijn ouders, mijn grootouders of mijn ooms en tantes zich ermee bemoeiden. Ik werd elke ochtend opgewonden wakker bij het vooruitzicht dat ik naar de heao ging en hem weer zou zien. Mijn hart begon te bonzen als ik in hetzelfde lokaal was als hij. Toen hij via een van de andere meisjes duidelijk maakte dat hij totaal niet in mij geïnteresseerd was en zelfs niet met me wilde praten, voelde ik me kapot en vernederd.

Ik had meteen weer een afkeer van mezelf, net als vroeger. Hoe had ik zo ijdel en stom kunnen zijn dat ik dacht dat zo'n geweldige man geïnteresseerd zou zijn in mij? Mijn oude onzekerheden over mijn gewicht, mijn huidskleur en mijn gebrek aan wereldwijsheid kwamen in alle hevigheid terug. Ik voelde me hetzelfde dikke, stinkende meisje als op de middelbare school. Ondanks mijn intense vernedering zat er niets anders op dan naar de heao te blijven gaan en tot elke prijs te voorkomen dat ik naar hem keek, wat betekende dat ik mijn blik nauwelijks kon opslaan van de vloer omdat die anders misschien per ongeluk de zijne ontmoette.

Er waren twee andere meisjes in de klas die net als ik een hoofddoek droegen, maar hun kleren waren veel mooier en zaten veel beter. Na een paar pogingen boekte ik wat vooruitgang en sloot ik vriendschap met hen zodat ik niet de hele tijd alleen hoefde te zitten en eruitzag als een mislukkeling. Ze waren heel aardig tegen me, maar toch kwam het altijd op me over alsof zij tweeën echt bij elkaar hoorden en mij op sleeptouw namen. Door met hen om te gaan, kreeg ik langzamerhand wat contact met een paar andere jongens in de klas en leerde ik me natuurlijker tegenover hen te gedragen, al was het op een pijnlijk verlegen en bescheiden manier.

Mijn broers waren inmiddels klaar met hun opleiding en probeerden hun weg in de volwassen wereld te vinden. Ali, de oudste, was altijd heel ambitieus geweest en wilde zich graag bewijzen. Hij probeerde voortdurend aan te pappen met mensen van wie hij dacht dat ze veel geld verdienden, maar die niet allemaal op me overkwamen als goede of hardwerkende mensen. Ondanks het dubieuze gezelschap waarin hij verkeerde, gedroeg hij zich nog steeds als een plichtsgetrouwe moslim: hij werkte hard bij een afhaalrestaurant, zei zijn gebeden en spaarde zijn geld voor de dag waarop hij zou trouwen.

Een andere Pakistaanse familie die vaak bij ons op bezoek kwam, nam een foto van hun dochter mee en vroeg mijn vader en moeder of Ali met haar zou willen trouwen. Op de een of andere manier leek een gearrangeerd huwelijk niet zo bedreigend voor een man als voor een vrouw. Als het niets werd, kon hij nog altijd een andere vrouw nemen of was hij gewoon nooit thuis en constant bij zijn vrienden; mogelijkheden die niet openstonden voor een vrouw die een slecht huwelijk had. Bovendien bezat een man als Ali de noodzakelijke lichamelijke kracht om een vrouw te laten doen wat hij wilde.

Hij moet de ouders van het meisje een goede partij hebben geleken. Voor zover zij wisten had hij een vaste baan bij een af- haalrestaurant en hij leek een knappe en voorkomende jonge- man. Ze wisten niets van de mensen met wie hij graag rond- hing en die hij leek te bewonderen en wilde evenaren, en ze wisten niets over zijn opvliegendheid of over zijn bereidheid om geweld te gebruiken als iemand of iets zijn hoge gedrags- normen beledigde.

Mijn vader en moeder zeiden tegen de andere familie dat ze de besprekingen over een mogelijk huwelijk graag wilden ope- nen. Het kwam meteen tot een ontmoeting met het meisje, ze vonden haar aardig en ineens ging alles heel snel, waardoor de hele familie terechtkwam in een draaikolk van activiteiten en dingen die geregeld moesten worden. Niets vrolijkt een familie meer op dan het vooruitzicht van een feest als een bruiloft. Iedereen was uitgelaten, gelukkig en hoopvol; zelfs mijn moeder, die normaal zo gebukt ging onder de zorgen en irritaties van de wereld. Nu ze mijn foto hadden gezien suggereerde de familie van de bruid dat ik een goede vrouw voor haar jongere broer zou zijn, die Aman heette, en iedereen raakte nog uitgelatener. Het was alsof het huis werd gegrepen door de huwelijkskoorts en ik moet toegeven dat ik er een beetje door werd opgezweept en er deel van wilde uitmaken, in het middelpunt van de aandacht wilde staan, net als mijn broer en zijn toekomstige bruid.

Jonge mensen hebben in hun hart en hoofd een ongenees-lijk optimisme. Wanneer iemand het idee opperde dat ik zou worden uitgehuwelijkt aan een jongen die ik niet had ontmoet en van wie ik geen foto had gezien, dan stelde ik me hem met-een voor als de leukste, aardigste en knapste jongeman die ik ooit was tegengekomen: een echte prins op het witte paard. Gek genoeg voelde ik dezelfde vlinders in mijn buik bij het vooruitzicht aan deze onbekende zwager gekoppeld te wor-den. Op de smalle basis van dat romantische optimisme en te-gen alle bewijzen van mijn ervaringen tot dusverre in, begon ik mezelf voor te stellen dat ik de rest van mijn leven met hem zou zijn en blijmoedig zijn kinderen kreeg en opvoedde. Het zelfvertrouwen dat ik was kwijtgeraakt door de afwijzing door de jongen op de heao ontvlamde weer in mijn hart, en ik was ervan overtuigd dat ik nu wist hoe ik me op de juiste manier moest gedragen. Ik hoefde me geen zorgen te maken over wat ik tegen deze jongen moest zeggen, omdat ik voor de bruiloft toch niet met hem mocht praten en ik kende de regels over al-leen met hem zijn of toestaan dat hij met me flirtte. Mijn onlo-gische jonge geest leek het heel goed mogelijk dat mijn leven op het punt stond ten goede te veranderen. Als Ali zo gemak-kelijk een bruid kon vinden, redeneerde ik, waarom zou het mij dan ook niet lukken? Ik vond mijn toekomstige schoonzus aardig, dus waarom zou ik haar broer niet even aardig vinden?

Er werd een foto van me gemaakt om aan Aman te laten zien en ik wachtte tot ze me vertelden dat er een ontmoeting was geregeld en we elkaar eindelijk zouden zien, ook al moch-ten we nog niet met elkaar praten.

Een paar martelend lange weken later kwam het antwoord en mijn moeder vertelde me de uitkomst toen we samen het ontbijt voor mijn vader en mijn broers klaarmaakten. Aman, zei ze, had de boodschap gestuurd dat hij er geen behoefte aan had om me te zien. Zijn antwoord op de suggestie dat we een goed stel konden vormen was een krachtig 'nee'. Ook al had ik daarvoor niet de dringende wens gekoesterd om te trouwen en had ik hem nooit ontmoet, het voelde alsof ik een stomp in mijn maag kreeg toen ik naar de woorden luisterde die mijn moeder, zoals gebruikelijk, doorgaf zonder aan mijn gevoelens te denken. Het leek alsof ze zei dat ze dat wel had verwacht, omdat ik immers dik en lelijk was. Maar mijn boosheid richtte zich niet tegen haar, maar tegen deze onbekende jongeman. Hij zou toch op zijn minst genoeg geïnteresseerd moeten zijn geweest om me te ontmoeten voordat hij me botweg afwees? Was mijn foto zo afschuwelijk dat hij de gedachte niet kon verdragen om mij zelfs maar onder ogen te krijgen? Alle gekwetstheid die ik had gevoeld na de afwijzing op de heao welde weer in me op en ik moest de andere kant op kijken zodat mijn moeder mijn opkomende tranen niet zag.

Ik ging die dag met een bezwaard gemoed naar de heao, in gedachten verzonken, voor één keer dankbaar dat alle anderen me met rust lieten. Was ik zo onaantrekkelijk dat geen enkele leuke jongen ooit geïnteresseerd zou zijn? Was het onvermijdelijk dat ik met iemand ging trouwen die oud of lelijk was als ik niet als oude vrijster wilde sterven? Terwijl de dag zich voortsleepte, begonnen mijn gedachten een beetje uit te kristalliseren en verhardde mijn gekwetstheid tot woede. Het had geen zin om me beledigd te voelen, zei ik tegen mezelf, hij had me immers niet persoonlijk afgewezen, want hij had me niet eens ontmoet. Dus hoe durfde hij zo snel een oordeel te vellen, terwijl ze hem maar één foto hadden laten zien? Hoe wist hij dat ik niet de ware voor hem was als hij niet eens de moeite nam om mij te ontmoeten?

De vragen bleven rondtollen in mijn hoofd en ik kon me tijdens de lessen nergens op concentreren; ik was verbolgen over de onrechtvaardigheid en de arrogantie van zijn reactie. Ik had het gevoel dat dit veel respectlozer tegenover mij was dan alles wat Ahmed in Lahore had gedaan, maar ik wist dat de mannen mijn eer ditmaal niet vrijwillig zouden verdedigen en dat mijn moeder het gewoon als bevestiging zou zien dat ze altijd al gelijk had gehad dat ik onaantrekkelijk was. Die avond praatte ik met niemand toen ik thuiskwam, ik was nog steeds diep in gedachten toen we het avondeten klaarmaakten en mijn moeder haar vele klachten van die dag te berde bracht. Niemand had door dat er iets aan de hand was en als dat wel het geval was namen ze niet de moeite om er iets van te zeggen. Soms had ik het gevoel of ik volkomen onzichtbaar was voor de wereld. De weken daarna bleef ik piekeren en toen de dag van het verlovingsfeest van mijn broer aanbrak zag ik Aman voor het eerst, aan de andere kant van een kamer vol pratende familieleden.

Dat had het moment moeten zijn waarop ik me realiseerde dat ik door het oog van de naald was gekropen, maar zo voelde het niet. De man die me had afgewezen was de knapste die ik ooit had gezien. Ik schrok hoe erg ik me tot hem aangetrokken voelde, terwijl hij niet eens mijn kant op keek. Ik denk dat hij op dat moment helemaal was vergeten dat ze hem die foto van mij hadden laten zien. Het was duidelijk niet iets wat hem interesseerde of belangrijk voor hem was, maar aan mij had het wekenlang gevreten. Ik betwijfel of hij, zelfs al had hij naar me gekeken, mij met de foto in verband zou hebben gebracht. Voor hem was ik gewoon een van de vele jonge vrouwen, met mijn gebogen hoofd, en mijn bedekte haar, mijn gezicht zonder make-up. Deze glimp van hem, gekoppeld aan de aanhoudende stekende pijn van zijn afwijzing, maakte het idee om nu met hem te kunnen trouwen nog honderd keer reëler en aantrekkelijker. Ik had bijna het idee dat ik vlak voor het huwelijk de bons had gekregen. Omdat ik wist dat het heel onbehoorlijk was om hem aan te spreken, vroeg ik terloops aan andere vrouwelijke familieleden van hem om me wat over hem te vertellen en waar hij werkte. Omdat ze dachten dat ik geen bijbedoelingen had met mijn vragen of misschien al wisten dat ik was afgewezen en pervers plezier beleefden aan mijn vergeefse interesse, maakten de vrouwen blijmoedig alles bekend wat ze over hem wisten.

Hij was duidelijk populair in de familie en ik onthield de naam van het restaurant waar ze zeiden dat hij werkte.

Die avond kon ik zijn gezicht niet uit mijn hoofd krijgen, en uit ervaring wist ik dat ik opnieuw het risico liep dat mijn zelfvertrouwen een klap kreeg, waardoor ik maanden of zelfs jaren achterop kon raken. Liggend in bed, klaarwakker en verwoed piekerend, besloot ik niet te accepteren dat dit mijn lot was. Ik zou mijn leven in eigen hand nemen en de confrontatie met hem aangaan, een verklaring eisen voor zijn besluit om mij als huwelijkskandidaat af te wijzen. Ik wist dat ik me op riskant terrein begaf omdat hij als hij me persoonlijk ontmoette heel goed iets zou kunnen zeggen wat nog kwetsender was, vooral omdat hij mijn toenadering als onbehoorlijk gedrag voor een jonge vrouw zou kunnen beschouwen. Maar ik wist dat ik dat risico moest nemen als ik de zwarte wolk van gebrek aan zelfvertrouwen die boven me hing wilde afschudden. Ik had tenslotte niets te verliezen en misschien alles te winnen: dat wil zeggen niets te verliezen zolang mijn broers er niet achter kwamen.

De volgende dag liep ik na college naar het restaurant waar hij werkte, terwijl elke vezel van mijn lichaam probeerde me op andere gedachten te brengen. Ik dwong mezelf om het gebouw heen te lopen, naar de keukendeur. Toen ik verlegen aanklopte, viel ik bijna flauw van de zenuwen, en ik hoopte half dat niemand binnen me zou horen en ik naar huis kon gaan zonder mijn plan uit te voeren.

'Ik ben op zoek naar Aman,' kondigde ik aan toen een jonge keukenhulp de deur opendeed, zijn handen aan zijn schort afveegde en me vragend aankeek.

'Oké.' Hij knikte naar een andere deur die toegang gaf tot het restaurantgedeelte voor hij doorging met zijn werk aan het aanrecht; kennelijk interesseerde het hem verder niet. Hij dacht waarschijnlijk dat ik een van Amans zussen was.

Nu was het te laat om terug te gaan, dus verzamelde ik al

mijn eigenwaarde en ging ik verder, ik liep snel door het ge-rammel en de geuren van de keuken de rust van het met vloer-bedekking beklede restaurant binnen. Er waren geen klanten en de mannen die er werkten zaten aan een van de tafels te eten. Hij was een van hen.

'Kan ik alsjeblieft met je praten, Aman?' vroeg ik. 'Ik heet Saira.'

Hij stond op, keek verbaasd en in verlegenheid gebracht, was nog steeds een mondvol eten aan het kauwen. Ik keek snel naar hem voor ik mijn blik weer op de vloerbedekking richtte. Hij was even geweldig als ik op het feest had gevonden.

'Ik ben Aman,' zei hij, alsof ik dat niet wist.

'Kunnen we onder vier ogen praten?' vroeg ik.

'Natuurlijk.'

Hij negeerde het gegniffel van de andere mannen en nam me mee naar de bar, gaf te kennen dat ik in een van de stoelen moest gaan zitten waar mensen hun drankje opdronken of op hun afhaalmaaltijd wachtten.

'Onze families hebben met elkaar gesproken,' zei ik. 'Ze heb-ben jou mijn foto laten zien.'

'Dat weet ik.' Hij zei het vriendelijk, totaal niet hoe ik me had voorgesteld dat het zou zijn en ik voelde dat de wind van verbolgenheid, die me daarnaartoe had gevoerd, me uit de zei-len werd genomen. Het was niet zo gemakkelijk om boos op hem te zijn als hij zo aardig was.

'Ik ben hier om te horen waarom je me hebt afgewezen voordat je me zelfs maar had ontmoet.'

'Ik...' hij begon te praten, maar inmiddels was ik op stoom en ik bleef maar doorgaan. 'Hoe durf je zo'n oordeel te vellen op grond van alleen een foto? Je had toch op zijn minst de be-leefdheid kunnen opbrengen om me te ontmoeten en erachter te komen hoe ik als persoon ben?'

Hij keek over zijn schouder naar zijn collega's, die mijn ver-heven stem waarschijnlijk konden horen.

'Zullen we een wandelingetje maken?' vroeg hij.

'Oké.'

Ik was zenuwachtig bij de gedachte dat ik voor iedereen zichtbaar buiten was met een man, maar nu ik zover was gekomen kon ik er net zo goed mee doorgaan. Ik dacht niet dat er op dat tijdstip in dat deel van de stad veel kans was om iemand tegen het lijf te lopen die me zou herkennen. Hij hield de deur voor me open en lachte zo innemend dat ik nauwelijks wist hoe ik mijn ene been voor mijn andere moest zetten. Zodra we buiten wandelden, ging ik verder met mijn donderpreek, deels om al mijn opgekropte gekwetstheid en frustratie te ventileren en deels om niet te vervallen in mijn gebruikelijke zwijgen en met de mond vol tanden te staan. Hij bleef rustig en liet me mijn hart luchten. Daarna bood hij zijn verontschuldigingen aan en het klonk alsof hij het echt meende.

'Het spijt me heel erg,' zei hij. 'Ik denk dat ik gewoon bang was dat mijn familie me overhaast in iets stortte waar ik nog niet aan toe was. Het was niet persoonlijk bedoeld. Ik zou tegen iedereen met wie ze waren gekomen nee hebben gezegd. Ik had dat niet moeten doen. Ik had het een kans moeten geven voordat ik zo'n definitieve beslissing nam. Ik had rekening moeten houden met jouw gevoelens, maar jij was toen alleen een foto voor me, geen echte persoon.'

Hij praatte zo rustig en vriendelijk dat ik het gevoel had dat ik fel en onredelijk tegen hem was uitgevaren. Een beetje gegeneerd door de manier waarop ik tegen hem van leer had getrokken stond ik hem toe mij een beetje te kalmeren. We liepen om het centrum van de stad heen en ik ging zo op in ons gesprek dat ik zelfs vergat zenuwachtig te zijn omdat ik zou worden herkend, onbegeleid, met een man die geen familie van me was.

'Ik moet terug naar mijn werk,' zei hij na een tijdje. 'Ga naar huis en als je wilt dat we elkaar weer ontmoeten, laat het me dan maar weten.'

Toen ik terugging naar huis voelde ik me zo licht als een veertje. Alle gekwetstheid die ik had gevoeld, en de angst dat ik misschien nooit een geschikte man zou vinden die in me geïnteresseerd was waardoor ik gedwongen zou zijn met zo iemand te trouwen als mijn neef in Lahore, was weggenomen. Aman was nota bene charmant tegen me geweest en had gezegd dat hij me graag weer wilde zien. Voor mijn wanhopige oren klonk dat even goed als een volledige liefdesverklaring, en al mijn fantasieën over een grote familiebruiloft met een knappe bruidegom aan mijn zij werden even snel aangewakkerd als ze door zijn eerste afwijzing waren gedoofd. Dit bewees tegenover mijn moeder voor eens en altijd dat ze geen gelijk had dat ik zo onaantrekkelijk was, en mijn vader zou eindelijk trots op me zijn. Ik was zó trots dat ik de moed had gevonden om hem op te zoeken en hem de waarheid te zeggen. Ik kon haast niet geloven dat ik zoiets schokkends had gedaan, maar nu leek het zo gemakkelijk en voor de hand liggend dat ik niet goed wist waarom ik er eigenlijk zo lang over had gedaan om de moed bij elkaar te rapen.

Toen ik thuiskwam, popelde ik om over hem en mijn gevoelens te praten. Ik wou dat ik iemand had die ik het hele avontuur kon vertellen, maar er was niemand die ik vertrouwde dat hij het niet zou doorvertellen aan mijn broers en mijn vader, en ik kon het beeld van de arme Ahmed die in Lahore door Ali in elkaar werd geslagen niet uit mijn hoofd zetten. De gedachte dat Aman misschien in elkaar zou worden geslagen omdat hij met me had gesproken, terwijl het allemaal mijn schuld was, was te vreselijk om zelfs maar over na te denken.

Het kostte me niet zo veel tijd om mijn moed bij elkaar te rapen om een paar dagen later voor de tweede keer naar het restaurant te gaan, en weer wandelden we samen om het centrum van de stad heen, we aten baguettes en praatten de hele tijd alsof we alles over elkaar wilden weten. Het was alsof al mijn remmingen waren verdwenen, alsof er niets was waarover ik niet met hem kon praten. Hij was de eerste die ik over mijn dromen vertelde dat ik de kost zou verdienen door stoffen te ontwerpen en hij lachte niet om mijn pretenties zoals ik had gedacht dat de meeste mannen wel zouden doen. Hij leek echt geïnteresseerd en vroeg me de volgende keer dat we elkaar ontmoetten een paar van mijn tekeningen mee te nemen. Ik wist eigenlijk niet of ik het meest uitgelaten was door het feit dat hij de ontwerpen wilde zien of door zijn suggestie dat hij me weer wilde zien.

Ik vond hem nog aardiger dan de eerste keer en het gevoel groeide met elk bezoek dat ik de weken daarna aan het restaurant bracht. De keer daarop gingen we naar McDonald's om een hamburger te eten, net als elk normaal modern stel dat samen uitging. Een andere keer had hij vrijgenomen van zijn werk en namen we de bus naar een winkelcentrum buiten de stad. Weer een andere keer gingen we met de trein naar een heel andere stad. Buiten de familiebezoeken in Lahore had ik alleen op en neer gereisd naar scholen en naar de heao. Het gevoel van vrijheid en de oneindige mogelijkheden van een leven weg van mijn familie was bedwelmend. Voor het eerst voelde ik hoe het was om geen kind maar volwassen te zijn.

Toen de datum van het huwelijk tussen Ali en Amans zus dichterbij kwam, waren mijn moeder en ik steeds vaker bij zijn familie thuis. Aman was er vaak ook als we aankwamen of hij kwam snel binnen terwijl alle vrouwen zaten te praten. Het was moeilijk voor me om niet te glimlachen en naar hem te kijken, want dan was ons spelletje meteen uitgekomen voor alle arendsogen die elke stap die ongetrouwde leden van de familie zetten in de gaten hielden. Ik weet zeker dat andere mensen best doorhadden dat we discreet zaten te flirten tijdens die bijeenkomsten, maar ze zouden in geen honderd jaar hebben gedacht dat we elkaar heimelijk bijna elke dag ontmoetten, wat voor mij bijdroeg aan de opwinding en de romantiek van die weken. Door de manier waarop hij naar me keek en glimlachte had ik het gevoel dat ik niet meer het lelijke eendje was dat ik me mijn hele jeugd had gevoeld, maar was uitgegroeid tot een mooie zwaan.

Terwijl de huwelijksdag naderde besteedde ik steeds meer tijd aan mijn uiterlijk en voor het eerst stond mijn vader het me toe wat make-up te kopen. Ik had geen idee hoe je dat opdeed, maar mijn nichtjes, die er allemaal waren voor de bruiloft, lieten me samen zien hoe het moest. Het was alsof ze me als een beetje wereldvreemd beschouwden. Dat waren de gelukkigste weken die ik ooit had gekend.

Aman en ik gingen ongeveer een maand met elkaar om toen we op een dag besloten samen naar een park te wandelen, niet ver van het restaurant waar hij werkte. We hadden sandwiches gekocht en gingen ze op een bankje zitten opeten, genietend van de zon, de frisse lucht en het uitzicht. Hoewel ik me er nog steeds niet bij op mijn gemak voelde om in het openbaar met een man gezien te worden, genoot ik wel van het idee dat voorbijgangers konden zien dat ik met een jongen was. Het gaf me het gevoel dat ik hun liet zien dat ik net zo was als zij; geen lid van een raar, vreemd ras, gehuld in sjaals en levend naar andere regels. Toen we klaar waren met eten ging hij met een tevreden zucht achterover zitten en ik legde mijn hoofd op zijn schoot, alsof dat de normaalste zaak van de wereld was. Ik voelde me volkomen ontspannen met hem. Ik vertrouwde hem onvoorwaardelijk en wilde me de rest van mijn leven zo voelen.

'Doe je ogen eens dicht,' zei hij na een tijdje.

Dat deed ik, en ik genoot van het gevoel zo dicht bij iemand te zijn om wie ik zo veel gaf, ik voelde de zachte wind op mijn gezicht. Ik merkte dat hij zich bewoog, maar opende mijn ogen pas toen zijn lippen langs de mijne streken en hij vervolgens zijn tong in mijn mond liet glijden. Even schrok ik en ik was bang, ik vroeg me af wat hij deed en hoe ik moest reageren, maar daarna merkte ik dat ik toegaf aan zijn zoenen alsof het de natuurlijkste zaak van de wereld was. Het was het geweldigste gevoel dat ik ooit had ervaren. Ik had nog nooit meegemaakt dat iemand zo van me hield en zo veel om me gaf. Het was alsof ik werd overgebracht naar een ander universum.

'Hoe was dat?' vroeg hij na een tijdje en hij ging weer overeind zitten, zijn vingers streelden zachtjes mijn wang.

'Lekker,' antwoordde ik zo nonchalant mogelijk, niet in staat de woorden te vinden om te omschrijven hoe geweldig het was en hoe graag ik ermee door wilde gaan. Ik kan me nog steeds de geur van zijn huid herinneren, zelfs na al die jaren, en het verlangen dat ik voelde dat hij me vasthield en zich tegen me aan drukte.

'Zullen we het weer doen?' vroeg hij.

'Best.'

We moeten zeker een uur hebben zitten zoenen op dat bankje, voor hij ten slotte terug moest naar zijn werk en ik naar huis voordat iemand zich afvroeg waar ik uithing.

'Misschien zouden we moeten trouwen,' zei hij terwijl we langzaam terugwandelden, en allebei probeerden we het moment waarop we afscheid zouden moeten nemen zo lang mogelijk uit te stellen.

'Misschien wel,' zei ik en ik was in mijn leven nog nooit ergens zo zeker van geweest.

De weken daarna ontmoetten we elkaar wanneer we konden en als ik niet bij hem was kon ik aan niets anders denken, ik verlangde ernaar hem weer tegen me aan te voelen. We pakten elke kans die we kregen om elkaar te zoenen en vast te houden: in de trein, in achterafsteegjes of in het park; we konden niet van elkaar afblijven, konden niet ophouden naar elkaar te kijken.

Op een middag liepen we hand in hand toen we terugkwamen in het centrum, zo zwijmeldronken dat we er niet eens over nadachten of iemand ons kon zien, zo gelukkig dat we de rest van de wereld waren vergeten, en ook wie we waren en wat onze achtergrond was. Het duurde een paar seconden voordat tot me doordrong dat de man die op ons af liep mijn broer Ali was. Op dat moment sprong ik weg van Aman, maar ik wist dat het te laat was en door mijn plotselinge beweging leek ik dubbel schuldig. Ali beende recht op ons af. Ik kon zien dat ook Aman zich zorgen maakte, maar hij glimlachte, hij hoopte ongetwijfeld dat hij in staat zou zijn de boosheid van zijn nieuwe zwager te verdrijven, door het de meest natuurlijke zaak van de wereld te laten lijken dat hij en ik hier alleen samen liepen. De volgende seconden leken eindeloos te duren en toen kwam Ali's klap op mijn wang terecht, ik tolde rond door de kracht van zijn woede. Overal om ons heen waren mensen, maar dat kon Ali niets schelen. Iedereen wendde zijn blik af en liep om de onaangename scène heen, ze wilden er niet bij betrokken raken.

'Moet je horen, broer,' zei Aman toen Ali zijn hand ophief om opnieuw te slaan. 'Dit is allemaal mijn schuld. Niet boos op haar zijn.'

Ali's hand bleef even zweven en viel daarna terug langs zijn zij. 'En nu naar huis,' beval hij. 'Jullie allebei.'

We wisten dat we iets verkeerds hadden gedaan, maar hoopten dat we het bij konden leggen zodra we thuiskwamen, dus gingen we met hem mee. De hele weg kon ik niet ophouden met huilen en trillen, deels door de schrik van de klap en deels uit angst voor wat iedereen zou zeggen als Ali vertelde wat hij had gezien. Niemand van ons zei een woord terwijl we ons door de laatste steegjes heen haastten, naar de achterkant van het huis.

In de voorkamer zat mijn moeder zoals altijd achter de naaimachine te werken en Ali's kersverse vrouw zat op de bank met haar te praten. Ze keken allebei verbaasd op toen Ali kwam binnenstormen, terwijl wij als stoute schoolkinderen achter hem aan kwamen. Ze zagen mijn betraande gezicht en hebben vast meteen geraden wat er was gebeurd, zelfs voordat

Ali Aman begon te stompen en hem tegen de vloer sloeg. Het was alsof hij vervuld was van een onmenselijke kracht, gevoed door eigengerechtige boosheid en beledigde eergevoelens. Hij stopte ook niet toen Aman op de vloer lag en bleef hem uit alle macht schoppen en stompen, terwijl wij ontsteld zwijgend toekeken. Aman vocht niet terug. Het was alsof hij accepteerde dat dit zijn schuld was en wist dat hij omwille van mij zijn straf op zich moest nemen. Hij rolde zich op tot een bal en ving de klappen op tot Ali, hijgend van inspanning, eindelijk stopte.

Toen Aman letterlijk het huis uit was gegooid, bleef mijn schoonzus snikkend van schaamte over de misstappen van haar broer achter. Terwijl ik naast haar zat, trillend van angst voor wat er ging gebeuren, bereidde zij zich kennelijk voor op het ergste. Het enige wat we hadden gedaan was een beetje samenzijn en elkaar een paar onschuldige zoenen geven. Nu leek het alsof het iets smerigs was en iets om je voor te schamen, terwijl het daarvóór het mooiste had geleken wat me ooit was overkomen.

'Ik kom nooit meer bij jullie thuis,' bulderde Ali tegen zijn vrouw toen hij weer binnenstormde nadat hij Aman het huis uit had gezet. 'En jij ook niet!'

Nu hij zijn plicht had gedaan, beende hij het huis uit om een zakelijk telefoontje te plegen en hij liet ons allebei trillend en huilend achter.

'Wat is er in godsnaam gebeurd?' wilde mijn moeder weten. Ze was eindelijk opgestaan vanachter de naaimachine, waar ze vastgenageld van schrik was blijven zitten door de plotselinge uitbarsting van geweld in haar voorkamer. 'Wat hebben Aman en jij gedaan, Saira, dat Ali zo boos is?'

'We hebben elkaar een paar keer ontmoet,' zei ik. 'Ik wilde weten waarom hij me had afgewezen zonder dat hij me zelfs maar ontmoet had en toen raakten we aan de praat. We vinden elkaar echt aardig.'

Ik had natuurlijk kunnen verwachten dat ze net zo gewelddadig zou reageren als Ali, maar toch werd ik overrompeld door de felheid van haar stompen toen ze zich tegen me aan wierp, me tegen de muur gooide, scheldwoorden schreeuwde en me vertelde hoeveel schande en eerverlies ik over ons allemaal had gebracht. Ze pakte een schoen en sloeg me ermee, steeds maar weer.

'Je hebt schande over mij en de familie gebracht. Hoe kon je dat doen? Ik had je vader wel gezegd om je niet te laten studeren. Ik wist wel dat er zoiets zou gebeuren. Jij hebt mijn buik beschaamd. Ik heb een dochter gebaard die liegt en bedriegt.'

De hele tijd dat ze me met de schoen sloeg huilde ze.

'Het spijt me, mam,' huilde ik, in elkaar duikend onder haar klappen. 'Vergeef het me, alsjeblieft. Ik zal het niet weer doen. Vertel het alsjeblieft niet aan papa.'

Voor een deel huilde ik omdat ik wist wat er zou gebeuren nu ik het vertrouwen van mijn vader had beschaamd. Ik was verstijfd en tegelijkertijd verlangde ik ernaar in Amans armen te zijn en hem dicht bij me te voelen. Ik wist dat hij de enige persoon was die ik volkomen kon vertrouwen om voor me op te komen en me te beschermen. Ik kon me niet voorstellen hoe ik het moest overleven als het me werd verboden hem weer te zien.

7
Mijn bruiloft

Tegen de tijd dat mijn vader die dag thuiskwam van zijn ploegendienst lag ik boven al snikkend in mijn bed te luisteren hoe mijn moeder beneden tierde en tekeerging tegen haar schoondochter alsof het allemaal haar schuld was, en Aman en mij uitmaakte voor alle lelijks wat ze kon verzinnen. In mijn hoofd waren de gelukkige weken van de bruiloft uitgemond in mijn fantasieromance met Aman en nu was ik in één grote klap weer teruggebracht op aarde. In plaats van de romantische heldin die ik in mijn fantasie was geweest, was ik nu weer het voorwerp van ieders bespotting en walging. Mijn kansen op een sprookjeshuwelijk leken in duigen gevallen en volgens mijn moeder, toen ze op het hoogtepunt van haar woede was, had ik mezelf tot het soort bezoedelde waar gemaakt dat niemand meer wilde. Het ergste van alles was dat ik had bewezen dat ze gelijk had gehad en dat ik mijn vader had teleurgesteld, terwijl hij me zo had vertrouwd dat hij me toestemming had gegeven om te gaan studeren. Ik wilde van ganser harte dat ik gewoon bij Aman kon zijn en dat hij al mijn problemen weg zou kussen, me in zijn armen zou houden en alles goed zou maken.

Ik kon mijn moeder beneden alles tegenover mijn vader horen uitleggen, maar ik kon zijn antwoord niet horen. Na een paar minuten schreeuwde mijn moeder naar boven, ik moest weer beneden komen om mijn zonden persoonlijk aan mijn vader op te biechten. Ik huilde terwijl ik hem vertelde wat ik had gedaan, verwachtte opnieuw in elkaar geslagen te worden, zoals ik door hem als kind vaak in elkaar was geslagen. Maar er daalde een verschrikkelijke kalmte over hem neer terwijl hij luisterde, bijna alsof hij zich overgaf aan wanhoop en teleurstelling, alsof hij definitief alle hoop had opgegeven dat hij me kon dwingen me als een goede moslima te gedragen en definitief accepteerde dat ik alleen maar schande over de familie zou brengen. Nu konden zijn vrouw en zijn broer en al zijn andere familieleden terecht tegen hem zeggen dat hij het bij het verkeerde eind had gehad dat ik mocht leven als een westers meisje, dit was het bewijs dat zij altijd al gelijk hadden gehad.

Ik probeerde uit te leggen hoeveel ik van Aman hield, maar ik kon zien dat hij er niet in geïnteresseerd was om iets te horen van wat hij waarschijnlijk als mijn 'flauwekul' beschouwde. Hij leek net zo bezorgd over wat Ali's gewelddadige reactie voor onze relatie met Amans familie zou betekenen als over wat Aman en ik samen uitgespookt zouden kunnen hebben.

'Juist,' zei hij toen ik uitgesproken was. 'Laat dit aan mij over. Ik regel het wel. Wat zijn Amans gevoelens voor jou?'

'Ik denk dat hij dezelfde gevoelens heeft als ik,' zei ik en ik vroeg me af of hier een sprankje hoop voor ons gloorde. Was het mogelijk dat ze ons zouden toestaan te trouwen om het allemaal fatsoenlijk te maken? Ik durfde het nauwelijks te hopen. Ik zei niets omdat ik wist dat als dat werd besloten ze het zouden willen zien als straf voor mijn slechte gedrag, niet als beloning.

'Ik ga hem bellen,' zei mijn vader en het was duidelijk dat hij me nog niet wilde vertellen wat hij had bedacht.

Hij belde op en Aman kwam weer naar ons huis om hem te ontmoeten, hij was duidelijk bang dat hij nog een keer in elkaar zou worden geslagen, maar hij was te respectvol tegenover mijn vader om zijn verzoek te weigeren. Ik hield zelfs nog meer van hem omdat hij bereid was wat er nog over was van mijn eer te beschermen en daarvoor het gevaar tegemoet trad. Toen hij binnenkwam, wilde ik wel naar hem toe rennen en mijn armen om hem heen slaan, me stevig tegen hem aan klemmen en hem nooit meer laten gaan, maar dat kon niet. Ik moest helemaal alleen blijven staan en toehoren hoe ze praatten alsof ik alleen maar een probleem was dat moest worden opgelost.

'Is het waar dat je mijn dochter heimelijk hebt ontmoet?' vroeg mijn vader hem.

'Ja,' zei hij dapper, 'dat klopt. Ik heb een hoge dunk van haar.'

'Zij zegt dat jullie het over trouwen hebben gehad. Klopt dat?'

'Ja,' zei hij. 'Maar ik heb wat meer tijd nodig om mijn gedachten op een rijtje te krijgen. Het is allemaal zo snel gegaan.'

Ik was geschokt. Dit was heel anders dan hoe hij met mij had gepraat als we alleen waren. Nu sprak hij meer alsof hij een van hen was en de beste manier probeerde te vinden om met een probleem om te gaan. Waarom had hij meer tijd nodig? Hij wist toch wat hij voelde? Dat zou toch niet veranderen?

Op dat moment kwam mijn moeder de kamer binnen. 'Ik stuur Saira naar Pakistan,' zei ze tegen Aman en mijn vader zei niets.

'Oké.' Aman knikte en liet deze nieuwe informatie kennelijk tot zich doordringen voor hij zich tot mij wendde. 'Ga maar naar je familie om tot rust te komen, weg van Ali. Als je terugkomt, kunnen onze families bij elkaar gaan zitten en erover praten wat ze gaan doen.'

Ik had het gevoel dat ik weer kon ademhalen. Hij en mijn vader en moeder probeerden gewoon een manier te vinden om de situatie te kalmeren, zei ik tegen mezelf. Ze lieten de ruzie bedaren zodat we daarna onze verloving op de traditionele wijze konden aankondigen en Ali zijn gezicht niet zou verliezen. Hoewel ik het geen prettige gedachte vond om zo ver bij Aman uit de buurt te worden gehaald, ontspande ik. Weer dacht ik dat het uiteindelijk allemaal goed zou komen. Misschien hadden we met onze onvoorzichtigheid toch niet alles kapotgemaakt. Ik kreeg nog een kans op geluk, ik moest gewoon een beetje geduldig zijn. Dat was toch niet te veel gevraagd?

Ze regelden het zo dat ik met een van mijn tantes naar Lahore zou reizen en mijn moeder zei dat ze een paar dagen later het vliegtuig zou nemen. Ik maakte me zorgen dat het nieuws van mijn eerverlies ons via de tamtam al vooruit was gesneld en dat ik door iedereen zou worden gemeden als straf voor het feit dat ik de familie had teleurgesteld, maar toen we aankwamen in het huis van mijn oma leek er niets aan de hand. Ik kreeg er geen hoogte van of dat kwam doordat hun niets over mijn eerverlies was verteld of doordat ze dachten dat het allemaal goed zou komen omdat Aman en ik zouden trouwen zodra ik terug was. Hoewel ik Aman miste, was het leuk om iedereen weer te zien en ik besloot de komende weken als een vakantie te beschouwen.

Mijn moeder arriveerde een paar dagen later en toen begon ik dingen op te vangen die andere familieleden zeiden en die me weer ongerust maakten. Op een dag hoorde ik mijn nichten er bijvoorbeeld over praten dat ze nieuwe kleren lieten maken.

'Wat voor nieuwe kleren laten jullie maken?' vroeg ik onschuldig.

'Maar weet je dat dan niet?' zeiden ze en ineens leken ze in verlegenheid gebracht. 'Die zijn voor jouw bruiloft.'

'Doe niet zo gek,' zei ik spottend en ik probeerde de knoop van angst die plotseling mijn maag strak trok te negeren. 'Ik ga niet trouwen.'

'Jawel,' zeiden ze, alsof het een algemeen bekend feit was.

Ik probeerde het idee als belachelijk uit mijn hoofd te zetten, maar daarna viel me op dat er met de dag meer familieleden bij het huis verschenen: iedereen leek bezig met de voorbereidingen voor een of ander feest, er werden lampjes en versieringen opgehangen, maar nog steeds had niemand het me officieel verteld. Het was alsof ze allemaal elk gesprek met mij uit de weg gingen. Uiteindelijk lukte het me mijn moeder alleen te pakken te krijgen.

'Wat is er aan de hand?' vroeg ik.

'Vanavond is je *mehndi*,' zei ze.

Ik was op genoeg familiebruiloften geweest om te weten dat de *mehndi* de avond was dat de bruid hennaschilderingen op de rug van haar handen kreeg, ter voorbereiding op de huwelijksplechtigheid.

'Komt Aman dan hiernaartoe?' vroeg ik, geschrokken dat ik de laatste was die het te horen kreeg maar tegelijkertijd opgewonden bij het idee.

'Aman is niet uitgenodigd,' zei ze, mijn blik ontwijkend.

'Mam,' zei ik en wanhopig probeerde ik mijn stem niet te laten trillen. 'Ik ga niet trouwen met iemand van hier. Ik ga met Aman trouwen als we weer terug zijn in Groot-Brittannië.'

'Hij heeft me een bericht gestuurd voordat ik vertrok,' zei ze en nog steeds ontweek ze mijn blik terwijl ze sprak. 'Hij zegt dat hij niet met je wil trouwen. Het was maar een spelletje. Hij heeft erover nagedacht en dat is zijn beslissing.'

'Dat kan hij niet gezegd hebben.' Ik kon haar woorden horen maar ik wilde ze niet geloven, omdat ik bang was dat mijn hart dan zou breken.

Ze haalde haar schouders op. 'Dat heeft hij gezegd. Als je me niet gelooft, moet je je vader maar opbellen en het aan hem vragen. Dus ga je met Ahmed trouwen om onze reputatie te redden en de eer van de familie te herstellen.'

Het enige wat ik wilde was met Aman praten en hem vragen waarom hij dat had gezegd, maar dat zouden ze me in geen geval toestaan nu de voorbereidingen voor mijn huwelijk met een andere man al in volle gang waren. Het huis had geen telefoon en de enige manier om contact te krijgen met Engeland was door naar een van de plaatselijke winkelstraten te gaan en een gesprek aan te vragen bij een plaatselijk telefoonbedrijf. Ik moest dan in het openbaar bellen, zonder enige privacy. Maar ik had geen geld en ze zouden me sowieso niet het huis uit hebben laten gaan, dus kon ik niets doen. Ik voelde me diepbedroefd en paniekerig dat mijn leven uit de hand liep terwijl ik niets kon doen om te voorkomen dat het voor eens en altijd de verkeerde kant op ging. Ik wilde zo snel mogelijk terugrennen naar Aman, maar ik had mijn paspoort niet omdat mijn oom het had opgeborgen en ik had bovendien geen geld voor een ticket. Ik mocht dan zeventien zijn, maar ik was zo hulpeloos als een klein kind. Ik had het gevoel of mijn ingewanden eruit getrokken waren en mijn hele leven werd vertrapt.

Het ene moment had ik nog gedacht dat ik ging trouwen met de man op wie ik smoorverliefd was, het volgende moment werd me verteld dat hij helemaal niet van me hield en dat ik zou gaan trouwen met een man om wie ik niets gaf. Het gebeurde allemaal te snel voor me om nog iets te kunnen doen om het tegen te houden. Er waren zo veel mensen bij betrokken, die allemaal van me verwachtten dat ik me zou gedragen als een opgewonden jonge bruid; niemand van hen was bereid erover na te denken dat mijn hart brak door het grootste bedrog dat ik ooit had meegemaakt.

'Wat er ook gebeurt, ik trouw niet met Ahmed,' zei ik, terwijl ik geen idee had hoe ik het nog kon verhinderen.

Mijn moeder opende haar mond om tegen me te schreeuwen, maar toen bedacht ze zich kennelijk en ze liep weg. Ze hoefde geen ruzie met me te maken, want ze wist dat ze toch al had gewonnen. In mijn onschuld dacht ik dat haar zwijgen betekende dat ze mijn beslissing accepteerde en dat dit het eind van de kwestie betekende, maar die avond toen ik op de binnenplaats zat kwam mijn lievelingsoom bij me zitten. Hij praatte een tijdje over koetjes en kalfjes en kwam toen ter zake.

'Je moeder en je oma zijn helemaal overstuur,' zei hij. 'Ze willen echt dat je met Ahmed trouwt.'

Ik deed mijn mond open om te protesteren maar hij tilde zijn hand op om me het zwijgen op te leggen.

'Ik weet dat je iemand anders aardig vindt, maar dat gaat niet gebeuren. Als je ons respecteert, zoals een goed moslim-meisje haar familie moet respecteren, dan moet je in deze kwestie op ons oordeel vertrouwen. Je bent beloofd aan een nette, religieuze man uit een goede familie. Je moet dit huwelijk doorzetten, want anders zal je vader het je moeder nooit vergeven dat ze het heeft gearrangeerd. Als je nu weigert kan je moeder haar familie nooit meer met opgeheven hoofd onder ogen komen. Als je dit huwelijk niet doorzet, kun je misschien wel nooit meer terug naar Groot-Brittannië.'

Hij bleef maar praten met zijn rustige, vasthoudende stem en benadrukte het belang van het huwelijk voor de familie, en dat ik plichtsgetrouw en gehoorzaam moest zijn tegenover de ouderen in mijn familie; hij stapelde de ene laag van emo-tionele chantage op de andere. Hij bedreigde me niet en schreeuwde ook niet naar me, zoals mijn moeder. En toen ik in de hete avondlucht naar hem luisterde, me ervan bewust dat alle andere familieleden ons zagen praten vanaf hun plek rond de binnenplaats, merkte ik dat ik knikte, het met hem eens was en me uiteindelijk helemaal gewonnen gaf. Ik zag nu dat het mijn plicht was. Als ik niet met Aman kon trouwen, dan maak-te het me immers ook niet uit wat er met me gebeurde, dan kon ik net zo goed doen wat mijn familie goedvond. Als ze al-lemaal zeiden dat Ahmed een goede man was, dan was hij dat misschien ook wel. Een goede man hebben zou beter zijn dan helemaal geen man hebben en misschien leerde ik in de loop van de jaren een beetje van hem houden. De gedachte nooit meer terug te kunnen keren naar Groot-Brittannië was nog het angstaanjagendst van allemaal. Door de beslissing werd het verpletterende gewicht dat nu op mijn borst drukte niet weggenomen, maar nu konden alle anderen tenminste weer een bruiloft vieren en een paar dagen plezier hebben, en ik had het gevoel dat ik de schande goedmaakte die ik door mijn onoplettende gedrag over ons allemaal had gebracht.

Meestal duurde zo'n familiebruiloft een paar weken, maar de mijne slechts drie dagen. Ik denk dat ze het snel achter de rug wilden hebben voor het geval ik van mening veranderde, niet meer meedeed en stampij zou maken. Misschien wisten ze allemaal dat ik in Groot-Brittannië een gevaarlijk vonkje rebellie had getoond en meenden ze dat ik zo snel mogelijk in het gareel gedwongen moest worden, voor het geval ik anders nog meer schande over al onze families bracht.

De eerste avond had ik mijn hennaceremonie. De volgende ochtend deden ze me mijn bruidsjurk aan en kwam Ahmed naar het huis met zijn familie. We werden op de binnenplaats van het huis, die voor de gelegenheid mooi was versierd, door een geestelijke in de echt verbonden. Voordat ik het officiële papier ondertekende, had hij me eigenlijk moeten vragen om een paar beloftes op te zeggen, maar hij maakte zich niet druk om de details, schoof me gewoon het contract toe en duwde me een pen in de hand om het te ondertekenen. Misschien was hem ook verteld dat ik mijn familie te schande had gemaakt en snel uitgehuwelijkt moest worden voor het geval ik anders een scène trapte. Het leek mij geen echte echtverbintenis, maar er waren nu zo veel mensen bij betrokken dat ik niet de kracht had om te protesteren en niet nog meer schande over de familie wilde brengen.

Dit had het gelukkigste moment van mijn leven moeten zijn, maar vergeleken met wat ik had gevoeld toen Aman me kuste en vasthield, kwam het leeg en onecht op me over. Ik was bang dat dit het begin was van een eindeloos slovenbestaan als vrouw van een man voor wie ik niets voelde. Het leek alsof ik exact dezelfde weg van slaafsheid en verbittering moest gaan als mijn moeder.

Na de plechtigheid werd ik teruggebracht naar het huis van Ahmeds familie om meer van zijn familieleden te ontmoeten, die niet naar de plechtigheid waren gekomen. Ze waren allemaal heel aardig voor me en verwelkomden me hartelijk in hun huis alsof ze me er echt wilden hebben. Dit, werd me verteld, was het huis waar Ahmed en ik als getrouwd paar zouden wonen zolang we samen in Pakistan waren. We zouden onze eigen kamer hebben die speciaal voor ons was ingericht en ze namen me mee om hem te bekijken, en kennelijk verwachtten ze dat ik mijn dankbaarheid over zo veel grootmoedigheid uitte. De kamer had twee deuren, waarvan er een naar de binnenplaats leidde waar de rest van de familie aan woonde, terwijl de andere direct uitkwam op de steeg achter het huis, zodat we konden komen en gaan als we dat wilden zonder langs alle anderen te hoeven.

Mijn moeder was druk in de weer geweest en had al het mogelijke geleverd om de kamer comfortabel voor me in te richten; ze had een bed gekocht dat speciaal voor de bruiloft was versierd met serpentines en linten, een bank, een koffietafel, een kast, een ventilator, een televisie en een stereoinstallatie. Het was veruit de mooist ingerichte kamer van het hele huis; verder had niemand zelfs een behoorlijke matras. Ik denk dat ik rijk op hen overkwam met al die materiële bezittingen, die in Groot-Brittannië in elk huis als absoluut minimum werden beschouwd.

Mijn moeder vroeg me of ik nog iets anders wilde voor de kamer, en ik zei dat ik graag een koelkast wilde hebben, maar toen ik zag hoe arm de rest van de familie was, bedacht ik me. Ik realiseerde me dat als ik er een had de hele buurt algauw in de rij op de stoep zou staan om hem te gebruiken, wat maar al te gemakkelijk tot jaloezie en conflicten kon leiden.

Ik kreeg te horen dat Ahmed en ik daar een paar maanden na het huwelijk zouden wonen, tot het tijd was om terug te gaan naar het huis van mijn familie in Groot-Brittannië. Zodra ik daar terug was, zou ik een visum aanvragen zodat Ahmed zich bij me kon voegen en dan zouden we de rest van ons leven tussen de twee familiehuizen verdelen. Ik had het stadium bereikt dat ik me zo verdoofd voelde dat ik alleen knikte en alles goedvond wat ze tegen me zeiden.

Nadat we de schoonfamilie hadden bezocht en de kamer hadden gezien, keerde het bruiloftsgezelschap terug naar het huis van mijn oma, omdat de traditie voorschreef dat we nog één nacht apart sliepen. De volgende ochtend werd ik weer helemaal opgedoft voor nog een familiefeest, dat werd georganiseerd op nabijgelegen braakliggend terrein. Uiteindelijk waren er twee- of driehonderd gasten die met ons meedronken en -aten, en allemaal deze grote gebeurtenis vierden. Ik kon me voorstellen dat de meeste vrouwen uit persoonlijke ervaring wisten dat mijn kansen op toekomstig geluk klein waren en misschien waren ze allemaal wel vastbesloten om zolang als het duurde van het optimisme te genieten. Als het gewone bestaan moeilijk is, is elk feest een welkome kans om te ontsnappen aan de werkelijkheid, en iedereen wil dat het zo lang mogelijk duurt. Ik had ervan moeten genieten om in het middelpunt van de aandacht te staan, maar het voelde allemaal onecht en gênant. Tegelijkertijd wilde ik niet dat er een eind aan de feestelijkheden kwam, omdat ik bang was voor wat er dan zou gebeuren.

8

Het huwelijksbed

Hoewel ik nu een getrouwde vrouw was, wist ik nog steeds niets over seks; ze hadden ons op school alleen geleerd hoe we een condoom om een banaan moesten doen. Ze hadden ons niets verteld over wanneer en waarom we zoiets met een echte jongen zouden moeten doen of wat we met hem moesten doen als het condoom erom zat. Het hele onderwerp was één angstaanjagend zwart gat van onwetendheid waar ik liever totaal niet over nadacht, en ik begreep niet hoe zo veel andere meisjes op school het voor elkaar kregen om zo zelfverzekerd over te komen en er alles over wisten. Misschien bluften sommigen van hen wel, maar er waren beslist meisjes die van de hoed en de rand wisten.

Mijn ervaring met seks ging niet verder dan zoenen met Aman en hardhandig betast en geknepen worden door mijn broers. Het zoenen was natuurlijk heerlijk geweest, waardoor ik het verlangen had gevoeld om verder te gaan, maar de belangstelling van mijn broers leek me een slecht voorteken van wat mannen met me zouden willen doen als ze er toestemming voor kregen. Ik was er hoe dan ook van overtuigd dat er meer bij kwam kijken dan alles wat ik tot dusverre had meegemaakt. Omdat ik de reikwijdte van het onderwerp niet kon bevatten, zette ik het gewoon uit mijn hoofd, in de hoop dat het misschien lange tijd niet zou gebeuren. Ik begreep duidelijk niets van de urgentie van de lichamelijke behoeften van mannen.

Op de derde dag van het huwelijk had ik nog steeds niet de kans gehad met Ahmed te praten en ik wist niets van hem, behalve dat hij nu mijn man was. Na het feest logeerden we allemaal bij mijn oma, maar het huis had slechts twee kamers dus velen van ons moesten buiten op de binnenplaats slapen. Er werd een groot hemelbed met stro als matras in een van de hoeken voor mij neergezet met ongeveer vijf andere bedden eromheen voor andere mensen, onder wie mijn kersverse echtgenoot. De mannen waren allemaal ergens anders naartoe en ik viel in slaap in mijn hemelbed. Ik hoorde ze niet terugkomen en had geen idee dat Ahmed in het bed was gaan liggen dat aan mijn voeteneinde stond. Het eerste wat ik ervan merkte was dat ik wakker schrok doordat iemand me in mijn voet kneep. Zodra ik bij mijn positieven was, realiseerde ik me dat het mijn man moest zijn, die een poging deed affectie te tonen en mijn aandacht te trekken. Ik probeerde hem weg te duwen om hem te laten merken dat ik met rust gelaten wilde worden. Maar hij bleef het doen, als een irritant jochie.

'Ga weg,' siste ik hem toe, want ik wilde niemand wekken en attenderen op wat er gebeurde.

Eindelijk drong de boodschap tot hem door en kon ik weer inslapen. De volgende dag bleef hij naar me kijken en probeerde hij een gesprek aan te knopen, maar ik had er geen zin in. Ik voelde me zo ontheemd en bedreigd door dingen die ik niet kon begrijpen, dat ik me gewoon terug wilde trekken in een privéplekje in mijn hoofd om te wachten tot de hele nachtmerrie voorbij zou zijn – alsof dat mogelijk was.

Ze gingen door met alles regelen zonder dat iemand mij over wat dan ook mijn mening of voorkeur vroeg en twee dagen later keerden we als getrouwd stel terug naar zijn familie. Ik wist dat dit de nacht zou worden dat er iets tussen ons verondersteld werd te gebeuren, maar ik had geen idee hoe dat zou gaan of wat er van mij werd verwacht. Toen we met een taxi naar onze echtelijke woning reden, had ik het angstige gevoel dat het noodlot op me wachtte. Hoe stil en teruggetrokken ik ook mocht zijn, ik kon de gebeurtenissen die zich rond mij ontvouwden niet tegenhouden.

Toen we aankwamen, wendde ik voor dat ik uitgeput was en ging rechtstreeks naar onze kamer, terwijl hij zijn opwachting bij zijn familie maakte. Ik zou op dat moment toch niet geweten hebben wat ik tegen anderen moest zeggen. Omdat ik me niet in zijn bijzijn wilde uitkleden, schoot ik snel mijn nachtkleding aan toen hij de kamer uit was en klom mijn bed in, luisterend naar de onbekende stemmen van de mensen die nu mijn familie waren, vlak voor de deur. Na een paar minuten kwam hij ook. Dit moest het begin zijn van ons getrouwde leven samen en ik had geen idee wat hij zou gaan zeggen of doen. Ik hield mijn blik stevig op zijn handen gericht terwijl hij erop los kletste, zich fatsoenlijk voorstelde en me wat over zichzelf vertelde. Hij zei dat hij als slager werkte en de volgende dag weer aan het werk moest.

'Ik heb een paar lekkere dingen voor je gekocht,' zei hij en hij stak me een verkreukelde zak toe.

'Nee, dank je,' mompelde ik.

'Wil je wat drinken?'

'Nee, dank je. Ik ben echt moe. Ik wil gewoon slapen.'

Hij knikte begripvol en klom naast me in bed.

'Kun je het licht misschien uitdoen?' vroeg ik en ik voelde de paniek opkomen. 'Ik wil echt gaan slapen.'

Hij deed wat ik vroeg en in het donker voelde ik de deken bewegen toen hij dichter naar me toe gleed. Ik verstijfde van angst toen zijn hand naar mijn heup toe kroop en me naar hem toe trok. Ik bleef zo stil mogelijk liggen, voelde de drang om hem weg te duwen, maar wist dat ik niets kon doen omdat hij mijn man was en me mocht betasten als hij dat wilde. Ik had geen idee wat hij van mij verwachtte en hij zei niets toen hij stuntelig mijn nachtpon omhoogtrok en probeerde zichzelf te bevredigen. Ik had niet het gevoel dat hij beter wist wat er moest gebeuren dan ik omdat hij allerlei pogingen deed om me te penetreren, maar geen ervan lukte en ik bleef koppig onbehulpzaam terwijl hij steeds verwoeder probeerde ons huwelijk te consummeren. Uiteindelijk moet hij zich gerealiseerd hebben dat hij zijn gebrek aan ervaring etaleerde en stopte hij zijn pogingen, waarna we samen zwijgend in het bed lagen, wachtend op de slaap die ons uit onze verlegenheid zou bevrijden. Het enige waar ik aan kon denken was Aman en hoe graag ik wilde dat hij het was die naast me in bed lag en zich voorbereidde om de rest van zijn leven met mij door te brengen. Ik probeerde me te concentreren op het feit dat ik over een paar weken terugging naar Groot-Brittannië en dan respijt zou hebben van deze huwelijkse staat, voordat mijn man een visum kon krijgen en zich weer met me zou verenigen.

De volgende dag deed Ahmed zijn uiterste best om aardig tegen me te zijn en uit beleefdheid glimlachte ik veel naar hem, maar ik wilde gewoon dat hij voortmaakte en aan het werk ging zodat ik alleen was. Het was moeilijk om in zo'n besloten ruimte samen te zijn met iemand die je nauwelijks kende als er zo veel andere dingen waren waaraan je wilde denken. Zijn zussen brachten ons ontbijt en konden hun gezamenlijke gegiechel nauwelijks onderdrukken, en nadat we hadden gegeten en hij naar zijn werk was vertrokken kwamen de vrouwen uit de buurt langs om de nieuwe bruid in het dorp te zien en met mijn schoonmoeder te roddelen. Ik kon niets bedenken om tegen hen te zeggen, maar probeerde hun vragen zo aardig mogelijk te beantwoorden.

Halverwege de middag voelde ik me eigenaardig afgemat door de inspanning om beleefd te doen tegen vreemden, en toen de overgebleven vrouwen ten slotte de binnenplaats op liepen om te koken en te roddelen, zei ik dat ik moest rusten en even naar onze kamer ging. Bijna direct nadat de deur achter hen was gesloten, ging de andere deur naar de steeg open en kwam Ahmed weer binnen.

Hij had een vastberaden blik op zijn gezicht toen hij op het bed naast me klom, zijn broek uitdeed en hernieuwde pogingen deed met me naar bed te gaan. Ik had nog steeds geen idee hoe ik hem kon helpen om te bereiken waar hij opuit was en dus eindigden zijn pogingen opnieuw in een teleurstelling, net als de nacht daarna en de drie of vier nachten daarna. Het leek niet uit te maken hoe hard hij het probeerde, hij kreeg het gewoon niet voor elkaar om bij me binnen te dringen. Hij raakte steeds gefrustreerder en gegeneerder, terwijl ik me juist steeds meer verveelde en me ergerde aan het ongemak van zijn eindeloze onhandige pogingen, die elke keer dat het mislukt was ruwer werden.

Wat het allemaal nog onplezieriger maakte was dat hij linea recta van zijn werk in de slagerij terug was gekomen en niet eens de moeite had genomen om zich te wassen of om schone kleren aan te doen voor hij zich op me wierp. Ik had me de eerste dag ingeprent dat ik altijd een schoon stel kleren voor hem zou ophangen, zodat hij de kleren met de bloedvlekken erop kon verwisselen zodra hij de deur binnenkwam.

Ahmed was vastbesloten de huwelijksvaardigheden onder de knie te krijgen en bleef het een paar keer per dag proberen, tot we het een week na de bruiloft op een nacht eindelijk voor elkaar hadden. Maar de inspanning ervan putte hem volkomen uit; na één enorme kreun van genot lag hij voor lijk op het bed naast me. In paniek dat hij misschien een hartaanval had gehad en iedereen mij de schuld zou geven, rende ik de binnenplaats op en naar boven om mijn tante te zoeken die getrouwd was met Ahmeds oudere broer.

'Ik denk dat Ahmed doodgaat,' schreeuwde ik. 'We zijn met elkaar naar bed geweest en hij kreunde en nu ligt hij daar en ik weet niet wat ik moet doen.'

'Maak je geen zorgen, meid.' Ze streelde zachtjes mijn hand.

'Zo zien mannen er vaak uit nadat ze het hebben gedaan. Dat is normaal. Geef hem maar een glas water, dan komt hij zo weer bij.'

Toen ik terugging naar de kamer voelde ik me een dom kind. Natuurlijk was hij een paar minuten later weer helemaal bij en een uur later was hij er klaar voor om van voren af aan te beginnen. Zoals ik ontdekte zou dat het nieuwe patroon van ons leven worden. Hij eiste van me dat ik vier of vijf keer per nacht seks met hem had en dan kwam hij ook nog stiekem een paar keer per dag van zijn werk naar huis, waarbij hij altijd gebruikmaakte van de buitendeur naar onze kamer, zodat de rest van de familie niet doorhad dat hij thuis was gekomen. Hij had altijd haast als hij thuiskwam van zijn werk en wilde zich nooit wassen, laat staan zijn kleren verschonen, hoe ik het hem ook smeekte. Het was alsof hij me wilde laten zien dat hij de baas was en niet het soort man dat zich door een vrouw zou laten vertellen wat hij moest doen, zelfs al was het zijn echtgenote. Het kon hem niets schelen dat ik elke keer dat hij in me binnendrong kurkdroog was, en binnen de kortste keren was ik zo geïrriteerd door zijn heftige stoten dat ik nauwelijks nog kon lopen. Het maakte niet uit hoe ik protesteerde, als hij er zin in had duwde hij me gewoon op het bed en sjorde mijn rok omhoog. Elke keer dat hij klaarkwam moest ik opstaan en mezelf wassen, want als een vrouw zich na de daad niet waste, was ze onrein. Soms leek het wel of ik de hele nacht de kamer in en uit ging, terwijl Ahmed na elke keer meteen in slaap viel en een paar uur later weer wakker werd om opnieuw te beginnen.

'Alsjeblieft,' smeekte ik, 'kun je het rustig aan doen, want je doet me nu pijn.'

Hij moet mijn smeken gehoord hebben, maar hij liet het niet blijken en bleef zijn eigen zin de hele tijd doorzetten. Ik had naar de andere vrouwen in het huis kunnen gaan voor advies, maar ik wilde mezelf niet weer net zo voor paal zetten als toen ik had gedacht dat hij een hartaanval had. Ze maakten nu al opmerkingen over het lawaai dat ik 's nachts maakte omdat het ze uit de slaap hield. Ik realiseerde me dat ze mijn kreten van pijn verwarden met gekreun van plezier, maar ik zei niets, bloosde alleen en wendde mijn hoofd af. Ik ben ervan overtuigd dat, zelfs al had ik de moed bij elkaar geraapt om met hen te praten, ze alleen tegen me zouden hebben gezegd dat ik dankbaar moest zijn dat ik een man had die in me geïnteresseerd was en dat ik als een plichtsgetrouwe vrouw moest doen wat hij wilde. Ik vroeg me af of alle mannen hetzelfde waren en alle vrouwen dit moesten doorstaan. Als dat zo was, verklaarde het waarom zo veel vrouwen verbitterd, boos en ongelukkig waren, net als mijn moeder.

Op een nacht werd de pijn zo erg dat ik de kracht vond hem tijdens de daad van me af te duwen en het bed uit te springen.

'Je luistert niet naar me!' schreeuwde ik in tranen in mijn gebroken Punjabi. 'Je doet me pijn.'

Ik weet niet of ik de verkeerde woorden gebruikte of dat hij het wel grappig vond dat ik zelfs maar op het idee kwam om mijn echtgenoot tegen te spreken, maar hij lachte gewoon om mijn pijn. Hij klom het bed uit en kwam naar me toe, en even dacht ik dat hij me in zijn armen zou nemen en troosten, maar hij pakte de nachtpon die ik aanhad en scheurde hem van voren open en trok me terug op het bed.

De volgende ochtend, toen ik in de badkamer gehurkt boven de wc zat, was de pijn erger dan ooit. Ik ging met mijn hand naar beneden om te proberen het met water te verzachten, maar toen ik hem optilde zag ik stukjes van wat mij gescheurd vlees leek vanuit mijn binnenste. Op mij, en ik wist niets over seks of alles wat ermee te maken had, kwam het over alsof ik letterlijk in stukken was gereten. Ik had zo veel pijn dat ik niet eens overeind kon komen en omviel op de koude, harde, natte vloer. Ik was onbeheerst aan het snikken en hoewel ik wist dat het een onmogelijke droom was, wilde ik dat Aman me kwam redden. Zelfs op die stinkende wc kon ik me herinneren hoe heerlijk hij had geroken toen ik hem had gezoend, en het voelde alsof mijn hart uit mijn borst werd gescheurd.

Ik realiseerde me al snel dat het geen zin had om Ahmed om genade te smeken of te proberen een beroep te doen op zijn aardige kant. Dat leek hem alleen nog maar meer op te winden, alsof mijn kwetsbaarheid me aantrekkelijker voor hem maakte. Het had geen zin om wat dan ook tegen hem te zeggen, dus hield ik ermee op met hem te praten, want ik kon geen woorden vinden voor de gedachten, gevoelens en angsten die mijn geest overspoelden. Ik keek hem niet meer aan, bang dat elk oogcontact zijn verlangens alleen nog maar meer zou aanwakkeren. Ik ging ook niet meer in het bed liggen, maar rolde me op op de bank, en elke keer als hij wat van me wilde was ik zo onbereidwillig mogelijk. De gescheurde nachtpon verstopte ik op de bodem van de kast, ik schaamde me bij de gedachte dat iemand anders zou weten hoe hij mij behandelde. Het duurde niet lang voor alle anderen in huis doorhadden dat ik niet met hem sprak en zijn jongste zus werd erop uitgestuurd om met mij te praten.

'Weiger je met mijn broer te praten?' vroeg ze, alsof dat min of meer een belediging van hun hele familie was.

'Heeft hij je verteld wat hij me heeft aangedaan?' antwoordde ik en ik voelde al mijn opgekropte woede gevaarlijk naar de oppervlakte borrelen.

'Nee.'

Ik kreeg de indruk dat ze van een buitenstaander als ik geen enkele kritiek op haar broer wilde horen.

'Laten we er dan verder maar het zwijgen toe doen,' zei ik en ik wilde niet meer van mijn waardigheid prijsgeven dan ik al was kwijtgeraakt.

Zich realiserend dat ik niet in de stemming was om overgehaald te worden, ging ze terug naar buiten, waarschijnlijk om ons korte gesprekje over te brieven aan haar moeder en de andere oudere vrouwen. Ik denk dat ze daarna een tijdje over me zaten te praten, en toen mijn schoonzus een uur of twee later de kamer weer binnenkwam, leek haar stemming behoorlijk te zijn betrokken. Ze zei dat ze een sjaal zocht die ze me had geleend. Ik denk dat ze dacht dat ze me voor mijn korzeligheid kon straffen door hem terug te halen.

'Hij ligt in mijn kast,' zei ik zonder op te staan van de bank.

Toen ze naar de sjaal zocht, pakte ze de gescheurde nachtpon op die ik erin had gegooid. Ze hield hem omhoog en onderzocht hem. Toen ze zich omdraaide om me aan te kijken, lachte ze spottend.

'Wat is hier gebeurd?' zei ze plagend.

'Dat heeft je broer gedaan,' zei ik, 'maar ik vind het niet zo grappig als jij.'

Schouderophalend, alsof ze wilde zeggen dat ze alleen had geprobeerd aardig te zijn, propte ze hem terug onder in de kast en vertrok met haar sjaal. Later die dag werd mijn tante naar me toe gestuurd om te proberen met mij te praten.

'Ik hoor dat je niet met je man praat,' zei ze.

'Heeft hij je verteld wat hij me heeft aangedaan?' vroeg ik opnieuw.

'Wat heeft hij dan gedaan?' vroeg ze vriendelijk, terwijl ze naast me ging zitten en mijn hand vastpakte.

Ik legde uit dat hij de hele tijd met me naar bed wilde en dat hij me vanbinnen kapot had gemaakt doordat hij zo ruw was.

'O, maak je geen zorgen,' zei ze. 'Dat komt gewoon doordat jullie pasgetrouwd zijn. Je geneest vast weer snel. Dat gaat bij ons allemaal zo. Zijn broer wil het nog steeds elke nacht doen en wij zijn al jaren getrouwd. Je raakt eraan gewend.'

'Ik denk niet dat ik dat kan, tante,' zei ik. 'Het doet zo zeer.'

'Ik vertel je wat je moet doen,' zei ze na even nagedacht te hebben. 'Jullie tweeën moeten maar een paar dagen bij zijn zus gaan logeren. Dan hebben jullie een pauze en de kans om elkaar beter te leren kennen, weg van ons allemaal en de druk van de familie. Dat zal net een kleine huwelijksreis zijn.'

Ik wist dat Ahmeds zus in een dorpje woonde dat een eind verderop lag en ik dacht dat mijn tante misschien gelijk had en dat het een goed idee was om uit onze ene kamer weg te zijn, weg van alle spiedende ogen en oren van de anderen. Als we bij iemand anders logeerden, liet hij me misschien een beetje meer met rust en kreeg mijn irritatie de kans te genezen. Ahmed stemde meteen in met het idee, waardoor ik me afvroeg wat hij van plan kon zijn, en alles werd in gereedheid gebracht zodat we samen de volgende dag op reis konden gaan.

De reis naar het huis van mijn schoonzus duurde zeven uur, in een hete propvolle bus, en we stopten onderweg een paar keer om te rusten en eten en drinken te kopen bij de gebruikelijke kraampjeshouders die met hun waren langs de kant van de weg stonden. De stalletjes zagen er geen van alle erg schoon uit, maar de andere passagiers leken zich van het gebrek aan hygiëne niets aan te trekken en ik had zo'n honger en dorst dat ik dankbaar was voor wat ik kreeg. Toen we een paar uur op reis waren en ik naar hartenlust had gegeten en gedronken en even had geslapen, werd ik wakker met een onprettig gerommel onder in mijn maag. Ik begon licht te zweten uit mijn poriën.

'Ik denk dat ik iets verkeerds heb gegeten,' fluisterde ik naar Ahmed.

'Het komt wel in orde,' zei hij. 'Je moet er niet zo'n ophef over maken.'

Ik deelde zijn vertrouwen niet, maar zag dat het geen zin had om op enige sympathie te hopen, dus bleef ik zwijgen en hoopte er het beste van terwijl de bus doordenderde en het licht buiten begon af te nemen.

Toen we eindelijk aankwamen op onze bestemming realiseerde ik me dat ik nog nooit in zo'n arm en afgelegen plattelandsdorp was geweest, helemaal zonder elektriciteit. Het was er aardedonker, afgezien van een streepje maanlicht en vanaf het punt waar de bus ons had afgezet moesten we door moddervelden lopen, zonder te kunnen zien waar we in trapten tot het te laat was. We kwamen slechts struikelend vooruit, vergezeld door de geluiden van een onzichtbaar orkest van insecten. In mijn maag begon het onheilspellend te rommelen en ik begon me erg misselijk te voelen. Ik was bang dat ik zou moeten overgeven of dat mijn maag van streek zou zijn, of allebei, terwijl we eindeloos door het open veld bleven lopen tot we bij een haveloze nederzetting kwamen. Toen we een poort in de muur bereikten die om het huis van Ahmeds zus heen stond, ging Ahmed voor me uit om haar te zoeken en ik stapte door de poort op de binnenplaats, waar ik zijn familieleden aantrof, die bij het licht van een olielamp heimelijk zaten te fluisteren terwijl hun vervormde schaduwen tegen de muren dansten. Ik voelde me inmiddels te ziek om ergens anders mee te zitten dan met de golven van misselijkheid die me dreigden te overspoelen.

'Waar is de wc?' vroeg ik, voor ik zelfs maar gedag had gezegd.

'Wat moet er gebeuren?' vroeg Ahmeds zus. 'Nummer een of nummer twee?'

'Hoezo?' vroeg ik, geschrokken door zo'n persoonlijke vraag.

'Als het nummer een is kun je het op de badkamervloer doen en het door de afvoer spoelen. Als het nummer twee is moet je het veld in gaan.'

De gedachte dat ik opnieuw de nacht in moest, velden in die ik niet kende, was te veel voor me. Mijn schoonzus kon zien dat ik erg van streek raakte en kreeg medelijden.

'Weet je wat?' zei ze. 'Ga hier maar zitten, ik doe wel wat zand in een emmer. Spuug daar maar in. Bedek het maar tot de ochtend.'

Ze bracht me ook iets te drinken en ik begon meteen over te geven in de emmer. Het was alsof mijn lichaam alles eruit probeerde te gooien wat er ooit in had gezeten en mijn temperatuur liep op terwijl de koorts vat op me kreeg. Ahmed fluisterde de hele tijd zijn zus nog druk in het oor en spoorde haar aan iets voor hem te regelen. Ik hoorde fragmenten van wat hij zei en het klonk alsof hij wilde dat we een kamer in het huis kregen, zodat we niet met de rest van de familie op de binnenplaats hoefden te slapen.

'Hij lijkt het niet te kunnen verdragen om ook maar een moment zonder jou te zijn,' zei ze toen hij buiten gehoorsafstand was.

Ik wist exact waarom hij dat vroeg. Ook al had ik hem verteld hoe pijnlijk de seksuele omgang op dat moment voor me was en ook al moest ik vreselijk overgeven, hij wilde nog steeds met me naar bed. Omdat ik me niet sterk genoeg voelde om zelfs maar een poging te doen zijn zus alles uit te leggen, ging ik akkoord met het plan en liet me door haar naar een kamer brengen, waar ze me op het bed hielp. Toen Ahmed binnenkwam zei ik zo resoluut als ik kon, hevig transpirerend tussen twee braakaanvallen in, dat er die nacht geen sprake zou zijn van seks.

'Toe,' smeekte hij. 'Ik beloof je dat ik het maar één keer doe. Dan laat ik je slapen. Toe.'

Zijn zus kwam op dat moment weer binnen en hij ging bij me vandaan, de schaduw aan de andere kant van de kamer in.

'Ik heb een paar pilletjes voor je meegenomen tegen de misselijkheid,' zei ze en ze hielp me omhoog zodat ik ze door kon slikken.

Een paar minuten later, toen ze ons weer alleen had gelaten in de kamer, voelde ik de vermoeidheid over me heen komen. Ik weet niet of het kwam door de lange dag die we achter de rug hadden, door de misselijkheid of door de pilletjes die ze me had gegeven, maar mijn ledematen voelden zo zwaar dat ik ze nauwelijks op kon tillen. Misschien was het ook een combinatie van al die factoren. Ik had de emmer vlak naast het bed neergezet, zodat ik me alleen om hoefde te draaien om er met een minimum aan inspanning gebruik van te kunnen maken als een nieuwe golf van misselijkheid de kop opstak. Ahmed lag naast me en sloeg zijn arm om mijn middel alsof hij me wilde troosten. Half van de wereld door de uitputting en de uitdroging realiseerde ik me ineens dat hij boven op me was geklommen en wat er aan de hand was compleet negeerde. Hij drong zich in me en was zoals gewoonlijk algauw aan het stoten. Ik probeerde de kracht te vinden om hem van me af te duwen, maar het was zinloos, er zat niets anders op dan wachten tot hij zichzelf had bevredigd.

Ik viel flauw voor hij was klaargekomen en toen ik een paar uur later bijkwam om opnieuw over te geven, besefte ik maar vaag wat er aan de hand was. Bij het wakker worden de volgende ochtend was ik zo geïrriteerd dat het voelde alsof hij de hele nacht in me was geweest. Toen zijn zus me bij daglicht zag, kon ze zien dat ik veel zieker was dan ze aanvankelijk had gedacht.

'Je moet met haar naar een dokter,' zei ze tegen Ahmed.

Dat betekende een tocht naar de dichtstbijzijnde stad en ik was nog steeds half van de wereld toen we in de spreekkamer zaten. Ahmed legde uit dat ik uit Groot-Brittannië kwam en de arts zei tegen hem dat hij buiten moest wachten terwijl hij me onderzocht. Toen we alleen waren, liet hij me plaatsnemen op een stretcher en nam wat bloed af. Ik was nauwelijks bij kennis, maar na een minuut of twee realiseerde ik me dat hij me niet onderzocht maar voor zijn eigen plezier aan mijn borsten voelde. Toen ik protesteerde, hield hij ermee op en hij riep Ahmed weer binnen alsof er niets was gebeurd.

'Ik heb een paar tests gedaan,' legde hij uit. 'Als je vanavond met haar naar mijn huis komt, kan ik jullie de uitslag geven.'

Zodra we buiten de spreekkamer stonden, zei ik tegen Ahmed dat ik terug wilde naar huis. Ik wilde helemaal niets meer met die dokter te maken hebben en begon me af te vragen of alle mannen in Pakistan soms hetzelfde waren. Was dat de reden waarom jonge meisjes stevig door hun familie bewaakt moesten worden? Of was het precies het tegenovergestelde? Was het omdat alle mannen zo hunkerden naar seks dat ze elke kans grepen om een vrouw te grijpen en te knijpen?

Het was me al opgevallen dat het onmogelijk was voor vrouwen om ergens in een menigte te lopen zonder dat ze door vreemden in hun achterste of in hun borsten werden geknepen, of zonder dat iemand met zijn vingers tussen hun benen wriemelde. Het leek bijna alle vrouwen te overkomen, behalve heel oude. De vrouwelijke familieleden met wie ik het erover had gehad, leken het allemaal normaal en onvermijdelijk te vinden. Daar waren het mannen voor, leken ze te zeggen, en daar konden we niets aan veranderen.

Toen ik met mijn overbeschermende broers en ouders in Groot-Brittannië woonde, had ik nooit gedacht dat ik ze nog eens zou missen. Ik had het gevoel dat ik in de nieuwe wereld waar ik nu woonde niemand kon vertrouwen. Ahmed weigerde me toe te staan om onder de tweede afspraak met de dokter uit te komen. Aan de ene kant omdat hij zich denk ik zorgen maakte om mijn gezondheid, maar ook omdat hij respect had voor een man die gestudeerd had en vond dat hij de voorschriften van een arts niet mocht veronachtzamen.

Ten slotte moest ik me gewonnen geven, ik was te zwak om ergens alleen naartoe te gaan. 'Maar laat me niet meer alleen in een kamer met hem,' smeekte ik. 'Ik wil dat je er aldoor bij bent.'

Zodra we bij de dokter binnen waren, vroeg deze Ahmed opnieuw de kamer te verlaten, maar ik verzamelde al mijn kracht om te eisen dat mijn man bleef. Beide mannen werden duidelijk in verlegenheid gebracht door mijn uitbarsting, maar waren niet verbaasd. Misschien vonden ze zelfs dat mijn zedigheid me sierde, dat dit de manier was waarop een goede moslima zich moest gedragen. Ze hadden me gedwongen me te conformeren aan elk stereotype dat ik zo had gehaat toen ik nog in Groot-Brittannië woonde. Ik was een vrouw geworden die dacht dat alle mannen potentiële aanranders waren en die constant de bescherming van al haar familieleden nodig had.

De dokter vertelde Ahmed dat zijn tests aantoonden dat ik malaria had, de reden dat ik zo opvliegend was. 'Bovendien is ze zwanger,' voegde hij eraan toe.

Ik hoorde zijn woorden door het waas van misselijkheid en pijn, maar zei niets. Ik voelde bijna niets. Het leek gewoon de zoveelste ramp boven op al het andere. Ik vroeg me vaag af wat er nu zou gebeuren. Betekende dit dat ik in Lahore zou moeten blijven tot de baby oud genoeg was om te reizen, of kon ik terug naar Groot-Brittannië om het kind daar te krijgen? Het idee om in een ziekenhuis in Lahore te moeten bevallen, of erger nog, in het huis van mijn schoonmoeder, joeg me angst aan.

'Is dat waar?' vroeg Ahmed toen we vertrokken. 'Ben je in verwachting?'

'Dat weet ik niet,' mompelde ik zwakjes. 'Ik ben nog nooit in verwachting geweest, dus ik weet niet wat de symptomen zijn.'

Als ik zwanger was dan was het echt een snelle conceptie geweest, maar gezien het aantal keren dat hij de afgelopen weken met me naar bed was geweest zou het me niet verbazen. Ook al had hij van de dokter te horen gekregen dat ik malaria had en droeg ik zijn baby, toen we terug waren bij zijn zus eiste hij toch dat ik die nacht seks met hem had.

De volgende dag stond ik erop dat we de bus terug namen naar ons eigen huis in Lahore, ondanks het feit dat ik al twee dagen niets had gegeten, me nog steeds zwak voelde en we zeven uur in de hitte moesten reizen. Ik wilde met mijn oom praten, de enige persoon van wie ik dacht dat hij mijn belang voor ogen had. Een paar dagen later was ik sterk genoeg om de reis naar het huis van mijn oma te maken en vroeg ik mijn oom of ik hem alleen kon spreken.

'Haal me daar alstublieft weg, oom,' zei ik, terwijl ik mijn tranen niet kon bedwingen bij het zien van een vriendelijk gezicht. 'Ik kan er niet meer tegen.'

'Je gaat binnenkort terug naar Groot-Brittannië,' zei hij in een poging me te troosten. 'Kun je niet zolang bij je man blijven en zijn familie respecteren?'

Ik kon me er niet toe zetten om alle persoonlijke redenen met hem te bespreken waarom ik daar weg moest, maar hij zag aan mijn vertwijfeling dat ik de instorting nabij was.

'Laat me alstublieft hier bij u blijven,' smeekte ik. 'Tot het tijd is voor mij om met het vliegtuig terug te gaan naar Groot-Brittannië.'

'Oké,' zei hij uiteindelijk. 'Ik leg het Ahmed wel uit.'

In de veiligheid van mijn oma's huis kon ik niet ophouden met huilen. Het was zo'n opluchting om met rust gelaten te worden, 's nachts te kunnen slapen en niet de hele tijd afkeurende blikken te krijgen. Mijn oom was heel aardig tegen me en verzekerde me dat ik niet terug hoefde naar Ahmed tot ik eraantoe was. Ik bedankte hem, maar in mijn hart wist ik dat ik er nooit aan toe zou zijn. Misschien kon hij raden wat het probleem was en dacht hij dat ik gewoon wat tijd nodig had om te genezen en mijn gedachten op een rijtje te zetten.

Mijn oom was maar vijf jaar ouder dan ik en dus was het natuurlijk dat we de dagen daarna samen tijd doorbrachten. In sommige opzichten gedroegen we ons als vrienden. We gingen met z'n tweeën een hamburger eten of een sapje drinken en hij nam me achter op zijn motor mee voor een tochtje door Lahore. Hij wist me zelfs één keer over te halen om voorop te gaan zitten en te sturen, wat een geweldig gevoel was. De wind striemde door mijn haar, waardoor ik al mijn zorgen even vergat en er gewoon van genoot om jong en vrij te zijn. Alleen 's avonds vond ik het niet zo prettig om met de motor op stap te gaan, vanwege de wilde honden die langs de kant van de weg naar voedsel zochten. Blaffend en happend naar de wielen en onze enkels joegen ze achter ons aan.

Dat soort momenten doordrongen me er nog meer van hoeveel ik was kwijtgeraakt door zo jong met een man te trouwen die ik niet eens erg aardig vond. Omdat hij mijn oom was, was er niets onfatsoenlijks aan dat hij me mee uit nam nu ik een getrouwde vrouw was. Ooms worden in families als de onze als vaderfiguren gezien en in geen enkel opzicht als bedreiging voor de deugd van hun nichtjes beschouwd. We maakten plezier, net als andere jonge mensen.

'Heb je zin om naar de film te gaan?' vroeg hij me op een dag.

Ik had me niet eens gerealiseerd dat er een bioscoop in de buurt zou zijn; ik deed mijn sjaals om en we vertrokken naar de drukke nachtelijke straten. Vanbuiten zag je niets speciaals aan het gebouw, maar toen we verder en verder drongen en naar het middelpunt van de actie schuifelden, nam de drukte toe. Overal waren hordes mensen, die allemaal schreeuwden en lachten. Er waren een paar stoelen in de zaal, maar de meeste mensen bleven staan zodat ze beter konden zien wat er gebeurde en konden dansen en vrijer konden zingen zodra de film was begonnen. Ze floten en juichten allemaal naar wat er op het witte doek gebeurde. Ik moest naar het kleine vrouwengedeelte lopen. Op dat soort momenten voelde ik een mengeling van opwinding en verbazing over de cultuur waar mijn familie uit kwam. Het leek allemaal zo vreemd en overweldigend. De mannen gingen door het lint van opwinding, bevrijd van de belemmeringen van hun familie of hun vrouwen, en toen ik ze zag schreeuwen, dansen en elkaar omhelzen voelde ik me een toeschouwer van een andere planeet.

Ahmed arriveerde twee dagen later bij het huis van mijn oma en zei dat hij me terug kwam halen naar huis. Mijn oom moet aan de blik van afschuw op mijn gezicht hebben gezien dat ik niet wilde en hij zei dat ik er nog niet aan toe was om terug te gaan.

'Je moet haar nog een poosje langer hier laten om weer op krachten te komen,' zei hij en Ahmed had geen andere keus dan ermee in te stemmen. Het was duidelijk om welke reden hij me terug wilde hebben.

De volgende dag kwam Ahmeds vader met mijn oom praten. 'Dit wordt hun eerste Offerfeest samen,' zei hij. 'Dus zouden we graag willen dat Saira bij ons en bij haar man is.'

Mijn oom ging me zoeken om het me te vertellen. 'Het spijt me,' zei hij. 'Een dergelijk verzoek kan ik niet afwijzen, niet van je schoonvader. Ga er maar een dag of twee naartoe, dan kom ik je wel weer halen voor de laatste dagen voordat je met het vliegtuig teruggaat naar Groot-Brittannië.'

Toen ik weer terugkwam in mijn echtelijke woning was er niets veranderd. Ahmed gaf me wat geld zodat ik kleren en sieraden kon kopen om tijdens het Offerfeest te dragen en mijn tante zei dat ze met me naar de markt zou gaan. Hij had me omgerekend in Engels geld ongeveer twaalf pond gegeven, maar het bleek net voldoende om een paar schoenen voor hem, een kaftan voor mezelf en een paar kleine cadeautjes te kopen. Ik gaf hem de schoenen toen we thuiskwamen, maar hij vond ze niet mooi. Ik denk dat jongemannen in Engeland ze liever droegen dan mannen uit Pakistan. Het drukte me er opnieuw met mijn neus bovenop hoe ver we in bijna elk opzicht uit elkaar stonden. Ik begreep hem evenmin als hij mij.

'Hoeveel heb je uitgegeven?' vroeg hij.

'Dat weet ik niet,' zei ik en ineens werd ik zenuwachtig. 'Ik heb gewoon het geld uitgegeven dat je me had gegeven. Ik heb de prijzen niet onthouden.'

Maar hij wilde exact weten hoe duur alles was geweest, en ik realiseerde me dat ik nooit moest denken dat hij gewoon gul was als hij me geld gaf.

Omdat ik een bijdrage wilde leveren aan de familiefeestelijkheden vroeg ik mijn schoonmoeder wat ik kon doen om te helpen.

'Maak maar iets zoets,' liet ze weten. 'Zoete rijst.'

Hoewel ik mijn moeder altijd had geholpen in de keuken, had ik nog nooit helemaal alleen iets gekookt, maar dat wilde ik tegenover hen niet toegeven uit angst dat ze dachten dat ik me te goed voelde om met hen in de keuken te werken. Ik probeerde me alles te herinneren wat ik mijn moeder had zien doen, maar het baatte niet. Het mengsel dat ik klaarmaakte bleef aan elkaar plakken als brood en moest weggegooid worden, een enorme verspilling in een familie waar men krap bij kas zat.

'Kijk nou eens wat dat stomme rund heeft gedaan,' zei mijn schoonmoeder tegen de hele binnenplaats. 'Hebben haar ouders haar dan helemaal niets leren koken?' Ik had het gevoel dat ik mijn moeder opnieuw had teleurgesteld door geen goede schoondochter te zijn.

De volgende dag hielp ik met wassen en zat ik op een krukje op de binnenplaats de was schoon te schrobben met alleen koud water en een stuk zeep. Ik kon de ogen van alle vrouwen naar me voelen kijken, maar niemand van hen bood aan me te laten zien hoe je het karweitje het best kon aanpakken. Ze hadden inmiddels hun oordeel geveld dat ik een verwend meisje was dat op haar nummer gezet moest worden en een lesje geleerd moest worden, zodat ze zou leren een betere vrouw en schoondochter te zijn. Ik herinnerde me hoe ze mijn moeder allemaal gerust hadden gesteld toen ze met het vliegtuig terug moest naar Groot-Brittannië. 'Maak je geen zorgen', hadden ze in haar oor gekoerd toen ze elk moment in tranen leek te kunnen uitbarsten. 'Saira is nu ook onze dochter. We zullen voor haar zorgen alsof ze onze eigen dochter is.'

9
Het visum

E indelijk brak de dag aan dat ik met het vliegtuig terug zou
gaan naar Groot-Brittannië. Het voelde alsof er een eind
aan een gevangenisstraf was gekomen. Ook al wist ik dat
het slechts een kwestie van tijd was voor ik weer met mijn man
verenigd moest worden, toch was het net alsof ik werd vrijgela-
ten. Zodra we in Groot-Brittannië woonden, redeneerde ik,
zouden we meer op mijn territorium zijn dan op het zijne en
zou hij niet zo veel eisen kunnen stellen, omdat daar niet zijn hele familie was om hem te steunen. Ik zou niet zo geïsoleerd en
kwetsbaar zijn als mijn moeder toen zij met mijn vader trouwde.
Hoewel ik niet goed met mijn broers kon opschieten, wist ik dat
ze zich vreselijk zouden wreken op iemand die geen respect voor
me toonde, en Ahmed wist dat ook, wat me tenminste wat on-
derhandelingskracht in de relatie zou geven.

Wat zagen de straten van de stad waar ik woonde er schoon
en gezellig uit toen we naar huis reden van het vliegveld, en alle
voorbijgangers droegen schoenen en nette kleren en ze bemoeiden zich allemaal met hun eigen zaken, in plaats van op
straat rond te hangen en de mensen aan te staren. Toen ik de
volgende dag in het centrum was, gaf het zo'n prettig gevoel
om gewoon alleen door een menigte te lopen zonder constant
door vreemde mannen aangestoten en vastgepakt te worden.
Thuis kon ik hete douches en baden nemen als ik er zin in had

of eten uit de koelkast halen. Ik prentte mezelf in dat ik die kleine luxes nooit meer als vanzelfsprekend zou beschouwen. En het beste van alles was dat ik er toen ik naar bed ging gerust op kon zijn dat ik niet wakker werd gemaakt of lastiggevallen in mijn slaap.

Ik was nu achttien en wilde graag wat geld verdienen om mijn vader en moeder met al hun groeiende financiële problemen te helpen. Ik vond al snel een baantje in een broodjeszaak en begon de noodzakelijke formulieren voor Ahmed in te vullen, zodat hij een visum kon krijgen om mij achterna te komen. Persoonlijk stond ik niet te popelen om hem weer te zien, maar mijn familie wist waar onze plicht lag en dus bleven ze tegen me aan zeuren om de klus te klaren en controleerden ze of ik het niet uitstelde. Ik denk dat ze liever nog een potentiële broodwinner in het land hadden dan dat ze voor een ongetrouwde vrouw moesten zorgen. Mijn moeder vond het idee nog een familielid van haarzelf in de buurt te hebben waarschijnlijk ook wel prettig, nadat ze jaren alleen tussen de familieleden van mijn vader had geleefd. Vanaf het moment dat ik in de broodjeszaak werkte bracht ik meer geld binnen dan mijn moeder of mijn twee broers, omdat ze alle drie schulden leken te hebben, die elke cent die ze verdienden opzogen door de rente die afbetaald moest worden. Ik kon zien dat mijn ouders zich zorgen maakten over de richting die het leven van hun zonen uit ging, maar niemand van ons durfde Ali of Asif ter verantwoording te roepen omdat ze heel agressief werden als iemand hun ondervroeg. Nu mijn vader ouder werd en de twee jongens ongelooflijk veel sterker en gewelddadiger waren dan hij ooit was geweest, leek zelfs hij de voorkeur te geven aan rust in zijn leven en hij stelde hun geen vragen over hun manier van leven.

Ik probeerde mijn vader en moeder uit te leggen dat mijn huwelijk met Ahmed op niets was uitgelopen en dat ik van hem wilde scheiden, maar ze wilden niet eens luisteren naar zulke praatjes. Mijn moeder tierde en ging tekeer dat ik nog meer schande over de familie probeerde te brengen en mijn vader gaf me het advies geduldig te zijn en het de tijd te geven, hij verzekerde me dat het huwelijk in het begin voor iedereen lastig was. Ik denk dat mijn vader in veel opzichten gelijk had. Ik vermoed dat het huwelijk voor hem met zijn beide vrouwen niet gemakkelijk was geweest, en voor de vrouwen al helemaal niet, maar ik vond niet dat dat betekende dat ik datzelfde lot dan maar moest aanvaarden. Het huwelijk met Ahmed was door hen tot stand gebracht, niet door mij, dus waarom had ik dan niet het recht om te zeggen dat het een vergissing was, net zoals mijn vader met betrekking tot zijn eerste huwelijk? Ik mocht al die gedachten misschien bij mezelf koesteren, maar was nog steeds niet dapper genoeg om ze uit te spreken. Ik realiseerde me maar al te goed hoe erg ik met mijn gedrag de familie te schande had gemaakt en ik wist dat ik het goed moest maken op de manier die zij uitkozen. Ik genoot bovendien van het gevoel om weg te zijn bij Ahmed en wilde het niet verpesten met onnodige familieruzies.

Zodra ik thuis was, maakte ik een afspraak met onze huisarts, die bevestigde dat ik zwanger was. Ik denk dat ik me had vastgeklampt aan de hoop dat de eerste arts ernaast had gezeten, en het was als een doodsvonnis om te horen dat het definitief werd bevestigd. Door de uitdrukking op Ahmeds gezicht toen de eerste arts hem het nieuws vertelde, wist ik dat hij ervan overtuigd was dat deze baby zou garanderen dat hij een visum kreeg. Hij had een vrouw en een kind in Groot-Brittannië, dus wie zou hem de toegang tot het land ontzeggen? Ik wist ook dat als ik een kind had het honderd keer moeilijker zou zijn om mijn familie over te halen toestemming te verlenen van Ahmed te scheiden en dat ik in die situatie veel moeilijker geld kon verdienen dat ik nodig had om mijn vader en moeder te helpen.

Twee dagen later begon ik echter hevig te bloeden en 's nachts had ik een miskraam. Eerst waren er de martelende pijnen en het bloed, en daarna daalde er een vreselijke, afmattende droefheid over me neer. Hoewel het aan de ene kant een enorme opluchting was, voelde ik me verdrietig bij de gedachte dat ik niet langer een klein, kloppend leventje in me droeg. Ali's vrouw had een schattig jongetje, Sulaiman, het liefste wezentje dat ik ooit had gezien. Ik had ook graag zo'n kind van mezelf willen hebben, vooral als het van Aman was geweest, maar er was geen sprake van dat ik een kind van Ahmed wilde, en de pijn die hij me had aangedaan toen het kind werd verwekt zou ik nooit kunnen vergeten. Om over mijn gevoelens van rouw heen te komen zat ik uren met Sulaiman te spelen, die iets ouder was dan een jaar en begon te lopen en te praten. En ik bood altijd aan om op hem te passen als ik thuis was. Er waren momenten dat ik zo'n band met hem voelde dat Sulaiman wel mijn eigen kind leek.

Een van de dingen die ik toen ik terug was liever wilde doen dan wat ook, was met Aman praten om erachter te komen waarom hij compleet van gedachten was veranderd om met me te trouwen. Maar toen ik de moed bij elkaar had geraapt om hem op te bellen, ontdekte ik dat hij een ander nummer had, en niemand van zijn familie wilde me vertellen hoe ik contact met hem kon opnemen. Het was alsof iemand het bevel had gegeven dat we tot elke prijs uit elkaar moesten worden gehouden. Ik was zo woedend op hem dat er momenten waren dat ik erover dacht echt mijn best te gaan doen voor mijn huwelijk met Ahmed, alleen om Aman te laten zien dat hij niet de enige man op de wereld was die van me hield, dat ik er heel goed toe in staat was een goede man te vinden en hem niet nodig had om geluk en vervulling te vinden. In werkelijkheid was ik natuurlijk nog steeds tot over mijn oren verliefd op hem en ik wist dat Ahmed bij lange na niet zo'n man was als Aman, hoe je het ook bekeek.

Zodra we al zijn visumaanvraagformulieren in Groot-Brittannië hadden ingevuld, moest Ahmed voor een gesprek naar de Britse ambassade in Pakistan komen. Hij kreeg een tolk tot zijn beschikking omdat hij geen Engels sprak. Mijn vader en broers boden aan hem via de telefoon te helpen met het beantwoorden van het soort vragen dat hem zou worden gesteld, maar hij wimpelde al hun hulp af.

'Ik vertel gewoon de waarheid,' zei hij arrogant. 'Ik weet wat ik doe.'

Maar het was duidelijk dat hij dat niet wist.

'Wat was uw voornaamste reden om te trouwen?' vroeg zijn ondervrager op de ambassade.

'Om het Verenigd Koninkrijk binnen te komen,' antwoordde hij.

Ik moet zeggen dat het een eerlijk antwoord was, maar verstandig was het natuurlijk niet, tenzij hij opzettelijk zijn kansen om Groot-Brittannië binnen te komen om zeep wilde helpen, om redenen die niemand anders kende.

Geschrokken door een dergelijke eerlijkheid, dacht de ambassadeambtenaar dat er iets mis was gegaan met de vertaling.

'U begrijpt de vraag volledig?' vroeg hij.

'Jazeker.' Ahmed knikte enthousiast, hij wilde zonder twijfel graag laten zien hoe intelligent hij was.

'Nou, dan vraag ik opnieuw: wat was uw belangrijkste reden om te trouwen?'

'Om het Verenigd Koninkrijk binnen te komen.'

Met die trotse, waarheidsgetrouwe verklaring torpedeerde hij elke hoop die hij ooit mocht hebben gehad op een visum om in Groot-Brittannië te mogen wonen en werken, het land van de mogelijkheden voor zo veel mannen als hij. Ik vermoed dat dat het moment was waarop de ambtenaren besloten hem geen visum te verlenen, maar ze bleven doorgaan met het stellen van de vereiste vragen, bleven de schijn ophouden.

'Wat doet uw vrouw?'

'Zij is naaister.'

Ze wisten al dat dat niet mijn beroep was, en elk antwoord dat hij daarna gaf toonde aan dat hij mij of mijn familie totaal niet kende.

'Wat doet haar vader?'

'Hij is taxichauffeur.'

'Wat is de geboortedatum van uw vrouw?'

'Dat weet ik niet.'

Toen ik hoorde dat zijn visumaanvraag was geweigerd, dacht ik dat er toch misschien nog een sprankje hoop voor me was. Misschien zouden mijn ouders zich laten vermurwen en het me toestaan van hem te scheiden nu ze hadden gezien dat hij zelfs te stom was om door een toelatingsgesprek heen te komen. Ik zei niets, wilde ze niet beledigen door te suggereren dat ze een verkeerde man voor me hadden uitgekozen, en wachtte af wat er zou gebeuren.

Toen ik een paar weken terug was in Groot-Brittannië lukte het me het telefoonnummer van Aman te achterhalen via een gemeenschappelijke vriendin, die niet op de hoogte was van wat er tussen onze families was voorgevallen. Trillend van de zenuwen toetste ik het in en mijn hart sprong op toen hij opnam.

'Waar ben je nou met al je beloftes?' vroeg ik, zonder te zeggen wie hij aan de lijn had. 'Je had immers gezegd dat je met me wilde trouwen en toen bedacht je je en zei je dat je het nooit had gemeend.'

'Dat heb ik nooit gezegd,' protesteerde hij en hij klonk oprecht geschokt door de beschuldiging. 'Ik heb op je gewacht tot je terug zou komen naar Engeland, zoals je had beloofd. Wie heeft je verteld dat ik dat heb gezegd?'

'Mijn moeder.'

Iets in de toon van zijn stem wees erop dat hij misschien de waarheid vertelde.

'Ze zeiden tegen mij dat je met iemand anders ging trouwen in Pakistan,' zei hij zachtjes. 'Het brak mijn hart. Ik dacht dat je op vakantie ging en vervolgens hoorde ik dat je was getrouwd.'

Hij legde uit dat hij, in de veronderstelling dat ik hem had bedrogen, hetzelfde had gedaan als ik en zijn familie toestemming had gegeven een huwelijk voor hem te arrangeren met iemand die ze geschikter voor hem achtten. Het was een complot geweest dat achter onze rug tussen onze families was gesmeed en we waren er allebei de dupe van geworden, en dat allemaal omdat we samen een paar keer door de stad hadden gewandeld en zogenaamd schande over hen hadden gebracht. We waren nooit samen alleen in een kamer geweest en niemand wist dat we elkaar zo hartstochtelijk hadden gezoend. Ik kon niet geloven wat ik hoorde. Ik was erin geluisd en was de man kwijtgeraakt van wie ik nu zeker wist dat hij de ware liefde voor me was, en ik had er geen enkel vertrouwen in dat de schade die daardoor was ontstaan ooit kon worden tenietgedaan.

'Ben je verloofd?' Het was alsof ik een stomp in mijn maag had gekregen.

'Ja.' Aan het trillen van zijn stem kon ik horen dat hij even kapot was van wat er was gebeurd als ik. 'Je wordt uitgenodigd voor de bruiloft.'

Het idee was te vreselijk om over na te denken, maar ik wist dat ik ernaartoe moest als ik wilde voorkomen dat de hele wereld wist dat mijn hart gebroken was en dat ik met de verkeerde man was getrouwd. De weken daarna waren de zwaarste periode van mijn leven. Op een gegeven moment moest ik tijdens de huwelijksplechtigheden het vertrek zelfs verlaten, uit angst dat ik voor de ogen van iedereen in zou storten. Er zijn familievideo's waarop je me naar buiten kunt zien rennen, maar niemand heeft er ooit commentaar op geleverd. Zoals gebruikelijk duurden de festiviteiten dagen, en de hele tijd moest ik een façade van vrolijkheid ophouden, beleefde gesprekjes voeren met familieleden die ik nauwelijks kende, zonder dat ik er zeker van was wie van hen wel of niet via de familietamtam had gehoord hoe Aman en ik onszelf te schande hadden gemaakt voor we gedwongen werden met anderen te trouwen. Elke keer als ik iemand naar me zag kijken, was ik ervan overtuigd dat diegene in mijn hart kon kijken en wist dat ik kapotging onder het gewicht van mijn verdriet, en het enige wat ik kon denken was dat ze tegen elkaar zouden fluisteren dat ik het over mezelf had afgeroepen, dat ik het lot verdiende dat me had getroffen omdat ik onze beide families had teleurgesteld.

Zijn vrouw was heel aardig, dus zelfs als ik haar had willen haten omdat ze mijn ware liefde had afgepakt, dan was ik daartoe niet in staat geweest. Ze was veel mooier dan ik, maar ik dacht altijd dat iedere andere vrouw veel mooier was dan ik omdat mijn moeder me dat mijn hele leven had voorgehouden.

Zodra Aman veilig getrouwd was en ik tijdens de familiefeestelijkheden openlijker met hem kon praten omdat ik minder bang hoefde te zijn dat ik een nieuw schandaal veroorzaakte, vertelde ik hem hoe beroerd ik me had gevoeld tijdens de huwelijksceremonie.

'Hoe denk je dat ik me voelde toen ik hoorde dat jij in Pakistan ging trouwen?' vroeg hij.

'Maar jij hoefde er tenminste niet naar te kijken,' snauwde ik.

'Maar ik kon me er een voorstelling van maken,' zei hij rustig. 'En misschien was dat nog wel erger.'

We zagen elkaar daarna een tijdje niet en ik probeerde hem uit alle macht uit mijn hoofd te zetten, maar hoe hard ik ook mijn best deed, mijn gedachten bleven teruggaan naar hem. Voor hem moet het net zo zijn geweest, want ongeveer zes maanden na zijn huwelijk belde hij me weer op.

'Ons nieuwe huis wordt geschilderd,' zei hij na een paar minuten beleefd en vormelijk gepraat te hebben. 'Zou je het leuk vinden om het te komen bekijken?'

Ik weet niet of hij me zijn huis wilde laten zien of dat hij al van plan was met me naar bed te gaan op het moment dat hij besloot op te bellen, maar dat gebeurde wel. In het lege huis, tussen de stoflakens en de ladders, legden we zijn echtelijk bed bloot, zo'n beetje het enige meubelstuk in het huis, en bedreven de liefde, net zoals ik me had voorgesteld sinds ik hem voor het eerst had gezien. Omdat we op dat moment allebei ervaring in het huwelijksbed hadden, wisten we beter wat we deden en van het onhandige gestuntel dat er misschien wel was geweest als we elkaars eerste minnaars waren geweest, was geen sprake.

'Mijn man is erg ruw met me geweest,' vertelde ik hem toen hij me in zijn armen nam. 'Hij heeft me pijn gedaan en ik ben bang voor seks.'

'Dit wordt heel anders,' verzekerde hij me en hij had gelijk. 'Je moet het gewoon zeggen als het pijn doet, dan stop ik meteen.'

Het deed geen pijn omdat hij het perfect deed, en zijn huid rook lekker en voelde even heerlijk aan als in mijn herinnering. Nadat we klaar waren gekomen lag ik in zijn armen en streelde hij me zachtjes. Als ik eerder al had gedacht dat ik met de verkeerde man was getrouwd, dan wist ik het nog zekerder toen ik het huis die dag verliet. Het geluk dat ik voelde omdat ik de liefde had bedreven met de man van wie ik hield, werd compleet overschaduwd door mijn verdriet bij de gedachte aan wat ik was kwijtgeraakt en mijn schuldgevoel over de zonden die we zojuist hadden begaan in dat lege huis. Nu bestond er geen twijfel over: ik had mijn familie echt verraden door mijn gedrag en als ze er ooit achter kwamen zou de straf te erg zijn om over na te denken.

We ontmoetten elkaar nog een paar keer in het huis wanneer zijn vrouw bij haar moeder was, en allebei waren we niet sterk genoeg om de verleiding te weerstaan, maar we wisten allebei ook dat het te gevaarlijk voor ons was om er lang mee door te gaan. Als we daar gesnapt werden, bestond het reële risico dat de mannen uit mijn familie of uit die van zijn vrouw ons allebei zouden doden. Ze zouden ons in elk geval een gruwelijk pak slaag geven. We wisten dat we iets zondigs deden waarvoor we straf verdienden, maar de behoefte was voor ons beiden te sterk om te kunnen weerstaan. Uiteindelijk moest ik al mijn moed bij elkaar rapen om hem terug te geven aan zijn rechtmatige bezitster, zijn vrouw, terwijl ik zonder ook maar de geringste twijfel wist dat hij mijn ware liefde was en altijd zou blijven.

Ondertussen gaven mijn vader en moeder en broers hun plannen om Ahmed naar Engeland te halen niet op en ze zeiden tegen me dat ik in hoger beroep moest gaan tegen de beslissing van de ambassade. Als Ahmed opbelde uit Pakistan praatte hij eerst met mijn vader en Ali, voordat ze de telefoon aan mij gaven. Ik wisselde een paar woorden met hem en dan deed ik altijd alsof ik hem niet kon verstaan doordat de lijn wegviel. Terwijl ik ophing, was hij nog steeds door de telefoon aan het schreeuwen in een poging zich verstaanbaar te maken. Er was niets wat ik tegen hem wilde zeggen, ik wilde gewoon dat hij voorgoed uit mijn leven verdween. De maanden verstreken en de arme Ahmed moet gek geworden zijn van het wachten zonder enig idee te hebben van wat er aan de andere kant van de wereld gebeurde, terwijl zijn eigen leven in Lahore hetzelfde oude gangetje ging. Hoe meer tijd er voorbijging, des te meer realiseerde ik me hoe vreselijk die paar maanden met hem waren geweest en hoe onmogelijk het voor me zou zijn om daarnaar terug te keren.

Gerechtelijke molens draaien zo langzaam dat het leven van mensen weg kan ebben terwijl ze erop wachten tot anderen beslissingen nemen die alles zullen beïnvloeden, maar uiteindelijk brak de dag van het hoger beroep aan en mijn vader en ik zaten voor een uiterst vriendelijke rechter. Hij luisterde hoe onze advocaat ervoor pleitte dat Ahmed een visum zou worden verleend, maar ik denk niet dat hij uit de manier waarop ik praatte kon opmaken dat ik hoopte dat hij nee zou zeggen.

'Al jullie papierwerk is in orde,' zei hij tegen me. 'Jullie hebben het allemaal goed aangepakt. Maar jammer genoeg is het allemaal vruchteloos, want er is niets wat jullie kunnen doen om de schade te herstellen die jouw echtgenoot heeft aangericht met zijn verklaringen op de ambassade in Pakistan. Hij heeft niet alleen bepaalde antwoorden gegeven, maar ze zelfs herhaald en zijn ondervrager verzekerd dat hij de vragen die hem werden gesteld volkomen begreep. Het ziet ernaar uit dat hij misbruik heeft gemaakt van je goedhartigheid en het spijt me dat ik het moet zeggen, maar ik denk dat deze jongeman alleen met je is getrouwd om dit land binnen te komen.'

Ik probeerde bij die onthulling passend verdrietig te kijken en niet te glimlachen, maar eigenlijk wilde ik wel schreeuwen en juichen toen de rechter me vertelde dat hij de eerdere beslissing in geen geval zou herroepen. Ahmed zou alleen op bezoek kunnen komen in Engeland en de kans bestond dat hij sowieso problemen zou krijgen om toegelaten te worden. Ik dacht dat dit het eind van het hele vreselijke verhaal betekende, maar toen we thuiskwamen was de hele familie het erover eens dat we de beroepszaak moesten voorleggen aan een advocaat in Londen die gespecialiseerd was in dit soort zaken en het opnieuw moesten proberen.

'Maar dat kost een vermogen,' protesteerde ik. 'En misschien kan die er uiteindelijk ook niets tegen beginnen.'

'We moeten het proberen, Saira,' zei mijn vader. 'En het geld vinden we op de een of andere manier wel.'

Niet alleen was ik ontzet door de gedachte dat ik nog steeds niet veilig was, het idee dat ze zo veel geld over de balk gooiden aan een verloren zaak was hartverscheurend, vooral omdat ik zo hard werkte om de financiële situatie van mijn familie te verbeteren.

'Maar wat gebeurt er als we de advocaat al dat geld betalen,' zei ik, 'en het lukt hem nog steeds niet om de beslissing te laten herroepen?'

'Dan moet je naar Pakistan en daar gaan wonen,' zei mijn moeder. Ik voelde hoe al mijn hoop wegvloeide en kou en leegte achterliet. Ik keek naar mijn vader en hij knikte alleen plechtig dat hij het ermee eens was.

Twee dagen later gebeurde het ergste wat er kon gebeuren: het nieuws bereikte ons dat Ahmeds moeder was overleden. Hij belde me op om me te ontbieden naar de echtelijke woning. Het was alsof er niets was veranderd, alsof ik nog steeds zijn gehoorzame vrouwtje was dat voor een vakantie in Groot-Brittannië was geweest en nu terug moest komen om haar echtelijke plichten als rouwende schoondochter te vervullen. Het huwelijk leek alleen in mijn hoofd voorbij te zijn geweest.

'Je moet naar ze toe,' zei mijn vader tegen me. 'Het is je plicht.'

'Waar is het goed voor dat ik daarnaartoe ga?' vroeg ik.

'Hij is je man.' Mijn vader spreidde zijn handen uit alsof er verder niets meer gezegd hoefde te worden. 'Je kunt hem daar niet zomaar achterlaten.'

'Maar hij heeft duidelijk gezegd dat hij alleen met me is getrouwd om Groot-Brittannië binnen te komen,' protesteerde ik.

'Nee,' viel mijn moeder me in de rede. 'Dat zei hij alleen omdat hij weinig opleiding heeft. Hij had de vraag niet goed begrepen, ook al dacht hij van wel.'

Ik kon het er alleen maar mee eens zijn dat Ahmed had laten zien hoe onwetend hij was door de vraag op die manier te beantwoorden, maar dat betekende nog niet dat hij niet had gemeend wat hij zei. In mijn wanhoop om hen op andere gedachten te brengen, gooide ik alle argumenten in de strijd die ik in mijn hoofd had opgeslagen, maar het maakte niet uit wat ik tegen hen zei, ze dachten te weten wat mij te doen stond: terugkeren naar mijn man op het moment dat hij het moeilijk had. Ik hield mezelf voor dat het misschien niet zo'n slecht idee was, dat het me een kans zou geven om dit vreselijke hoofdstuk in mijn leven voor eens en altijd af te sluiten, maar het hielp niets om de zenuwen te onderdrukken die ik voelde opkomen als ik me voorstelde dat ik het huis van mijn man weer binnenging, en zijn slaapkamer.

10

De ontsnapping

Met bezwaard gemoed keerde ik terug naar Pakistan. Mijn oom stond me op het vliegveld op te wachten en nam mijn paspoort onder zijn hoede, zoals mannen in families als de mijne altijd doen, alsof wij vrouwen kinderen zijn van wie je niet op aan kunt dat ze iets veilig opbergen. Het was leuk om hem weer te zien, maar hoe vriendelijk hij ook was, ik wist dat het zijn taak was me veilig bij mijn man af te leveren.

Toen we aankwamen bij het huis was Ahmed heel gastvrij, en even vroeg ik me af of hij zich misschien had gerealiseerd dat hij me beter zou moeten behandelen als hij me wilde overhalen te blijven. Maar zodra we alleen waren, was er geen sprake meer van affectie en eiste hij seks, en ik besefte dat er niets was veranderd in de maanden dat we gescheiden waren geweest, behalve dat zijn frustratie was toegenomen en dat zijn behoeften nog dringender waren geworden dan daarvoor. Ik was bijna een jaar van hem af geweest en toch leek het alsof er geen tijd was verstreken sinds de laatste keer dat hij zichzelf aan me opdrong. Terwijl hij in de donkere slaapkamer tevreden naast me lag te snurken nadat hij me op zijn brutale manier had genomen, wist ik dat ik het niet zou kunnen verdragen dat mijn leven voortaan altijd zo zou zijn. In die paar gestolen uren met Aman had ik gezien hoe een relatie met een man kon zijn als hij de ware was en ik wist dat ik niets zou kunnen doen om Ahmed en mij bij elkaar te laten passen. Hoe hard ik ook aan het huwelijk werkte, ik zou me altijd ellendig voelen en een groot deel van mijn leven in lichamelijke pijn doorbrengen, altijd angstig voor wat er zou gebeuren als mijn man thuiskwam van zijn werk, met vlekken op zijn handen van het bloed uit de slagerij.

Iedereen in de familie praatte alsof het een uitgemaakte zaak was dat ik in Pakistan zou blijven tot Ahmed erin was geslaagd om zijn visum voor Groot-Brittannië te bemachtigen. Niemand leek er ook maar een moment bij stil te staan dat het hem uiteindelijk geweigerd zou worden. Ik denk dat hij hun nooit had opgebiecht hoe ernstig hij het gesprek had verprutst, of misschien realiseerde hij zich dat ook niet ten volle. Van tijd tot tijd protesteerde ik er een beetje tegen en opperde ik dat ik al eerder terug zou gaan naar Groot-Brittannië om wat geld te verdienen, daarna zou het volgende hoger beroep over Ahmeds visumaanvraag misschien positief uitvallen en kon hij zich met me verenigen. Ik wees erop dat ik hem geld zou kunnen sturen, wat hem kon helpen bij zijn visumaanvraag.

Ik wilde hem of zijn familieleden niet onnodig tegen me in het harnas jagen, dus zette ik ze niet te veel onder druk. Ik wilde niet dat ze het gevoel hadden dat ik hen en hun land beledigde doordat ik er niet wilde wonen. Mijn hoofd tolde de hele tijd. Ik was nu bijna twee jaar getrouwd en ik voelde me zelfs nog bedrukter dan in het begin. Ik was constant bang dat ik weer zwanger zou raken, waardoor ik er nog minder zin in had om elke keer dat hij het eiste seks met hem te hebben. Hoewel we het grootste deel van die tijd gescheiden hadden geleefd, was het een ondraaglijke gedachte om de rest van mijn leven zo te moeten leven.

Omdat ik na een paar weken wanhopig ruimte nodig had om na te denken, nam ik contact op met mijn oom en ik vroeg hem of ik een paar dagen bij hem en de familie kon logeren, en hij stemde er zonder vragen te stellen mee in. Zelfs al vertelde ik hem niet elk detail van wat er in mijn leven gebeurde, hij wist dat ik diep ongelukkig was en leek me oprecht te willen helpen. Hij gedroeg zich meer als een vader en een broer dan mijn echte vader en broers. Mijn oma was een paar maanden daarvoor overleden, zodat mijn ooms en tantes nu de oudere generatie waren geworden. Mijn tante, die getrouwd was met Ahmeds broer, had me altijd veel ouder geleken dan ik, maar ze leek het nog steeds prettig te vinden om een andere vrouw in huis te hebben die haar gezelschap kon houden, vooral als ze ging winkelen, wat ze vaak deed. Waarom ze me eigenlijk meenam was me niet helemaal duidelijk, omdat ik altijd in haar kielzog liep en ze zich bijna nooit omdraaide om met me te praten terwijl ze van de ene winkel naar de andere liep en alles betastte wat de winkeliers haar toestaken voor ze het afwees. Het grootste deel van de tijd wilde ze niet echt iets kopen, ik denk dat ze gewoon een excuus nodig had om het huis te ontvluchten. Ik begreep dat gevoel heel goed en was blij dat ik met haar mee kon als ze me vroeg.

Terwijl ik door de straten achter haar aan liep, net als zij van top tot teen bedekt, begon ik me te realiseren dat dit mijn leven voortaan zou zijn als ik er niet snel iets aan deed. Ik kreeg misschien even respijt als ik terug kon gaan om mijn familie in Groot-Brittannië te bezoeken of als ik bij mijn ooms en tantes mocht logeren, maar het was een feit dat ik nu getrouwd was en niets zou daaraan iets veranderen tenzij ik mijn lot in eigen hand nam. Vroeg of laat zou ik weer zwanger raken en als ik kinderen had was ik nog minder goed in staat naar Groot-Brittannië te reizen als ik dat wilde: ik zou net zo vastzitten als alle vrouwen in mijn familie al honderden jaren zaten. Als ik wilde ontsnappen moest ik het snel doen en alleen, omdat niemand anders, zelfs mijn oom niet, me zou willen helpen.

Het was een grote beslissing, want weglopen uit een huwelijk dat gearrangeerd was door familieleden zou schande brengen over alle betrokkenen. Niemand zou bezoedeld willen worden door mijn schande, dus zou het me niet lukken er iemand anders bij te betrekken of iemand anders om hulp te vragen. Ik wilde geen schande over mijn familie brengen, maar ik was ook niet van plan de rest van mijn leven Ahmeds slaaf te zijn. Ik begon plannen te beramen om weg te lopen, hield constant in de gaten wat er om het huis heen gebeurde en wachtte mijn kans af.

Het eerste wat ik moest doen was teruggaan naar Groot-Brittannië, want in Pakistan had geen enkele vrouw de kans aan haar familie te ontsnappen. Zodra ik in Engeland was, moest ik uit het zicht verdwijnen en mocht ik niemand vertellen waar ik was. Ik maakte me er geen illusies over hoe hoog de mannen in de familie dit zouden opnemen en mijn leven zou in gevaar zijn vanaf het moment dat ik ook maar een stap richting vrijheid zette, maar in Groot-Brittannië had ik tenminste de kans dat ik hulp van de autoriteiten zou krijgen, iets waarop ik in Pakistan niet hoefde te hopen.

Het eerste probleem was dat ik mijn paspoort niet had, wat ik nodig had om te kunnen reizen, en mijn retourticket, want mijn oom had die beide onder zijn hoede. Ik had geen idee wat ik voor excuus moest verzinnen om hem erom te vragen, tot een van mijn halfzussen aankondigde dat ze van plan was naar Groot-Brittannië te reizen en een vlucht moest boeken.

'Zal ik die voor je boeken als ik de volgende keer met tante ga winkelen?' vroeg ik onschuldig.

Ze accepteerde het aanbod dankbaar, ze had haar handen vol aan haar kinderen. Mijn oom gaf me toestemming haar paspoort uit zijn kamer te halen, en terwijl ik daar was liet ik snel mijn eigen paspoort en mijn retourticket voor in mijn jurk glijden en sloeg mijn sjaal om me heen. Het bloed klopte in mijn oren toen ik terugging naar mijn familie. Als ik hierop betrapt werd zou mijn oom zich beschaamd voelen in zijn vertrouwen in mij, boven op alle andere dingen die er al waren gebeurd, en zou iedereen me voortaan wantrouwen en me nooit meer uit het oog verliezen. Als het me de eerste keer niet lukte om te ontsnappen, zou het honderd keer moeilijker zijn om het opnieuw te proberen omdat ze me allemaal in de gaten hielden.

Omdat ik wist dat mijn tante geen Engels sprak, kon ik er zeker van zijn dat ze het niet door zou hebben als ik zowel mijn eigen terugvlucht als die van mijn halfzus boekte terwijl we bij het reisbureau waren. En toen puntje bij paaltje kwam, nam ze niet eens de moeite met me mee naar binnen te gaan en gaf ze er de voorkeur aan om in de stoffenzaak ernaast op me te wachten. Ik boekte de vlucht van mijn halfzus een week later en koos voor mezelf een vlucht die over een paar dagen 's avonds vertrok, op een tijdstip dat ik weer met mijn tante naar de markt kon, want ik dacht dat dat me een betere kans zou geven om weg te komen dan rechtstreeks vanuit huis.

Mijn tweede probleem was dat ik geld nodig zou hebben voor bijvoorbeeld een taxi of voor extra kosten zodra ik op het vliegveld was. Ik mocht zelf geen geld hebben, maar ik bezat wel een paar gouden sieraden, die ik had gekregen op mijn bruiloft. Ik vertelde mijn tante dat ik mijn sieraden wilde verkopen om Ahmeds familie te helpen met het betalen van de kosten van zijn moeders begrafenis. Dat leek ze een heel aanvaardbaar plan te vinden en ze nam me zelfs mee naar een winkel die mij volgens haar een redelijke prijs zou geven.

'Zegt u alstublieft niet tegen Ahmed dat u weet dat ik het goud heb verkocht,' zei ik toen we de winkel met het geld weer uit gingen. 'Hij zou zich zo generen als hij dacht dat u wist dat hij me had gevraagd om dat te doen.'

'Natuurlijk niet,' zei ze. 'Dat begrijp ik.'

Die avond herinnerde mijn oom zich het paspoort en het ticket dat ik nog in mijn bezit had.

'Heb je het paspoort van je zus?' vroeg hij en mijn hart sloeg over. Ik wilde niet dat hij het zelf naar zijn kamer bracht omdat hij dan misschien zou merken dat mijn papieren ontbraken.

'Ja,' zei ik en ik probeerde nonchalant over te komen. 'Ik leg het wel weer terug in uw kamer.'

Hij staarde me even aan en ik dacht dat ik mezelf had verraden. 'Bedankt voor je hulp, Saira,' zei hij.

'Graag gedaan.'

Ik kon weer ademhalen toen hij doorging met waar hij mee bezig was en ik bracht mijn zusters paspoort terug naar zijn kamer. De twee dagen daarna was ik elke keer dat mijn oom bij me in de buurt kwam als de dood dat hij me zou vertellen dat hij de familiepapieren had doorgekeken en had gezien dat mijn paspoort en ticket ontbraken, maar uit niets bleek dat hij ook maar enige argwaan koesterde. Ik hield mijn armen de hele tijd bedekt, zodat Ahmed niet zou opmerken dat mijn armbanden ontbraken. Op de dag van de vlucht, toen niemand me zag, pakte ik een klein koffertje in en verborg het onder het bed, voor het geval Ahmed onverwachts thuiskwam en me zou vragen wat ik aan het doen was. Tijdens de lunch stelde ik mijn tante terloops voor dat we die middag naar de markt zouden gaan. De timing moest kloppen omdat ik niet, wachtend op mijn vlucht, te lang op het vliegveld wilde zitten voor het geval mijn familie me achterna zou komen, terwijl ik ook wat tijd moest inbouwen voor het geval er iets misliep en ik werd opgehouden.

'Dat is goed,' zei ze. 'Ik wilde toch al naar een paar dingen kijken.'

Toen we op het punt stonden te vertrekken, ging ik naar onze kamer en trok de koffer onder het bed vandaan. Ik moest hem dragen alsof hij leeg was, ook al was hij zwaar van mijn spullen.

'Waarom neem je een koffer mee?' vroeg ze toen we het huis verlieten.

'Het is geen koffer,' zei ik zo nonchalant als ik kon. 'Het is gewoon een tas, want ik wil een paar dingen kopen, maar dan moet ik ze wel mee kunnen nemen. Die plastic zakken die ze in de winkels geven zijn zo waardeloos.'

Tot mijn opluchting accepteerde ze mijn verklaring zonder erbij na te denken, en zoals altijd stevende ze voor me uit door de straten. Ik sjokte weer achter haar aan, en liet haar steeds verder de markt op gaan terwijl ik moeite deed mijn koffer licht te laten lijken, voor het geval iemand keek. Er was één winkel waar ze dol op was, die zo vol gepakt was met koopwaar dat je iemand die er rondneusde gemakkelijk uit het oog verloor. Ik wachtte tot ze daar naar binnen stapte, en toen ze met de winkelier begon te praten draaide ik me om en liep de straat weer op. Als ik een manier kon vinden om nu rechtstreeks naar het vliegveld te gaan was ik net op tijd, tenzij het vliegtuig vertraging had of de vlucht was geannuleerd. Ik was zo bang dat ik gesnapt zou worden dat ik aan de ene kant wilde dat ik nooit met het plan was begonnen, terwijl ik aan de andere kant opgewonden was bij de gedachte dat ik eindelijk mijn lot in eigen handen nam.

Het was druk op straat en het was moeilijk om door de mensenmassa heen te komen zonder met mijn koffer tegen anderen aan te slaan, maar daar zat ik niet mee terwijl ik me erdoorheen wurmde en sneller probeerde te lopen toen ik verder bij de winkel vandaan was. Hoe meer mensen er waren, hoe sneller ik onzichtbaar zou zijn voor mijn tante of wie ze er ook maar op uit mocht sturen om me te zoeken. De koffer was zwaar doordat hij achter de benen van andere mensen bleef haken, waardoor ze boos tegen me schreeuwden. Het zweet begon me uit te breken in mijn gewaad terwijl ik op een straathoek afliep waar naar ik wist taxichauffeurs op klanten wachtten. Ik had vreselijke verhalen gehoord over vrouwen die in hun eentje een taxi hadden genomen en naar een eenzame plek waren gebracht, waar ze waren verkracht en vermoord. De politie leek er nooit veel energie in te steken om dat soort misdrijven te onderzoeken, en was waarschijnlijk van mening dat iedere vrouw die alleen reisde onder vreemde mannen sowieso om problemen vroeg. Al mijn ervaringen met mannen tot dusverre hadden ervoor gezorgd dat ik geloofde dat die verhalen waar waren, maar ik moest het risico nemen. Ik had geen keus. Ik moest snel naar het vliegveld toe en een taxi was mijn enige alternatief.

Er stond een aantal auto's te wachten, de chauffeurs waren met elkaar aan het praten en sommigen riepen voorbijgangers aan in een poging klanten te werven. Toen ik dichterbij kwam, koos ik een oudere man van wie ik dacht dat hij de veiligste keus was, omdat hij er te dik uitzag om me achterna te kunnen rennen als ik zou moeten vluchten.

'Naar het vliegveld,' zei ik zo bevelend mogelijk, en ik trok mijn sjaal voor mijn gezicht zodat hij niet kon zien hoe jong ik was. Zijn gezicht vertoonde geen emotie toen hij naar het bestuurdersportier sjokte, terwijl de andere mannen toekeken hoe ik me zonder iets te zeggen met mijn koffer achter in de taxi worstelde. Toen we vertrokken, waren de ogen van de chauffeur in het achteruitkijkspiegeltje even vaak op mij gericht als op de weg. Het leek alsof hij door mijn sjaal heen probeerde te staren, maar ik deed net of ik het niet merkte en beantwoordde zijn vragen slechts met gegrom.

Het vliegveld kwam in zicht maar ik hield mijn sjaal voor mijn gezicht geslagen; mijn ogen schoten alle kanten op. En toen de taxi stopte verwachtte ik half dat Ahmed of mijn oom of zelfs een politieman op ons af zou komen. Ik stapte uit, betaalde de chauffeur en haastte me naar de terminal toe, ik wilde snel door de bewaking heen, zodat niemand me kon achtervolgen, tenzij hij een ticket had. Ik moest nog een paar uur wachten voor ik kon instappen en elke keer dat er via de intercom krakend een mededeling werd gedaan, sprong ik op, elk moment verwachtend dat mijn naam zou worden omgeroepen. Als ik nu werd gepakt zou dat vreselijke gevolgen hebben en hoefde ik geen steun van wie dan ook van mijn familie te verwachten, niet van mannen maar ook niet van vrouwen. Overal waar ik keek leken politieagenten en militairen te zijn en ik raakte ervan overtuigd dat ze allemaal naar me zochten, omdat ze in tweetallen rondliepen en hun ogen de menigte afzochten. Ik hield mijn hoofd naar beneden en mijn sjaal om, dankbaar dat alle andere vrouwen hetzelfde deden, wat me hielp mezelf onzichtbaar te maken.

Eindelijk werd mijn vlucht omgeroepen en toen ik met mijn boardingpass door de hal liep was het alsof alle ogen op mij gericht waren, alsof ze me allemaal kenden en me alleen maar sarden, alsof ze tot het laatste moment wachtten voordat ze me vertelden dat ik niet mocht instappen, voordat ze me vroegen door een deur een zijkamer in te stappen, waar mijn oom wachtte om me naar huis te brengen.

Zelfs toen ik in mijn stoel zat in het vliegtuig leek het eeuwen te duren voor de motoren begonnen te loeien en we naar de startbaan taxieden. Toen de stewardess zich over me heen boog om te controleren of mijn riem vastzat, wendde ik mijn blik af en staarde ik uit het raam. Ze ging naar de volgende rij stoelen en het vliegtuig meerderde snelheid.

Eindelijk zaten we in de lucht. Ik had Lahore veilig onder me gelaten, maar nu zou ik uren in de rats zitten omdat ik dacht aan de telefoontjes die van Pakistan naar het Verenigd Koninkrijk werden gepleegd. Ze zouden nu wel doorhebben dat ik weg was. Zelfs al hadden ze eerst misschien gedacht dat ik was ontvoerd, ze zouden algauw controleren of mijn paspoort en ticket zich nog steeds in de kamer van mijn oom bevonden en als ze ontdekten dat die weg waren zou mijn tante te binnen schieten dat ik het huis met een koffer had verlaten, en dan vielen alle stukjes van de puzzel in elkaar. Mijn tante zou zich vervolgens het geld herinneren dat ik voor mijn sieraden had gekregen. Mijn eigen familie zou furieus zijn en zich schamen dat ze voor Ahmeds familie en de rest van de gemeenschap gezichtsverlies had geleden. In hun ogen hadden ze me al één schande bespaard door me uit te huwelijken en nu was ik verder gegaan dan ze ooit konden tolereren. Als mijn vader en broers me te pakken kregen nu ik hen te schande had gemaakt voor mijn schoonfamilie, zouden ze me vast willen vermoorden.

Het eerste deel van de vlucht ging maar tot Karachi, waar een tussenstop van ongeveer vijf uur was. Andere passagiers gingen de stad in om vrienden en familie te ontmoeten, maar dat was zo riskant dat ik er beslist niet aan wilde beginnen; stel dat iemand had geraden welk vliegtuig ik had genomen en me aan de andere kant van de hekken opwachtte? Wie weet hadden ze de autoriteiten wel op de hoogte gesteld en waren de beambten van de paspoortcontrole op zoek naar me.

'Kan ik misschien ergens zitten om op mijn aansluiting te wachten?' vroeg ik een passerende stewardess.

'U kunt hier zitten als u wilt,' zei ze en ze wees aarzelend naar een paar stoelen die er niet erg comfortabel uitzagen. 'Maar het is een lange wachttijd.'

Ze had gelijk, maar ik had niet het idee dat ik enige keus had. Zolang ik dicht bij de vliegtuigen bleef had ik het gevoel dat ik veilig was, beschermd tegen mijn familie door alle beveiliging op de luchthaven. Ik zat de uren transpirerend uit, tot ten slotte mijn aansluitende vlucht werd omgeroepen en ik terugliep naar het vliegtuig. Eindelijk vertrok ik uit Pakistan.

Zelfs al was ik uitgeput door de stress van de afgelopen paar dagen, toch sliep ik tijdens de vlucht slechts bij vlagen; tegen de tijd dat we op Heathrow landden, was ik zo gespannen dat ik nauwelijks kon ademen. Ik was ervan overtuigd dat mijn vader of broers inmiddels op het vliegveld zouden zijn om te wachten op elke binnenkomende vlucht uit Pakistan voor het geval ik die had genomen. Toen ik het vliegtuig uitstapte verwachtte ik half dat ze bij de deur stonden te wachten met functionarissen van de luchtvaartmaatschappij om me snel weg te voeren. Ik wist dat ze me zouden willen vermoorden voor wat ik had gedaan, vooral Ali met al zijn idiote ideeën over eer en trots. Ik wist dat hij geweld had gebruikt tegen mensen die hem de voet dwars hadden gezet, omdat hij in aanraking was geweest met de politie en ik had met mijn eigen ogen gezien wat er met Aman was gebeurd. Het feit dat ik zijn zus was zou Ali niet tegenhouden: het zou zijn woede misschien juist nog meer aanwakkeren. Ik zou de wrede spelletjes die mijn broers altijd met me hadden gespeeld als onze vader en moeder ons alleen achterlieten nooit vergeten.

Hoewel ik het grootste deel van de nacht piekerend wakker was gebleven, had ik nog steeds geen concrete plannen wat ik nu zou gaan doen. Ik liep als een zombie naar de paspoortcontrole. Er stond een lange rij vermoeide mensen te wachten en ik sloot me achteraan aan, mijn hoofd tolde en mijn ogen schoten alle kanten op. Ik was gespitst op gevaar en verwachtte dat mensen me zouden aanstaren of dat ik een van mijn broers zou zien die me aanwees tegenover de beambten.

Ik schuifelde verder in de rij en de douanebeambte keek me dreigend aan terwijl hij door mijn paspoort bladerde. Hij stelde een aantal vragen die ik met mijn blik naar de grond gericht beantwoordde, en daarna knikte hij dat ik door mocht lopen. Ik liep in een waas naar de bagagehal. Dit was mijn laatste kans. Zodra ik door de volgende deuren was, kwam ik in het bezoekersgedeelte van de luchthaven terecht, onbeschermd tegen wie me maar stond op te wachten. Hoewel ik mijn kleine koffertje als handbagage mee aan boord had genomen, hing ik eerst nog een half uur in de bagagehal rond omdat ik erover na moest denken wat ik ging doen. Ik was me ervan bewust dat hoe later ik die verliet, hoe meer tijd mijn broers zouden hebben om naar het vliegveld te komen en andere mensen te regelen om de verschillende uitgangen in de gaten te houden. Ik moest nu resoluut tot actie overgaan.

Een jonge Aziatische beveiligingsbeambte, niet zo veel ouder dan ikzelf, drentelde heen en weer bij de bagagecarrousels. Ze had een klembord bij zich en leek een managersfunctie te hebben. Verder werkten er alleen blanke mannen die eruitzagen alsof ze de pest in hadden, op een paar vrouwen na, die de vloeren zorgvuldig dweilden en geen enkele interesse toonden in wat er om hen heen gebeurde. Ik haalde diep adem en stapte op de jonge Aziatische vrouw af.

'Sorry,' zei ik en het ergerde me dat ik mijn stem hoorde trillen, terwijl ik nog wel zo mijn best deed om onverstoorbaar over te komen. 'Kan ik u even spreken?'

Ze keek even argwanend en enigszins geïrriteerd omdat ze gestoord werd in wat ze verondersteld werd te doen, maar ze leek tot de slotsom te komen dat ik echt hulp nodig had en liet haar klembord zakken om te luisteren.

'Ik ben weggelopen uit een gearrangeerd huwelijk in Lahore.' Ik raffelde mijn verhaal zo snel mogelijk af, uit angst haar belangstelling te verliezen. 'Mijn man was wreed tegen me, maar mijn familie staat waarschijnlijk aan de andere kant van de hekken te wachten als ik er samen met alle andere mensen doorheen ga. Als ze me te pakken krijgen, vermoorden ze me.'

Tot mijn opluchting zag ik hoe haar blik zachter werd. Ze begreep kennelijk exact waar ik het over had. Misschien kwam ze uit net zo'n familie als ik of had ze vriendinnen die gedwongen waren uitgehuwelijkt.

'Is er misschien een andere manier waarop ik het vliegveld kan verlaten?' vroeg ik smekend.

'Is dat al je bagage?' vroeg ze.

Ik knikte.

'Oké, kom maar met me mee.'

Ze ging me voor door een klein deurtje, tikte een persoonlijke beveiligingscode in en bracht me naar een lege gang aan de andere kant. Ik had geen idee of ze me hielp of me arresteerde, maar ik had niemand anders die ik kon vertrouwen, dus volgde ik haar braaf.

'Waar wil je naartoe?' vroeg ze.

Ik vertelde haar waar ik vandaan kwam. Voor een deel was ik bang om terug te gaan naar de plaats waar mijn familie woonde, maar de gedachte om naar een stad te gaan die ik helemaal niet kende was nog beangstigender.

'Ik breng je naar het busstation,' zei ze.

Ik wist dat de mogelijkheid bestond dat mijn broers iemand de bussen naar onze stad zouden laten bewaken, maar ik kon geen andere manier bedenken om van Heathrow weg te komen. Er zat niets anders op dan hopen dat ze het niet zo goed in elkaar hadden gestoken. Ze hadden maar één nacht gehad om naar Heathrow te gaan en de kans dat ze erover hadden nagedacht om op zoek te gaan naar het busstation was best klein, maar mijn hart bonsde nog steeds zo hard dat ik dacht dat ik flauw zou vallen toen mijn redster me meenam naar het loket en me op de bus zette. De stoelen naast me zaten vol andere mensen die terugkeerden naar huis, allemaal volgeladen met tassen en koffers en huishoudspullen die ze kennelijk hadden gekregen of goedkoop hadden gekocht in de landen waar ze naartoe waren geweest.

'Hoeveel geld heb je?' vroeg het meisje.

'Ongeveer veertig pond.'

'Dat zal niet genoeg zijn.'

Ze trok haar portemonnee en gooide alle bankbiljetten die erin zaten in mijn hand. Ik probeerde te protesteren tegen zo veel gulheid van iemand die ik niet kende, maar ze stond erop dat ik het aannam.

'Dit is mijn telefoonnummer,' zei ze terwijl ze het opschreef. 'Betaal het me maar terug wanneer je dat kunt. Laat me weten hoe je het redt.'

Ze wachtte tot de bus wegreed om me uit te zwaaien, en het gaf me een overweldigend gevoel dat iemand die niets van me wist zo veel vriendelijkheid en begrip voor me toonde nu ik in de problemen zat. Maar mijn zorgen waren nog lang niet voorbij. Ik was dan misschien veilig uit Pakistan en Heathrow ontsnapt, maar waar moest ik nu naartoe? En wie moest ik vragen me te verbergen?

Ik wist dat ik niet het risico kon nemen om iemand uit mijn familie om hulp te vragen, zelfs niet degenen van wie ik dacht dat ze sympathiek tegenover me stonden zoals mijn schoonzus. Ik wist dat de mannen iedereen zouden ondervragen, vastberaden me te vangen. Ik wilde contact opnemen met Aman, maar wat kon hij doen? Bovendien zouden ze hem onherroepelijk laten vermoorden als ze er ooit achter kwamen dat hij me had geholpen. De enige die ik kon bedenken en dacht te vertrouwen en die niets te maken had met de gemeenschap waar mijn familie deel van uitmaakte, was mevrouw Thomson, mijn oude lerares van de middelbare school. Ik had haar niet meer gezien sinds ik van school af was, maar ik herinnerde me nog steeds hoe aardig en begripvol ze tegen me was geweest. Zij was de enige op school die ik mijn privé-schetsboek durfde te laten zien en zij vertelde me altijd dat ik naar de kunstacademie moest en dat ik misschien carrière kon maken door stoffen te ontwerpen.

Zodra ik de bus uitstapte liep ik snel naar de taxistandplaats, mijn sjaal stevig over mijn gezicht getrokken, niet op- of omkijkend, en vroeg ik de chauffeur van de voorste taxi om me naar een hotel aan de andere kant van de stad te brengen, in een wijk waarvan ik zeker wist dat niemand van mijn familie er ooit heen ging. Met het geld dat de jonge vrouw op Heathrow me had gegeven had ik net genoeg voor een kamer voor één nacht. Ik besloot dat ik 's ochtends contact zou proberen op te nemen met mevrouw Thomson als de administratie op school open was.

11

Ondergedoken

Het hotel waar de taxichauffeur me naartoe reed behoorde tot zo'n anonieme keten met maar één persoon achter de balie en met eetmogelijkheid in het ernaast gelegen fastfoodrestaurant. De kamer was klein maar schoon. Hij had exact het soort anonimiteit dat ik nodig had, en het voelde goed om de deur achter me dicht te kunnen trekken en op slot te doen en me een paar uur veilig te voelen, ook al tolden mijn gedachten zo door mijn hoofd dat ik die nacht nauwelijks kon slapen. Ik was al een paar uur wakker en luisterde hoe de andere gasten opstonden om te gaan ontbijten of naar hun werk te gaan, voordat de administratie op school om acht uur openging en ik kon opbellen.

'Zou ik mevrouw Thomson kunnen spreken?' vroeg ik en zelfs na al die jaren herkende ik de stem van de directrice aan de andere kant van de lijn.

'Ze is er op het moment niet,' antwoordde ze en ze stelde voor dat ik over ongeveer twee uur tussen de lessen terug zou bellen. Nadat ik zo lang had gewacht om op te bellen verloor ik bijna de moed nu ik niet meteen beet had, maar er was geen alternatief omdat ik nog steeds niemand anders kon bedenken die ik kon vertrouwen of om hulp kon vragen.

De minuten sleepten zich voort terwijl ik wachtte en ik wist dat ik de hotelkamer rond twaalf uur moest verlaten. Ik zette de televisie aan in een poging de tijd te verdrijven, maar het geluid leidde me te veel af. Elke hersencel die ik had, wilde ik kunnen gebruiken om me te concentreren en mijn problemen op te lossen. Ik gaf de voorkeur aan de stilte zodat ik naar stemmen buiten de kamer kon luisteren. Ik wist dat de kans dat iemand me hier zou vinden bijna nihil was, maar toch kon ik de angst niet van me afzetten. Exact op het moment dat de directrice me had gezegd, belde ik de school opnieuw en mevrouw Thomson kwam aan de telefoon. Ik zei haar mijn naam en ze herinnerde zich mij meteen, ook al was het meer dan drie jaar geleden dat ik haar had gezien. Ze had onze klas altijd erg graag gemogen en zelfs gehuild toen we allemaal vertrokken. Ik vertelde haar in het kort wat het probleem was en dat ik hulp nodig had.

'Ik moet over een minuut naar een andere les,' zei ze. 'Weet je wat, ik ga wat rondbellen en je hoort nog van me.'

Toen ze terugbelde, vertelde ze me dat ik haar om half vier na school moest ontmoeten, zodat ze me naar een veilige plek zou kunnen brengen. Daardoor moest ik drie uur vol zien te maken nadat ik was uitgecheckt bij het hotel. Ik sloeg mijn sjaal om mijn gezicht, hield nog steeds mijn kleine koffertje stevig vast, betaalde mijn rekening en vertrok. Ik wist niet waar ik anders naartoe moest, dus liep ik ongeveer twee uur rond in het park in de buurt voor ik de moed had mijn schoonzus op te bellen. Ik voelde me zo alleen dat ik ernaar verlangde om met iemand te praten die vriendelijk en vertrouwd was zodat ik weer het gevoel had dat ik niet helemaal alleen op de wereld was.

'Waar zit je?' vroeg ze fluisterend.

'Ik ben in het park,' zei ik en ik voelde tranen opkomen toen ik haar stem hoorde. 'Kun je een paar minuten weg om me te ontmoeten?'

'Ik zal het proberen. Waar zit je precies?'

Hoewel ik bang was dat ik daardoor mijn broers op mijn

spoor zou zetten, vertelde ik het haar. Ik vertrouwde haar dat ze me niet opzettelijk zou verraden, maar ze hielden haar misschien wel in de gaten. Ik vond een paar bomen waar ik achter kon gaan staan, op de uitkijk of ik een verdacht iemand zag. Ze had kennelijk een of ander excuus verzonnen om het huis uit te gaan, want een half uur later zag ik haar aan de andere kant van het park. Aan haar opbollende buik zag ik dat ze weer in verwachting was. Ik wachtte tot ik zeker wist dat ze niet werd gevolgd voor ik uit mijn verstopplaats tevoorschijn kwam en op haar af liep.

'Hoe gaat het met Sulaiman?' vroeg ik bijna meteen.

'Goed. Hij mist je.' Verder ging ze er niet op in, ze was er kennelijk meer in geïnteresseerd om over mijn avonturen te horen. 'Wat is er in Lahore gebeurd?'

'Ik ben gevlucht,' zei ik, zonder dat ik er veel over kwijt wilde, mijn blik ging constant het hele park rond voor het geval iemand ons in de gaten hield. 'Hoe is het thuis?'

'Toen het telefoontje kwam dat je was verdwenen, ging je vader helemaal door het lint. Hij dacht dat je moeders familie er iets mee te maken had. Dat je oom je misschien had vermoord.'

'Waarom dat?'

'Ik weet het niet precies. Misschien uit wraak voor de manier waarop zijn familie jouw moeder vroeger heeft behandeld? Of omdat jij Ahmed telkens maar in de steek liet en duidelijk van hem wilde scheiden. Iedereen was aan het schreeuwen en ruziën en gaf alle anderen de schuld.'

Het feit dat mijn vader zoiets zelfs maar redelijkerwijs had aangenomen zei veel over de manier waarop ons soort families zich gedraagt. Er bleek ook uit dat hij zich schuldig voelde over de manier waarop hij had toegelaten dat mijn moeder als een slaaf werd gebruikt toen ze naar Groot-Brittannië kwam. Ik wist dat het niet uitgesloten was dat een jong meisje als ik dat haar familie te schande maakte simpelweg verdween, en dat de familie nooit zou onthullen wat haar was overkomen, en ik begreep ook dat hij dacht dat ik misschien uit wraak was vermoord voor de manier waarop hij mijn moeder vroeger had behandeld.

'Ali dacht al meteen dat je waarschijnlijk was weggelopen,' ging ze verder. 'Hij is direct naar Heathrow gegaan. Hij heeft elke vlucht opgewacht. Toen je na vierentwintig uur nog niet was gearriveerd, kwam hij tot de conclusie dat je nog steeds daar zat. Hij heeft nu een vlucht naar Lahore genomen om te proberen je zelf op te sporen. Hij is zo boos dat hij zweert dat hij je zal vermoorden als hij je vindt. Ik hoopte nog dat hij blij zou zijn dat ik weer zwanger was en dat dat hem zou kalmeren, maar het maakte geen enkel verschil.'

Maanden later kreeg ik foto's te zien van mijn broer in Lahore toen hij op die missie was, gewapend met wat ik denk dat een machinegeweer is. Er bestaat geen twijfel over dat hij bereid was me te vermoorden als hij me toen alleen te pakken had gekregen.

Mijn schoonzus kon maar een paar minuten blijven praten, ze was bang dat ze haar thuis zouden missen en zouden raden dat ze mij had ontmoet, wat haar zeker op een flink pak slaag te staan zou zijn gekomen. Ik voelde me zo alleen toen ik toekeek hoe ze snel wegliep; mijn enige contact met mijn vroegere leven verdween aan de horizon. Ik bleef door het park wandelen tot het tijd was om naar de school toe te gaan.

Mevrouw Thomson wachtte bij het hek op me en nam op haar gebruikelijke nuchtere manier de touwtjes in handen. Het was zo'n opluchting om te voelen dat iemand wist wat hij moest doen. Ze liet me instappen in haar auto en bracht me naar het kantoor van een vrouwenopvangtehuis dat ze al had gebeld. Ook al lag het tehuis in een nogal ruige buurt, de hulpverleners die me opvingen waren heel sympathiek en aardig, en mevrouw Thomson ging pas weg nadat ze zich ervan had overtuigd dat ze goed voor me zouden zorgen. Ze beloofde dat ze over een paar dagen terug zou komen om te kijken hoe het met me ging. Ik was haar erg dankbaar. Net als de vrouw op Heathrow had ze zich uitgesloofd om me te helpen terwijl ze niet eens meer verantwoordelijk voor me was en door zulke daden kreeg ik weer een beetje geloof in mijn medemensen.

Nadat ik de hulpverleners mijn hele verhaal had verteld, stemden ze ermee in een kamer voor mij te zoeken in hun centrum, een enorm gebouw dat een paar straten verderop lag. De directrice van het tehuis nam me mee en liet me een zitslaapkamer op de bovenverdieping zien, waarna ze me een rondleiding over de begane grond gaf.

'Dat is de gezamenlijke zitkamer,' zei ze naar een deur wijzend. 'En dit is de keuken.'

De keuken was een leuk, schoon vertrek met heel veel keukenkastjes die we moesten delen. Daarna moest de directrice weer gaan en nadat ik mijn kleine koffertje had uitgepakt, waagde ik me nerveus naar beneden in de zitkamer om te kijken hoe de andere bewoners waren. Toen ik de deur binnenkwam was de eerste persoon die ik zag een van onze blanke buren die vaak met mijn moeder in de buurtwinkel praatte, waar ze achter de toonbank stond. Ze zat met haar kinderen aan de andere kant van de kamer. We beantwoordden elkaars blik en ik kon zien dat ze even erg geschrokken was als ik. Ik probeerde mezelf te kalmeren en stapte op haar af om gedag te zeggen.

'Wat doe jij hier?' vroeg ze.

'Ik ben weggelopen,' zei ik. 'En waarom bent u hier?'

'Mijn man sloeg me in elkaar, dus mag ik hier wonen tot ik iets heb gevonden om op mezelf te wonen met de kinderen.'

Zodra ik op een beleefde manier een eind aan het gesprek kon maken, snelde ik terug naar het kantoor van de directrice.

'Ik kan hier niet blijven,' zei ik en ik deed mijn uiterste best me niet door het gevoel van paniek te laten overweldigen.

'Hoezo niet?' vroeg ze, overduidelijk verrast dat ik als een blad aan een boom was omgedraaid nadat ik een paar minuten geleden nog zo opgelucht en dankbaar had geleken dat ik op een veilige plek zat.

'Een van onze buren zit in die kamer. Zij en mijn familie zijn heel goed bevriend, en ik weet zeker dat ze mijn moeder gaat opbellen om te vertellen waar ik ben.'

'Oké,' zei ze, ze zag hoe bang ik was. 'Het is te laat om vanavond nog iets te ondernemen maar we brengen je morgenochtend ergens anders naartoe.'

'U begrijpt het niet,' zei ik en ik trilde onbedaarlijk. 'Ik kan hier vannacht niet blijven. Ze is mijn moeder nu waarschijnlijk al aan het opbellen. Ze zijn gewoon heel close.'

'Goed,' zei ze terwijl ze de telefoon pakte. 'We kijken wel of we een andere plek voor je kunnen vinden.'

Ze belde een aantal mensen terwijl ik in haar kantoortje wachtte, doodsbang dat er elk moment zou kunnen worden aangebeld, en dat mijn vader of Ali op de drempel zou staan, schreeuwend en uithalend naar iedereen die probeerde te voorkomen dat hij me weghaalde. Ongeveer een uur later was het haar gelukt een plek voor me te vinden in een opvangtehuis dat er op ongeveer een uur reizen met de trein vandaan lag. Nadat ik haar uitvoerig had bedankt, rende ik snel de trap op om mijn gehavende koffertje opnieuw in te pakken. Ze vertelde me dat iemand me op de plaats van bestemming van de trein zou halen, maar ik voelde me heel verloren en alleen toen de bijna lege trein me ratelend wegvoerde naar een onbekende stad. Weer legde ik mijn lot in de handen van vreemden.

Het sikh-meisje dat me opwachtte toen ik het station uit kwam, kon aan de blik op mijn gezicht kennelijk zien hoe bang ik was en probeerde me gerust te stellen. Ze verzekerde me dat niemand thuis erachter zou kunnen komen waar ik nu was. Ze bracht me naar een opvangtehuis dat net zo was als het tehuis dat ik zojuist had verlaten, alleen een beetje huiselijker. De andere meisjes waren heel vriendelijk en gastvrij, ze zaten allemaal in net zo'n soort situatie als ik: ze probeerden te ontsnappen aan families die hen dwongen dingen te doen die ze niet wilden of waren ondergedoken voor partners die hen mishandelden. Er was een mooi Indiaas meisje dat naar Engeland was gehaald door haar man, die vervolgens besloot dat hij haar toch niet leuk vond en haar op straat had geschopt met alleen de kleren die ze aanhad. Ze zag er heel breekbaar uit en zat altijd boeken te lezen op haar kamer. Je kon moeilijk begrijpen hoe iemand iets op haar aan te merken kon hebben. En er was een ander aantrekkelijk, vrolijk meisje uit Bangladesh, dat door haar man naar het Westen was gehaald, die haar als slaaf voor zijn familie behandelde. Hij ging vervolgens openlijk uit met andere vrouwen, over wie hij haar ook gewoon vertelde. Ten slotte had hij benzine over haar heen gegoten en geprobeerd haar in brand te steken. Toen ik al hun verhalen hoorde, was het troostrijk om te horen dat ik niet alleen was, dat ik met de mensen met wie ik samenleefde ervaringen deelde die veel voorkwamen; het was alleen een beangstigende gedachte dat mishandeling van Aziatische vrouwen zo veel voorkwam.

Het was een opluchting om openlijk en eerlijk te kunnen praten over dingen die in traditionele Aziatische families normaal onbespreekbaar waren en om samen te wonen met aardige mensen die niets van me verwachtten. De dagen daarna merkte ik dat ik rustiger werd en me zonder problemen wist aan te passen. Ik maakte geen plannen en had geen idee wat ik nu met mijn leven moest gaan doen. Ik leefde bij de dag, was alleen maar aan het overleven. Op sommige dagen viel de tijd me lang als ik met de andere meisjes zat te lanterfanten en merkte ik dat ik me begon te vervelen, maar dat was veruit te prefereren boven de hele tijd bang zijn. Sommige anderen gingen de stad in, ontmoetten jongens en leidden een vrij normaal sociaal leven, maar ik wist niet hoe je dat aan moest pakken. Elke keer dat ik in het verleden een normaal westers leven had proberen te leiden was het vreselijk misgegaan, dus vond ik het gemakkelijker om binnen de veilige omgeving van het opvangtehuis te blijven. De enige regel was dat we om tien uur 's avonds weer binnen moesten zijn, maar ik hoefde sowieso nooit uit. Het tehuis was huiselijk genoeg, met banken en een televisie in de huiskamer, dus bleef ik daar 's avonds meestal. Eindelijk had ik de vrijheid waar ik al die jaren naar had verlangd toen mijn familie me geen toestemming wilde geven om uit te gaan of anderen te ontmoeten of de kleren te dragen die alle anderen droegen, maar ik maakte er geen gebruik van. Ik wist niet hoe en ik had er ook geen behoefte meer aan.

Ze gaven me genoeg geld om een aantal essentiële dingen te kopen zoals kleren. Ik ging met mijn hulpverlener winkelen en mocht kopen wat ik wilde, maar ik koos nog steeds flodderige bovenstukken die mijn achterste bedekten en lange rokken die mijn benen verborgen zodat ik niet de aandacht trok. Maar ik werd wel meegenomen naar een goede lingeriezaak en kreeg eindelijk een beha aangemeten die paste. Dat was na al die jaren van ongemak een heerlijk gevoel.

Na een paar weken realiseerde ik me echter dat ik iets moest zoeken om de lange dagen mee te vullen als ik niet de rest van mijn leven een kluizenaar wilde zijn en toeliet dat ik op dezelfde manier werd verslagen door het leven en door de mannen in mijn familie als veel andere Aziatische vrouwen. Ik wilde ook wat geld hebben voor een klein beetje luxe, dus verzamelde ik al mijn moed en solliciteerde naar een baan in de plaatselijke familiefabriek, voor werk achter een naaimachine, net als ik mijn moeder mijn hele leven had zien doen. Ik kreeg de baan zonder problemen en elke dag was het eerste wat ik 's ochtends deed naar mijn werk gaan terwijl ik pas 's avonds terugkeerde naar het tehuis, ik wilde nog steeds nergens anders naartoe. In de fabriek hing een prettige, vriendelijke sfeer. Het monotone werk en het gesnor van de machines maakten gesprekken onmogelijk, waardoor ik de tijd had om alleen te zijn met mijn gedachten, terwijl het werk me tegelijkertijd wat afleiding en afwisseling bezorgde en wat geld aan het eind van de week.

Na een paar maanden realiseerde ik me dat een deel van het verdriet dat ik elke dag voelde, kwam doordat ik het miste om deel uit te maken van een echte familie. Natuurlijk had ik het vreselijk gevonden wat mijn familie me had aangedaan, maar van hen afzonderlijk hield ik allemaal en het was moeilijk als ik eraan dacht dat ze thuis doorgingen met hun leven alsof ik al dood voor ze was. Mijn neefje miste ik het meest. Ik bleef eraan denken dat hij steeds groter werd en dat ik alle veranderingen die hij doormaakte miste. Ik verlangde ernaar hem in mijn armen te houden en te voelen hoe hij zich aan mijn hals vastklampte, mijn gezicht met kussen bedekte en me aan het lachen maakte. Ik wilde niet terug naar mijn leven in Pakistan en ik wilde ook niet als Ahmeds vrouw in Groot-Brittannië wonen, maar ik wilde wel weer deel uitmaken van een familie.

Ik wist dat mijn ouders en broers waarschijnlijk nog steeds boos op me waren en dat misschien de rest van hun leven ook wel zouden blijven, en het was een vreselijke gedachte dat ik me mogelijk nooit meer met hen zou verzoenen. Mijn hulpverlener had van de mensen in het eerste tehuis waar ik naartoe was gegaan exact te horen gekregen wat ik had voorspeld. Mijn moeder was opgebeld door onze buurvrouw, die haar het adres had gegeven. Mijn broer Ali was nog diezelfde avond verschenen, had op de deur gebonsd en geëist dat ze me aan hem zouden overleveren. Ik ben ervan overtuigd dat hij me zou hebben vermoord als hij me die avond te pakken had gekregen. Uiteindelijk moest de directrice de politie bellen om hem te laten verwijderen. Als hij toen zo onverzoenlijk was, kon ik me niet voorstellen dat hij zijn mening over mij in slechts een paar maanden had bijgesteld.

Het opvangtehuis was bereid me daar zonder vragen te stellen zes maanden te laten wonen, zodat ik tot rust kon komen voordat ze de situatie zouden beoordelen en zouden proberen me ofwel met mijn familie te verzoenen of te laten integreren in een andere gemeenschap. In het ideale geval wilden ze de vrouwen voor wie ze zorgden met hun directe familie verenigen en de problemen oplossen die ervoor hadden gezorgd dat ze waren weggelopen. Als dat niet mogelijk was probeerden ze de vrouwen onafhankelijker te maken door woonruimte buiten het tehuis te zoeken, zodat ze hun eigen leven konden opbouwen.

Na vier maanden vroegen ze me of ik het een goed idee vond dat ze mijn vader opbelden om erachter te komen hoe hij nu tegenover mijn gedrag stond; nu er wat tijd overheen was gegaan en hij tijd had gehad om erover na te denken, zouden ze proberen de situatie vanuit mijn gezichtspunt uit te leggen. Ik zag er geen enkel kwaad in zolang hij er maar niet achter kon komen waar ik woonde, maar erg optimistisch dat ze hem over zouden kunnen halen was ik niet.

'We hebben hem gesproken,' vertelde de sociaal werker me de volgende dag. 'En hij zegt dat hij met je wil praten. Hij kwam heel redelijk over en wil het graag bijleggen.'

Het horen van die woorden riep emoties bij me op die ik maanden had onderdrukt. Ik had juist verwacht dat hij naar hen zou schreeuwen, zou zeggen dat hij niets meer met me te maken wilde hebben, dat ik wat hem betreft dood was. Ik schrok ervan dat ik hem zo verkeerd had beoordeeld. Ik realiseerde me dat nog steeds het gevaar bestond dat dit een truc was, dat hij zou proberen me terug te lokken naar huis en me zou straffen als niemand het zag, maar hij had tenminste de mogelijkheid geopend dat ik op een dag terug zou kunnen komen.

'Zou je over de telefoon met hem willen praten?' vroeg ze.

'Best,' zei ik en ik voelde me even nerveus alsof me was gevraagd om het podium op te komen en een toespraak te houden.

Ik had geen idee wat voor reactie ik zou krijgen als hij mijn stem hoorde. Zou hij zijn woede niet kunnen beheersen en me over de telefoon uitschelden? Zou hij me vertellen hoe slecht ik was en hoe erg ik de familie had teleurgesteld? Zou hij erop staan dat ik terugging naar mijn man?

De sociaal werker draaide het nummer voor me en ik ontweek haar blik voor het geval ik anders zou beginnen te huilen. Ik kon de telefoon een paar keer horen overgaan voor hij werd opgenomen, het was mijn vader.

'Ik heb hier Saira voor u, meneer Ahmed,' zei ze. 'Ze wil graag met u praten.'

'Hallo,' zei ik verlegen terwijl de sociaal werker me de telefoon gaf. 'Pap?'

'Wat je maar wilt, Saira,' zei hij, zonder zelfs maar gedag te zeggen. 'Ik zal het doen.'

Hij klonk moe, alsof hij geen energie meer had om te vechten of om de schijn op te houden, alsof hij alleen maar wilde dat het allemaal voorbij was. Nu ik zijn vertrouwde stem hoorde, sprongen de tranen me in de ogen en het voelde alsof ik geen woord uit kon brengen. Ik hield mijn blik neergeslagen.

'Als je een rok wilt dragen,' ging hij verder toen ik geen antwoord gaf, 'dan is dat prima. Als je jongens wilt ontmoeten, moet je dat zelf weten. Waar je ook wilt gaan werken, het is jouw keuze. Je bent volwassen, je moet je eigen beslissingen nemen. Als je van Ahmed wilt scheiden, is dat ook goed. Het enige wat ik wil, is mijn dochter weer veilig thuis hebben.'

Op dat moment voelde ik zo veel liefde voor hem, zoiets had ik nog nooit gevoeld. Ik wist dat hij het meende; dat hij echt wilde dat ik terugkwam. Het leek alsof de maanden van scheiding er niet alleen voor hadden gezorgd dat hij mij was gaan missen maar ik hen ook. Ik betwijfel of hij ooit had gedacht dat ik het lef had gehad om op die manier weg te lopen. Zoals de meeste mannen met zijn achtergrond had hij gedacht dat hij absolute macht over de vrouwen in zijn familie had. Door hem te trotseren had ik hem laten zien hoeveel hij dreigde te verliezen als hij geen verzoenend gebaar maakte. Veel mannen zouden geweigerd hebben in te binden, en ik hield van hem omdat hij bereid was toe te geven dat ik misschien ook wel gelijk had. Wat ik hem natuurlijk het liefst van alles had willen horen zeggen, was dat ik kon scheiden als ik dat wilde en dat had hij gezegd. Als hij meende wat hij had gezegd, dan had ik gewonnen.

'Ik ben bereid nu naar huis te gaan,' zei ik rustig tegen de sociaal werker nadat ik had opgehangen.

'Weet je het zeker?' vroeg ze. 'Overhaast het niet. Laten we er nog wat over praten. Neem de tijd voor je tot een beslissing komt.'

Hoewel ik echt linea recta naar huis wilde rennen, wist ik dat ze gelijk had. Ik was er nog steeds niet zeker van wat er zou gebeuren als ik weer thuis was. En ik had geen idee of mijn broers er net zo over dachten als mijn vader. Ik was bereid me te laten adviseren door deskundigen, mensen die ervaring hadden met meisjes in dezelfde situatie als ik. We hadden een aantal bijeenkomsten in het opvangtehuis, die veel weg hadden van counselingsessies.

'Is er iemand van je familie die je als eerste zou willen zien, voor je definitief teruggaat?' vroeg mijn sociaal werker.

'Ik zou mijn kleine neefje heel graag willen zien,' zei ik. 'Ik heb hem zo gemist.'

'Nou,' zei ze, 'laat ik dat dan als eerste stap proberen te regelen.'

12
Naar huis

De maanden daarvoor had ik altijd, als ik wat geld over-had van mijn werk op de kledingfabriek, speeltjes voor Sulaiman gekocht, zelfs zonder dat ik wist of ik hem ooit weer zou zien. Ik was me er nauwelijks van bewust geweest dat ik het deed. Het was alsof ik onbewust tegen mezelf zei dat ik nog steeds deel uitmaakte van de familie, de hoop levend hield dat ik hem gauw weer zou zien, voor hij te oud was om de spul-len leuk te vinden die ik voor hem had gekocht. Uiteindelijk had ik een grote, zwarte zak vol speeltjes.

De sociaal werker nam contact op met mijn schoonzus, die hoogzwanger was van haar tweede kind, en ze spraken een tijd en plaats af dat ze Sulaiman mee kon nemen zonder ontdekt te worden. Ik was nog steeds nerveus, maakte me zorgen dat mijn broer het door zou hebben en haar zou volgen. Ik wist dat een van mijn vroegere schoolvriendinnen bij de politie zat en vroeg me af of zij ons misschien zou kunnen helpen. Mevrouw Thomson, die contact had gehouden terwijl ik in het opvang-tehuis zat en om de paar weken controleerde of het goed met me ging, had het nummer van het meisje voor me. Ik belde haar op en vroeg haar of ze me in uniform van de trein wilde halen en in de buurt wilde blijven voor het geval er iets ver-keerd zou gaan.

Mijn andere grote angst was dat Sulaiman me tijdens de

maanden dat we gescheiden waren geweest was vergeten; het was immers een groot deel van zijn korte leventje geweest. Ik had me geen zorgen hoeven maken, want hij herkende me direct toen hij me aan zag komen met mijn vriendin de agente, en hij kwam met uitgestrekte armen op me af rennen, en schreeuwde mijn naam. Hij was zo veranderd dat ik me realiseerde hoeveel tijd met hem ik kwijt was geraakt.

'Ali denkt dat ik rijles heb,' zei mijn schoonzus tegen me, 'dus ik kan maar een uur blijven.'

We gingen naar de stationsrestauratie en zochten beschutting in een hoekje. De politieagente liep op de achtergrond heen en weer, terwijl ik alle nieuwtjes hoorde en Sulaiman een paar dingen gaf die ik voor hem had gekocht. Het voelde zo goed om weer met iemand van de familie te zijn.

'Het gaat nu beter thuis,' vertelde mijn schoonzus me. 'Iedereen mist je en wil je terug.' Ondanks haar geruststellende woorden merkte ik dat ze constant op haar horloge keek, duidelijk nerveus dat ze te lang wegbleef en problemen zou krijgen met Ali. Haar nervositeit was aanstekelijk. Zodra het uur om was, stond ze op om te vertrekken. Sulaiman had er echter geen zin in om gescheiden te worden van zijn tante met de cadeautjes, nu hij haar terug had gevonden.

'We moeten gaan, Sulaiman,' drong zijn moeder aan en ik zag dat ze zich zorgen begon te maken.

Sulaiman begon meteen te krijsen en te schreeuwen, klampte zich aan me vast en weigerde me los te laten. Ik had nog nooit zo'n woede-uitbarsting gezien. Terwijl ik toekeek hoe zijn moeder zijn vingertjes van me af trok en hem wegrukte, wanhopig om niet te laat te zijn en geschokt door de aandacht die Sulaimans geschreeuw op onze aanwezigheid daar vestigde, voelde ik me in tweeën gescheurd. Ik wilde echt met hen teruggaan naar de familie, weer deel uitmaken van iets wat groter was dan alleen mezelf, maar tegelijkertijd wilde ik niet terug naar een leven in angst voor de mannen in de familie;

ik wilde me niet hoeven haasten zoals mijn schoonzus, doodsbang dat ze erachter zouden komen wat ik deed en boos op me zouden zijn. Ik had van de vrijheid geproefd, en hoewel het niet zo geweldig was als ik had gehoopt en behoorlijk wat eenzaamheid met zich meebracht, was de gedachte die weer te verliezen veel erger. Sulaiman moest uiteindelijk weggedragen worden, en ik haastte me de andere kant op om een trein te vinden die me terugbracht naar de veiligheid van het opvangtehuis, terwijl ik probeerde te bedenken wat ik het beste kon doen.

Toen ik uit het raam staarde naar het voorbijtrekkende uitzicht op de terugreis en die nacht wakker lag in mijn bed, kon ik Sulaiman niet uit mijn hoofd zetten. Het enige wat ik had willen doen toen hij huilde, was hem in mijn armen houden, hem troosten en hem beloven dat ik er elke dag voor hem zou zijn, dat ik zijn leven in en uit ging zoals al zijn andere familieleden. Ik ontkwam er niet aan dat ik mijn moed vroeg of laat bij elkaar zou moeten rapen om terug te gaan naar het lot dat mijn broers voor me in petto zouden hebben. Ik kon niet voorgoed onder de massa blijven leven, hoe veilig het er ook mocht zijn. Een paar dagen later, nadat ik uren zwijgend op mijn werk boven de naaimachine gebogen had gezeten en me voortdurend had afgevraagd wat het juiste was om te doen, vertelde ik de sociaal werkers in het tehuis dat ik eraan toe was om naar huis te gaan.

'Weet je het zeker?' vroegen ze.

'Ja. Kunnen jullie het alsjeblieft allemaal regelen?'

Ze stemden ermee in en boden me zelfs aan met me mee te reizen om zich ervan te verzekeren dat ik in veilige handen was en mijn broers te laten zien dat ze me in de gaten hielden, maar ik zei dat ik me wel redde.

'We komen morgen bij jullie thuis,' beloofden ze. 'Gewoon voor het geval dat. En we houden contact zolang je ons nodig hebt.'

Mijn vader stond me op het station op te wachten toen ik terugkwam met de weinige wereldse goederen die ik de afgelopen paar maanden had verworven. Hij leek niet te weten wat hij tegen me moest zeggen, en ik was verbaasd hoeveel ouder hij was geworden sinds ik hem voor het laatst had gezien. Hij was altijd zo'n krachtige figuur in mijn leven geweest, maar nu kon ik zien dat hij een oude man werd, uitgeput door het leven en door zijn eigen kinderen.

We namen de bus naar huis en toen ik met nog steeds hetzelfde gehavende koffertje als waarmee ik uit Lahore was ontsnapt het huis binnenstapte, leek het familieleven zijn normale gangetje te gaan. Niemand zei een woord tegen me over waar ik had gezeten of wat er met me was gebeurd sinds ik ze voor het laatst had gezien. Het was alsof ik gewoon even boodschappen was wezen doen en er niets was veranderd terwijl ik weg was: er moest nog steeds worden gekookt, de kleren moesten gewassen en er moest geld worden verdiend. In zekere zin was ik opgelucht dat niemand veel stampij maakte, maar het was een bewijs temeer voor me dat ze me niet erg belangrijk vonden.

Hoewel ze net deden alsof er niets was veranderd, kon ik zien dat het tegendeel het geval was. Mijn moeder was net zo verouderd als mijn vader, alsof de spanning van de laatste maanden, die boven op al het andere in haar leven kwam, haar had uitgeput. Er welde een schuldgevoel bij me op toen ik eraan dacht dat ik er misschien de oorzaak van was dat ze nog meer problemen hadden, en ik beloofde mezelf plechtig dat ik het bij hen goed zou maken, zolang ze me toestonden bij hen in Groot-Brittannië te blijven.

De sfeer was zo anders dan het gevoel van vreugde en optimisme dat alles had doortrokken tijdens de weken van de bruiloft van mijn broer, toen iedereen zo energiek en blij was geweest. Nu leek het alsof de zorgen van de wereld op ons allemaal waren neergedaald en mijn thuiskomst droeg er schijnbaar niets aan bij om de stemming te laten opklaren. Er was geen vrolijkheid overgebleven in huis, alles was saai en somber, behalve Sulaiman. Hij waggelde van de ene kamer naar de andere en was constant aan het praten terwijl de baby, een meisje, vredig in haar kinderwagen lag te slapen. Vooral mijn moeder leek zwaarmoedig, en ik veronderstelde dat dat kwam doordat Ahmed een familielid van haar was en dat zij de schande die ik teweeg had gebracht meer voelde dan mijn vader. Ik vermoed dat mijn vader het haar ook niet gemakkelijk had gemaakt, vooral niet in de eerste periode toen hij dacht dat mijn oom me had vermoord, en haar familie de schuld gaf van wat er was gebeurd, omdat zij het huwelijk hadden gearrangeerd.

Op het moment dat ik in de voorkamer ging zitten, mijn moeder zat achter de naaimachine en mijn vader op de bank naast me, werd ik me bewust van de vieze geur die opsteeg uit mijn sportschoenen die ik bijna continu had gedragen sinds ik uit Lahore weg was. Het herinnerde me aan alle jaren dat ik zo onzeker over al mijn lichaamsgeuren was geweest, er rotsvast van overtuigd dat ik nooit aantrekkelijk zou zijn voor iemand.

'Wil je niet even douchen?' vroeg mijn vader, waardoor ik vermoedde dat ik niet de enige was die het was opgevallen. Ik vertelde hem niet dat ik al had gedoucht voordat ik het opvangtehuis die ochtend had verlaten. Het was alsof mijn voeten vastbesloten waren me in verlegenheid te brengen, hoe hard ik ook mijn best deed een aantrekkelijke, welriekende jongedame te zijn die haar ouders eer aandeed.

Ik deed wat hij voorstelde en tegen de tijd dat ik weer uit de badkamer beneden was, was het kennelijk als een lopend vuurtje door de buurt gegaan dat ik terug was, want er kwam een gestage stroom familieleden langs om het meisje te komen bekijken dat had durven weglopen en schande over haar familienaam had durven brengen.

'Waar heb je gezeten?' vroeg een van mijn brutalere neven uiteindelijk. 'Waar ben je naartoe gegaan?'

'Nergens.' Ik haalde mijn schouders op, wilde niet langer dan absoluut nodig was in het middelpunt van de belangstelling staan. Ik wilde weer onzichtbaar opgaan in de familie en verdergaan met mijn leven alsof het allemaal nooit was gebeurd, en ik wilde niemand het fijne van mijn persoonlijke problemen vertellen. Hoewel ik geen spijt had van wat ik had gedaan, omdat de gedachte met Ahmed in Pakistan te zijn ondraaglijk was, was ik er nog steeds niet trots op dat mijn huwelijk was mislukt en dat ik mijn ouders zo veel hartzeer en schaamte had bezorgd.

Asif was in Pakistan toen ik terugkwam en Ali was niet thuis. Ik veronderstelde dat ze hem hadden verteld dat ik die dag terug zou komen en dat hij ervoor had gezorgd dat hij niet thuis was, maar toen hij binnenkwam en me zag leek hij geschokt en hij deed geen pogingen om zijn afgrijzen te verbergen, dus misschien had mijn vader hem niet durven vertellen dat het me vergeven was. De woede spoot uit Ali's ogen toen hij naar me keek, alsof hij me daar ter plekke wel eigenhandig kon vermoorden. Ik zakte in elkaar, als verlamd door zijn blik, ik was zelfs te angstig om naar de deur te rennen.

'Wat doet zij hier?' wilde hij weten.

'Ik heb haar naar huis gebracht,' antwoordde mijn vader zachtjes. 'Je hoeft niets tegen haar te zeggen.'

Hoewel Ali met de neus in de lucht rondliep alsof de wereld van hem was, respecteerde hij nog steeds mijn vaders wensen, wat hij stiekem ook van hem mocht denken, maar hij veinsde niet dat hij blij was dat ik er was. Wat hem betreft had ik hem en zijn familie te schande gemaakt en dat zou hij me nooit vergeven. Zonder er nog een woord aan vuil te maken, liep hij stampend naar boven naar zijn slaapkamer. Mijn vader voelde kennelijk dat ik bang was voor wat Ali zou kunnen doen, want hij bleef de hele avond thuis (wat hij normaal nooit zou hebben gedaan) om ervoor te zorgen dat me niets overkwam.

De dagen daarna kon Ali zich er niet eens toe zetten om in

dezelfde kamer te zitten als ik. Er was niets wat ik kon doen om de situatie te veranderen, behalve wachten tot zijn humeur verbeterde. Uiteindelijk leek hij te wennen aan het feit dat ik er was en had hij er genoeg van om me uit de weg te gaan, wat heel wat inspanning kostte omdat we dicht op elkaar leefden. Hoewel hij nog steeds niets tegen me zei of me aankeek, bleef hij na een aantal weken tenminste af en toe in dezelfde kamer als ik. Maar zelfs toen kon hij het niet verdragen als hij zag dat Sulaiman naar me toe ging en dan beval hij hem boos bij mij weg te gaan. Omdat Sulaiman nog zo klein was, ving hij de waarschuwingssignalen niet op en bleef hij ertegenin gaan.

'Ik wil naar tante toe,' protesteerde hij, totaal niet bang voor zijn vader.

'Nee,' schreeuwde die terug, waardoor Sulaiman opsprong en in tranen uitbarstte, 'je gaat niet naar haar toe.'

Het was alsof hij bang was dat ik mijn zoon zou aansteken met mijn verdorven, respectloze manier van doen. Ik wilde niet dat er tegen Sulaiman werd geschreeuwd en de eerste keer dat het gebeurde rende ik de kamer uit naar boven, waar ik erbarmelijk in mijn kussen ging liggen huilen. Daarna lette ik erop dat ik Sulaiman niet aanmoedigde om naar me toe te komen als Ali in de buurt was. Het was onmogelijk om me te ontspannen als mijn broer er was en ik bleef het gevoel houden dat hij, als hij zijn zin had kunnen doordrijven, me het liefst dood had gezien.

Toen mijn moeder uiteindelijk zo toeschietelijk werd dat ze op een normale manier met me praatte in plaats van de hele tijd tegen me aan te praten, vroeg ik haar wat ik kon doen om Ali voor me te winnen en hem over te halen het verleden te vergeten. Tot op dat moment had ze het angstvallig vermeden om over iets te beginnen wat ook maar in de verste verte persoonlijk was.

'Je realiseert je niet hoe vreselijk het is wat je hebt gedaan,' zei ze en ze liet al haar opgekropte grieven over de manier waarop ik haar familie te schande had gemaakt de vrije loop. 'Ik raad je aan om Ali je excuses aan te bieden en hem om vergeving te vragen. Dan zal hij je misschien weer als zus accepteren.'

Hoewel mijn haren door haar toon rechtovereind gingen staan van verontwaardiging, wist ik dat ze gelijk had en dat ik degene zou moeten zijn die mijn excuses aanbood, ook al wilde ik voor een deel heel hard schreeuwen dat het niet mijn schuld was dat ik was uitgehuwelijkt aan een man van wie ik niet hield, dat als iemand zijn excuses moest aanbieden het de familieleden moesten zijn die hadden besloten me prijs te geven aan zo'n gruwelijk lot. Ik wist dat het Ali alleen nog maar kwader zou maken als ik de confrontatie aanging en dat we dan nooit een oplossing zouden vinden, dat we wellicht de rest van ons leven vijanden zouden blijven. Ik raapte al mijn moed bij elkaar om hem de volgende dag in zijn kamer te spreken, ik klopte beleefd aan en wachtte tot ik binnen mocht komen. Hij zei niets, staarde me alleen aan en wachtte tot ik hem vertelde waarom ik zijn privacy had durven verstoren. Ik zei tegen hem dat het me speet en smeekte hem me te vergeven en het te vergeten, omdat er niets was wat ik kon doen om wat ik had aangericht ongedaan te maken. Ik verslikte me in bijna elk woord, maar zelfs toen liet hij me er niet ongestraft van afkomen. Hij spuugde bijna naar me terwijl hij alles herhaalde wat mijn moeder had gezegd over het te schande maken van de familie, noemde mijn zonden een voor een op en alles waarin ik hen en hun god had teleurgesteld. Aan het eind van het gesprek, dat wel een verhoor had geleken, verliet ik de kamer in tranen, deels uit frustratie over alle dingen die ik had willen zeggen maar had moeten inhouden. De weken daarop leek Ali's gedrag tegenover mij echter zachter te worden. Misschien had hij het gevoel dat hij me had verslagen en zich had bewezen en kon hij daarom een beetje ontspannen.

Het eerste wat ik moest doen, was weer aan het werk gaan en

genoeg geld binnenbrengen om voor mijn onderhoud te betalen. Na alles wat ze door mij hadden moeten doormaken, wilde ik mijn ouders financieel niet tot last zijn. Ik was me ervan bewust dat Ali totaal niets bijdroeg aan de familie, hoewel iedereen het vermeed over de reden daarvan te praten. De eigenaar van de broodjeszaak bood me mijn baantje weer aan, wat betekende dat ik opnieuw de hoofdkostwinner van de familie werd, maar het leverde me geen enkel respect op. Elke vrijdag kwam ik thuis met mijn loonzakje en mijn moeder stond erop dat ik het ongeopend aan haar afstond. Als ik het onderweg naar huis openmaakte en er bijvoorbeeld vijf pond uithaalde omdat ik iets nodig had, werd ze woedend.

'Vertrouw je me soms je geld niet toe?' wilde ze dan weten.

Eerst zat ik er niet mee om het zo te doen. Ik wist dat we moesten eten en dat er rekeningen betaald moesten worden. Ik was erg blij dat ik bij Ahmed weg was en dat ik zo'n onafhankelijk leven mocht leiden terwijl ik nog steeds bij mijn familie woonde dat het me niet uitmaakte wat er met mijn geld gebeurde. Ik genoot van het werk in de broodjeszaak en de eigenaar was heel aardig tegen me. Hij bezat verschillende vestigingen, waardoor hij vaak elders was, en hij begon de verantwoordelijkheid voor de winkel aan mij over te laten als hij er niet was. Dat stelde niet veel voor, omdat we maar met z'n tweeën of drieën waren en de anderen zich er tevreden mee stelden om de broodjes klaar te maken en de klanten te bedienen. Op een avond vroeg hij me na sluitingstijd te blijven.

'Ik zit ook nog in andere zaken,' zei hij terwijl hij me een stoel en een gratis Cherry Coke aanbood.

'Ik weet dat u nog meer broodjeszaken hebt,' zei ik, me afvragend waar hij naartoe wilde.

'De broodjeszaken zijn er slechts een deel van.' Hij leek ervan te genieten om me over zijn imperium te vertellen en zag de verbazing op mijn gezicht.

'Echt?' zei ik oprecht verbaasd. Ik was onder de indruk maar had nog steeds geen idee waarom hij het me vertelde.

'Ik heb een cateringbedrijf dat evenementen als bruiloften en bedrijfslunches verzorgt. Soms vinden er twee of drie verschillende evenementen tegelijk plaats, dus heb ik voor de organisatie mensen nodig op wie ik kan vertrouwen. Zou jij geïnteresseerd zijn in een dergelijke baan?'

Het klonk geweldig en toen hij me vertelde wat het uurtarief was, realiseerde ik me dat ik als ik erop inging twee keer zoveel zou verdienen als in de broodjeszaak, terwijl er bovendien veel kansen waren om overuren te draaien door langer door te werken, in de weekenden te werken of vroeger te beginnen.

'Oké,' zei ik, 'als u denkt dat ik het kan.'

De volgende dag gaf hij me een uniform en werd ik meteen in het diepe gegooid: ik moest een cocktailparty organiseren voor zakenmensen in een vergaderzaal van een bedrijf. Ik zat zo in de rats dat mijn handen het grootste deel van de tijd trilden, maar toen ik aan de gang was ontdekte ik dat het meeste een kwestie van gezond verstand was. Mijn taak was om ervoor te zorgen dat de mensen het eten klaarmaakten en dat de obers allemaal hun werk goed deden. Zelf had ik genoeg jaren instructies van mijn baas ontvangen om te weten hoe ik autoritair moest overkomen als ik er permissie voor had. In het begin vond ik het moeilijk om andere mensen te vertellen wat ze moesten doen omdat ze allemaal meer over het werk wisten dan ik, maar ik hield vol en verbaasde mezelf hoe goed het ging. Mijn baas zei tegen me dat hij tevreden over me was en wilde dat ik grotere projecten aannam. Het duurde niet lang of ik werkte bijna elke dag van de week, en vaak kwam ik pas 's avonds laat thuis, terwijl ik al was vertrokken voor het licht werd om op een bepaalde locatie te zijn om toezicht te houden op het klaarmaken van de gerechten en de bestellingen te controleren.

Zelfs na mijn excuses kon ik Ali's goedkeuring nooit helemaal wegdragen. Mijn schoonzus was een plichtsgetrouwe, ouderwetse echtgenote, die al zijn bevelen zonder vragen gehoorzaamde, en ik denk dat hij zich zorgen maakte dat ik haar zou kunnen aansteken met mijn gevaarlijke ideeën dat vrouwen een onafhankelijk bestaan moesten kunnen opbouwen. Mannen als Ali zagen dat de dingen veranderden en dat hun machtsbasis in de familie werd ondergraven door vrouwen als ik, maar met het verstrijken van de maanden leek hij te aanvaarden dat hij er niets tegen kon beginnen. Hij leek mijn (toenemend onregelmatige) aanwezigheid in huis meer te tolereren, hoewel hij nooit enige genegenheid voor me toonde, nooit met me lachte of grapjes maakte zoals hij soms wel had gedaan toen we jonger waren. Misschien werd hij ook achtervolgd door herinneringen aan alle keren dat hij zich ongepast tegenover mij had gedragen toen ik een kind was, en had hij besloten mij de schuld te geven dat ik hem in zekere zin op het verkeerde pad had gebracht. Of misschien waren er in zijn eigen leven inmiddels al grotere en beschamendere zaken om zich zorgen over te maken en was ik simpelweg niet belangrijk genoeg om zich druk over te maken.

Hoewel niemand van ons toen besefte wat de omvang ervan was, nam Ali's leven een slechte wending. Omdat ik niet wist wat er in de wereld te koop was, duurde het even voor ik doorhad wat er aan de hand was en hoe gevaarlijk ver hij van het rechte, smalle pad was afgedwaald. De rest van ons wist nooit wat hij of Asif uithaalden als ze het huis uit waren, en ik veronderstelde dat ze gewoon hard werkten om te proberen zichzelf te onderhouden en om een positie te bereiken waarin ze genoeg geld zouden hebben om mijn vader en moeder te helpen onze vele familieleden in Lahore te ondersteunen. Langzaam pikte ik kleine snippers informatie op van andere mensen die ik via mijn werk ontmoette of die bij ons thuis kwamen. Iedereen leek te gegeneerd om datgene wat hij wist rechtstreeks aan te roeren, maar langzaam begon er, bijna zonder dat ik het me realiseerde, een beeld te ontstaan. Ik hoorde dat Ali het geduld met zijn baan bij het afhaalrestaurant had verloren, en sneller en gemakkelijker geld wilde verdienen. Verschillende mensen vertelden me dat hij veel nachten in plaatselijke disco's doorbracht, alhoewel niemand exact leek te willen zeggen wat hij daar deed. Het enige wat we wisten was dat hij op sommige dagen veel geld leek te hebben en meestal contant, maar toch nog steeds in de schulden leek te zitten. Hij gedroeg zich vaak vreemd, maar het duurde jaren voor we doorhadden dat dat kwam doordat hij drugs gebruikte en dat hij zijn geld verdiende door in drugs te handelen. Het was natuurlijk heel onnozel van me, maar ik had dan ook geen enkele ervaring in die wereld. Ali had zich altijd vreemd tegenover mij gedragen, dus sloeg ik weinig acht op de zich opstapelende aanwijzingen.

Als ik er achteraf naar kijk, was het vreemdste eraan nog dat hoe meer Ali dronk en hoe meer drugs hij gebruikte, hoe rigider zijn religieuze overtuigingen werden, vooral als het de vrouwen in de familie betrof. Hij had het de hele tijd over 'de eer van de familie' terwijl hij niets anders deed dan drugs gebruiken, alcohol drinken en zijn vrouw bedriegen door uit te gaan met andere vrouwen en prostituees.

Drugs- en drankgebruik mochten ingaan tegen de religieuze overtuigingen van mijn broer, ze verdoofden ook zijn geweten en zorgden ervoor dat hij bleef zondigen, terwijl hij het gedrag van anderen juist meer ging veroordelen. Hoe schuldiger hij zich voelde dat hij van zijn voetstuk als eerzaam man binnen de gemeenschap was gevallen, hoe meer hij de stoffen die zijn val veroorzaakten nodig had. Het was alsof hij gek werd van het dilemma, en toen zijn schulden opliepen, sleurde hij ons allemaal met zich mee naar beneden.

Mijn moeder gaf pas toe dat haar geliefde oudste zoon op het slechte pad was geraakt toen ze hem erop betrapte dat hij spullen uit het huis stal om te verkopen, zoals al haar gouden sieraden en de stereoinstallatie uit zijn kamer. Ze was teleurgesteld maar werd ook boos op hem, wat ertoe leidde dat de beschuldigingen tussen hen over en weer vlogen.

'Je hebt ook nooit van me gehouden,' schreeuwde mijn broer als ze tegen hem zeurde over zijn slechte gewoonten. 'Het enige wat je deed was me slaan toen ik klein was. Ik ben zo omdat jij me zo hebt gemaakt.'

Het schokte me om zulke dingen te horen, want ik had altijd gedacht dat hij haar lieveling was omdat hij haar eerste zoon was, maar ik begreep precies waarom hij zich misschien zo voelde; ook mij waren de klappen en de straf die we in onze jeugd allebei van onze ouders hadden gekregen levendig bijgebleven. Ik denk niet dat mijn moeder in staat was haar liefde aan wie dan ook van haar kinderen te tonen; ze leek al haar affectie te reserveren voor haar eigen broers en zussen in Lahore. Ik herinner me niet dat ze ons ooit knuffelde als we huilden of ons een aai over onze bol gaf als we ziek waren of niet konden slapen, of ons door kleine moederlijke gebaren een gevoel van veiligheid gaf of liet merken dat ze van ons hield. Misschien was ze altijd te moe en werd ze te veel opgeslokt door de dagelijkse worsteling om te overleven om energie over te houden om haar affectie te tonen. Er zullen vast honderden redenen uit haar eigen verleden zijn geweest waarom ze ons zo behandelde, maar wij zaten ermee.

Met het verstrijken van de jaren, toen mijn vader minder ging werken, leek het steeds vaker mijn taak om de problemen op te lossen die andere familieleden veroorzaakten. Toen ik zelfverzekerder werd en meer bereid om voor mijn mening uit te komen, leken zowel mijn moeder als mijn vader naar mij te kijken voor antwoorden op problemen in plaats van andersom, alsof ik door het feit dat ik geboren en opgegroeid was in Groot-Brittannië beter in staat was om mijn weg in het systeem te vinden. Ik leek ook de enige te zijn die ooit geld had als er weer dringend een nieuwe schuld moest worden afbetaald. Toen Ali bijvoorbeeld zonder toestemming met mijn vaders

auto op pad was gegaan en een andere automobilist had aan-
gereden, was ik degene die de reparaties aan de andere auto
moest betalen om te voorkomen dat de woedende bestuurder
naar de politie zou gaan of een claim bij de verzekering zou in-
dienen (waardoor uit zou zijn gekomen dat Ali die nacht on-
verzekerd had gereden). Elke dag leek een nieuwe crisis te
brengen en nieuwe uitgaven die mijn moeder gek maakten van
bezorgdheid en haar dwongen naar mij toe te gaan om me te
vertellen dat ik er iets aan moest doen. Soms had ik het gevoel
dat ik de vader of moeder was in plaats van het jongste kind.

Toen Asif terugkwam uit Pakistan, hadden mijn vader en
moeder even weinig aan hem als aan Ali. Ook hij was inmiddels getrouwd en had snel achter elkaar twee kinderen gekregen, dus had hij constant geld nodig. Hij nam nooit de moeite
om te werken, hing een beetje rond in dezelfde disco's als waar
Ali kwam en ging met dezelfde waardeloze mensen om. Geen
van beiden was in staat genoeg te verdienen om zijn manier
van leven te bekostigen; zelfs toen Ali behoorlijke hoeveelhe-
den drugs verhandelde was hij altijd platzak. En dus nam Ali
zijn toevlucht tot kleine criminaliteit als autodiefstal of
's nachts inbreken in warenhuizen, terwijl Asif van een uitkering leefde en op de zak van mijn vader en moeder teerde. Ze
leenden allebei eindeloos geld van de rest van ons om de
schuldeisers terug te betalen die het ongeduldigst werden of,
zoals in Ali's geval, het meest begonnen te dreigen. Noch mijn
vader noch mijn moeder kon het geld missen, maar toch
zwichtten ze, waardoor ze zelf steeds meer schulden maakten.
Mijn vader zat vaak in wanhoop over hen beiden met het
hoofd in de handen, maar toch gaf hij ze wat hij kon en leende
geld als zijn eigen loon niet voldoende was. Zij waren zijn zonen en het leek alsof je zonen altijd moest geven waar ze om
vroegen, hoe weinig ze het misschien ook verdienden.

De politie kwam op zoek naar Ali steeds vaker aan de deur,
en het duurde niet lang voor hij voor allerlei dingen werd op-

gepakt en gevangenisstraffen kreeg opgelegd. Toen moesten mijn vader en moeder het geld zien te vinden zodat we hem allemaal in het weekend konden bezoeken, wáár hij zijn straf ook uitzat, en ze kochten voor hem wat hij maar vroeg, terwijl ze Asif even erg verwenden. Ali zat soms helemaal op het Isle of Wight, wat betekende dat de treinkaartjes soms mijn hele weekloon opsoupeerden. Op een moment dat de zonen van hun meeste vrienden hun ouders begonnen te ondersteunen, moesten mijn vader en moeder juist meer betalen en de verantwoordelijkheden van hun zonen overnemen en hun kleinkinderen ondersteunen. Geen van beiden kon goed met geld omgaan en ze raakten ook nog eens in de schulden bij de verkeerde mensen, wat het nog erger maakte omdat ze ook rente moesten betalen.

Het privéleven van mijn broers werd steeds ingewikkelder doordat ze allebei kinderen bij andere vrouwen kregen, voor wie de familie moest betalen om de vrouwen rustig te houden. Omdat het jongens waren kon mijn vader niet accepteren dat dit hun eigen schuld was. Meestal beschuldigde hij mijn moeder ervan dat ze hen niet goed had opgevoed, terwijl ze hun hele huwelijk alleen maar had gedaan wat hij haar had opgedragen.

'De kinderen uit mijn eerste huwelijk zijn toch ook niet zo geworden,' zei hij altijd, volledig voorbijgaand aan het feit dat hij degene was die ervoor had gekozen zijn eerste vrouw te bedriegen door haar te verlaten en met mijn moeder te trouwen.

Als er iets verantwoordelijk gesteld kon worden voor hoe we allemaal waren geworden, denk ik dat het de wrede discipline was die mijn vader ons bijbracht toen we klein waren, maar misschien waren we ook gewoon voorbestemd de weg te volgen die we kozen. Zijn eerste kinderen waren grotendeels opgevoed in Pakistan en blootgesteld aan slechts één cultuur, ze wisten altijd wat hun plaats in de wereld was. Mijn broers en ik hadden eigenlijk geen idee wie we waren. Waren we Engelsen of Pakistani? Moesten we ons gedragen zoals onze families in Lahore zich honderden jaren hadden gedragen of zoals de Engelse mensen te midden van wie we onze jeugd hadden doorgebracht? Soms leek het of Ali zijn toevlucht nam tot drugs om de rest van zijn leven te vergeten, vooral het feit dat zijn persoonlijke leven zo'n puinhoop was en dat hij en Asif nog steeds onder aan de economische ladder stonden, hoe hard ze ook hun best deden om hogerop te komen.

Mijn baas bleef tevreden over me en ik kreeg een paar keer promotie. Omdat elke promotie meer geld inhield, ging ik er altijd op in, hoewel ik me ervan bewust was dat sommige andere mensen die hij nu in dienst had er niet zo blij mee waren om orders aan te moeten nemen van zo'n jong iemand. Het was niet meer hetzelfde als werken in een broodjeszaak, waar niemand ambitieus was of zich zorgen maakte over zijn eigen carrière. Ik had nu een baan die andere mensen ook graag wilden hebben.

'Maak je er geen zorgen over,' zei mijn baas toen ik de rancune die sommige mensen tegenover mij aan de dag legden ter sprake bracht. 'Ze raken wel aan je gewend. Mensen klagen graag over hun bazen. Je levert goed werk, dat zullen ze wel gaan inzien.'

Ik mocht dan succesvol zijn in mijn werk, thuis behandelde mijn moeder me nog steeds als een kind: ze had voortdurend kritiek op me, beklaagde zich constant over mijn vader en gaf mij altijd de schuld van alles wat verkeerd liep in haar leven. Ik begreep dat ze het moeilijk had gehad en dat ik haar last nog groter had gemaakt door weg te lopen uit mijn huwelijk, maar daar kon ik nu ook niets meer aan doen. Ik werkte hard, ondersteunde haar waar ik maar kon en toch bleef ze klagen: vanaf het moment dat ik, uitgeput door mijn werk, de deur 's avonds laat binnenkwam tot het moment dat ik om half zeven 's ochtends weer vertrok.

'Waarom heb je dát aan? Waarom draag je zo veel make-up?

Waarom kun je niet iets anders aandoen? Waarom heb je je pumps aan?'

Als ik binnenkwam en op de bank ging zitten, wilde ze weten waarom ik daar zat in plaats van in de stoel naast de naaimachine waar ze constant zat te werken.

'Waarom zit je daar?' jammerde ze dan. 'Is mijn gezicht zo lelijk dat je niet bij me kunt komen zitten en naar me kunt kijken?'

Ik kon niets doen of zeggen of ze gaf er kritiek op of trok het in twijfel.

Op mijn werk was een Indiaas meisje dat zichzelf Penny noemde en met wie ik heel goed kon opschieten. Ze was in veel opzichten heel anders dan ik: veel meer verwesterd in haar kleding, zelfverzekerd in haar korte rokje en haar pumps, zonder hoofddoek en haar gezicht op alle momenten van de dag helemaal opgemaakt. We namen onze rookpauze altijd zo veel mogelijk samen en ik vertelde haar alles waar ik mee zat.

'Ik heb besloten me in te schrijven voor een huurflat,' zei ik op een dag tegen haar. 'Ik hou het thuis geen minuut langer uit.'

'Mag ik bij je komen wonen?' grapte ze. 'We zouden het geweldig hebben. Dan kunnen we jongens meenemen naar de flat wanneer me maar willen.'

'Wauw,' lachte ik. 'Rustig aan. Doe jij dat maar als je dat wilt, maar ik hoef niets te maken hebben met die chique mannen van jou.'

Een paar weken later verhuisde ik naar een flat aan de overkant van de straat, terwijl mijn moeders gekwetste stem me nog steeds in de oren klonk: 'Wat heb ik misdaan dat mijn enige dochter me de rug toekeert?'

Ik gaf er geen antwoord op. Hoewel ze me een schuldgevoel probeerde aan te praten, keek ik ernaar uit eindelijk mijn eigen leven te gaan leiden.

13

Omringd door woekeraars

Ik kreeg meer moed tegenover de jongens nadat mijn vader me had beloofd dat ik een normaal westers leven kon leiden als ik weer thuiskwam. Er was een Aziatische jongen die elke dag in de broodjesbar kwam lunchen als ik er werkte, en hij had me al een paar keer mee uit gevraagd. Eerst zei ik nee, vooral omdat ik het te ingewikkeld vond om een vriendje te hebben na alles wat ik had meegemaakt (ik was officieel immers nog steeds getrouwd), maar ook omdat ik niet helemaal wist wat een meisje moest doen op een afspraakje met een jongen en mezelf niet voor schut wilde zetten. Aman was nog steeds de enige persoon met wie ik ooit op een normale manier uit was geweest. Maar deze jongen liet het er niet bij zitten en bleef me vragen, hij weigerde een afwijzing te accepteren.

Hij zag er leuk uit, was beleefd en de andere meisjes in de broodjesbar hadden me ertoe aangespoord erop in te gaan, dus uiteindelijk gaf ik me gewonnen, voor een deel ook om van het gezeur af te zijn. We gingen een paar keer uit, gewoon naar McDonald's of naar de film, dat soort dingen. Elke keer eindigde het ermee dat we eindeloos in zijn auto zaten te vrijen voor hij me thuis afzette, maar ik wilde nooit verder gaan. Ik was erg bang, bang dat de seks pijn zou doen en bang voor de toestanden in mijn familie als ze er ooit achter kwamen dat ik zulke dingen deed. Het was me nog maar net gelukt om weer vrede met ze te sluiten en ik was niet van plan al die woede weer op te rakelen als het niet nodig was. Omdat Ali vaak in de gevangenis zat en Asif bijna nooit de moeite nam om thuis te komen, leefde ik het grootste deel van de tijd niet meer onder zo'n grote druk, vooral niet sinds ik het huis uit was en mijn eigen huurflat had. Maar ik wilde niets doen om alle oude discussies weer aan te zwengelen.

Mijn moeder bekritiseerde me nog steeds als ik, bijna elke dag, langskwam, maar ze ging toen al bijna nergens meer naartoe, of het moest een bezoek aan Lahore zijn, dus in mijn flat kwam ze nooit. Ik denk dat ze deels uit principe wegbleef en me wilde laten zien dat ze het er niet mee eens was dat ik mijn eigen huis had. Mijn vader was er bijna nooit als ik langskwam, hij was altijd aan het werk of met zijn vrienden op stap, hij ging het gezeur van mijn moeder uit de weg, maar ik wist dat de familie zich heel gemakkelijk weer tegen me kon keren als ik nog meer grote misstappen beging, net als tegen iedere jongen die respectloos tegenover hen durfde te zijn door met me naar bed te gaan.

Ik zorgde er ook voor dat ik niet verliefd werd, de breuk met Aman was te pijnlijk geweest en zoiets wilde ik nooit meer meemaken. Tegelijkertijd verlangde ik naar intimiteit, dat een man lief voor me was zoals Aman toen hij me had gezoend en toen we met elkaar naar bed waren geweest, iemand die even aardig en geduldig was, en deze jongen leek alles precies te doen zoals het moest.

'Neem de tijd,' zei hij als hij me omhelsde en zoende in de auto en ik tegen hem zei dat ik niet verder wilde gaan. 'We hoeven ons niet te haasten. Kijk maar wanneer je eraan toe bent.'

Ik zei het niet tegen hem, maar op dat moment kon ik me niet voorstellen dat ik ooit weer met iemand naar bed zou willen, evenmin als dat ik weer verliefd wilde zijn. Ik zat er wel een beetje mee en ik praatte er met Penny over, omdat ik erachter was gekomen dat ik alles met haar kon bespreken.

'Maak je geen zorgen,' stelde ze me gerust. 'Als het moment daar is, kun je het wel. Het ging toch ook goed met Aman? Je moet gewoon meer jongens ontmoeten en een beetje ontspannen. Ben je wel eens naar de disco geweest?'

Ik moest lachen bij de gedachte. 'Ik? Naar de disco? Ik denk niet dat ik daar thuishoor, jij wel?'

'Wat een onzin,' zei ze. 'Hoezo niet? Ik neem je wel mee, en geen gemaar.'

'Maar ik weet niet eens wat ik aan moet.'

Ze negeerde al mijn protesten.

'Ik ga wel met je winkelen!'

Ze klapte blij in haar handen bij de gedachte, haar opwinding was aanstekelijk. Ook al was het idee van disco's en cafés even angstaanjagend voor me als reizen naar een onbekend land, ik had het gevoel dat het een ervaring was waarvan ik zou genieten als ik mijn angsten had overwonnen en ik had in elk geval Penny bij me, die me zou laten zien wat ik moest doen.

Nu ik in mijn eigen flat woonde, kon ik mijn eigen loonzakje aan het eind van de week openmaken en mijn moeder gewoon geven wat ik kon missen. Ze had geen idee wat ik verdiende met mijn nieuwe baan in de catering en ik kon genoeg achterhouden om met Penny kleding te kopen die paste bij dit nieuwe avontuur in mijn leven.

De zaterdag daarop gingen we naar het centrum en Penny sleurde me mee van de ene winkel naar de andere. Ik was verdoofd door de muziek, de lampen en alle kleren waarmee ze naar me zwaaide, die ze me voorhield of me in krappe en overvolle paskamers liet passen. Toen ik over de gêne heen was om me te midden van zo veel mensen uit- en aan te kleden, merkte ik dat ik ervan begon te genieten. Een paar keer ving ik een glimp op van mezelf in een passpiegel en ik zag er best goed uit vergeleken met het beeld van mezelf dat ik mijn hele leven in mijn hoofd had gehad. Uiteindelijk kozen we een lange jurk met een blote rug en een split aan de zijkant, die bij mijn hals met twee haakjes bij elkaar werd gehouden. Ik had mijn hele leven nog nooit zoiets bloots gedragen. Het gaf me het gevoel dat ik praktisch naakt liep in het openbaar. Dat was een angstaanjagend gevoel, maar ook spannend op een manier zoals ik nog nooit had ervaren. Zonder Penny's stimulans had ik nooit het lef gehad hem te kopen.

'Je moet er een beha zonder bandjes onder hebben,' zei ze tegen me toen ze me van winkel naar winkel sleurde. 'En we moeten een paar mooie pumps hebben om je benen te laten zien.'

'Ik weet niet eens hoe ik die dingen aan moet doen,' protesteerde ik. 'Of hoe ik me fatsoenlijk op moet maken. Straks zie ik er belachelijk uit.'

'Maak je geen zorgen,' lachte ze. 'Ik kom wel langs en dan help ik je om je voor te bereiden.'

Hoewel Penny niet bij me in was getrokken, was ze er bijna altijd en veel van haar spullen lagen permanent in de kast die ik overhad. Ze gebruikte deels haar eigen make-up en de producten die ze me had laten kopen toen ze die eerste zaterdagavond met mijn metamorfose begon. Het moment waarop ik ten slotte het resultaat in de passpiegel zag, was net de slotscène uit een makeoverprogramma op televisie. Ik kon mijn ogen niet geloven. Het was alsof ik naar iemand anders keek. Door Penny leek ik tien jaar jonger en tien pond lichter. High van opwinding gingen we naar een pub om Penny's oudere zus te ontmoeten. We giechelden als twee ondeugende schoolmeisjes die iets doen wat niet mag, terwijl ik ermee worstelde om de kunst van het lopen op hoge hakken onder de knie te krijgen en eruit te zien alsof het natuurlijk was.

'Mijn zus is getrouwd,' vertelde Penny me, 'maar de spanning is uit de relatie, als je begrijpt wat ik bedoel. Ze had altijd zwarte vriendjes voor ze ging trouwen dus ze was gewend aan een goed seksleven, maar dat krijgt ze nu niet.'

Haar woorden schokten me en toch wilde ik meer ontdekken. Ik kon niet begrijpen hoe een vrouw zich zo schaamteloos durfde te gedragen en zulke eisen aan de mannen in haar leven durfde te stellen. Dit was een heel nieuwe wereld, waar ik niets van wist; de wereld waarnaar de andere meisjes op school op hun halfgeïnformeerde manier hadden verwezen, mij in mijn onwetendheid hulpeloos en sprakeloos achterlatend. Terwijl ik de mannen alleen of met andere mannen naar de bar zag komen, lachend en poserend en naar alle vrouwen kijkend, dacht ik er ineens aan dat dit ook de wereld was waar mijn broers vertoefden als ze niet bij de familie waren: een parallelleven waar ze het thuis nooit over hadden. Nu ging ik zelf ontdekken hoe het allemaal in elkaar zat en wat ik zo veel jaren had gemist. Het was mijn beurt om plezier te hebben als ik het lef ervoor had.

De pub was groot en zo vol dat de klanten de straat op stroomden om een plekje te vinden om hun drankje op te drinken. We moesten ons door de menigte heen dringen om bij de bar te komen en het verbaasde me dat niemand van de mannen handtastelijk werd. In Lahore zou het onmogelijk zijn om door zo'n dichte menigte heen te komen zonder dat je onder de blauwe knijpplekken zat. Als ik daar zo'n jurk aan had gehad, zou ik een opstootje hebben veroorzaakt. Er was een diskjockey in de hoek van de dansvloer waar een aantal stelletjes al aan het dansen was. Ik voelde de adrenaline op het ritme van de muziek door mijn aderen pompen. Dit was net een andere planeet vergeleken met de sombere wereld van thuis, waar meestal alleen het gesnor van mijn moeders naaimachine te horen was dat wedijverde met het constante gesnater van de televisie met het ingeblikte gelach en overdreven geklets. Dit was de echte, levende wereld waar mensen deden waar ze zin in hadden en plezier hadden terwijl ze jong en vrij waren, zonder zich al te veel zorgen over de gevolgen te maken.

Penny's zus sloeg bijna meteen nadat we er waren een man aan de haak en verdween door de menigte ergens via een achterdeur. Het duurde niet lang voor Penny hetzelfde deed en mij achterliet in een hoek, opeengepakt tussen vreemden die elkaar allemaal leken te kennen en mij niet leken op te merken terwijl ik wachtte tot een van hen of ze allebei terugkwamen. Ik wendde mijn blik resoluut af van passerende mannen maar durfde mijn vriendinnen niet achterna te gaan, want ik wist niet eens goed waar ze naartoe waren. Waren ze gewoon aan het dansen en vrijen? Of waren ze verder gegaan, een of ander steegje in, of zaten ze misschien achter in een geparkeerde auto? In zekere zin was ik boos op mezelf dat ik niet dapperder was, want er waren heel wat mannen die er leuk uitzagen en probeerden oogcontact te maken, maar dat was een te grote stap nu ik voor het eerst in zo'n gelegenheid was. Ook al had ik niets choquerends gedaan, ik gloeide van opwinding toen we aan het eind van de avond naar huis gingen.

Toen Penny de volgende dag weer wat nuchterder was, begon ze me uit te horen wat ik allemaal had gedaan toen we in de pub niet bij elkaar waren geweest. Ik vertelde haar dat ik niets had gedaan, ik legde haar uit dat het niet uitmaakte hoe goed ik me had gevoeld in de jurk en de pumps, ik was nog steeds bang voor seks, zeker met vreemden in een pub.

'Maar dat is nergens voor nodig,' zei ze tegen me. 'Niet alle mannen zijn zoals jouw man.'

Ik wist door mijn ervaring met Aman dat ze gelijk had, maar ik had al geweten dat Aman een goede, aardige en zachte man was voor ik met hem naar bed ging. En ik wist ook bijna zeker dat de man uit de broodjesbar aardig en vriendelijk was, hoewel hij er uiteindelijk genoeg van had gekregen om te wachten en ermee gestopt was me uit te vragen. Maar hoe kon ik de goede mannen onderscheiden van de slechte als ik ze gewoon oppikte in een drukke pub? Het was allemaal erg verwarrend. Penny stelde me de hele week gerust en beloofde me dat het allemaal goed zou komen.

'Er komen nog veel meer avonden,' zei ze, 'en er zijn nog veel meer disco's. We proberen het gewoon opnieuw.'

De volgende weken begon ik me te realiseren dat ik misschien een beetje te snel op het aanbod van de woningbouwvereniging was ingegaan. Samen met het geld dat ik mezelf verplicht voelde aan mijn vader en moeder te geven als ik niet wilde dat ze omkwamen in hun schulden, moest ik nu ook nog geld zien te vinden om mijn eigen huur en rekeningen te betalen. Ik legde mijn probleem in vertrouwen voor aan Penny.

'Ik zal je voorstellen aan een vriendin van me,' zei ze, en zoals gebruikelijk nam ze de touwtjes in handen. 'Ze is echt aardig en heeft een kamer te huur in haar huis. Ze vraagt minder dan de helft van wat jouw flat je aan huur kost.'

Haar vriendin heette Karen en was net als Penny een Indiaas meisje met progressieve ideeën. Ze vond het erg leuk als ik bij haar zou komen wonen en de kamer die ze verhuurde was precies wat ik nodig had. Ze zei dat ze me maar vijftig pond per week zou vragen, inclusief water, gas en elektra, wat erg aantrekkelijk klonk. Karen was een meisje met stevige borsten, ze was zelfs nog knapper dan Penny en heel slim. Het eerste weekend dat ik er was had ik vrij genomen om te verhuizen, en ze kwam naar mijn kamer voor een babbeltje.

'Ben je wel eens naar een nachtclub geweest?' vroeg ze.

'Niet echt,' gaf ik toe. 'Een paar weken geleden ben ik met Penny naar een pub met een dansvloer toe geweest, maar dat was alles.'

'Zullen we dan vanavond samen uitgaan?' stelde ze voor. 'Dan laat ik je een paar leuke tenten zien.'

Hoewel ik te zenuwachtig was geweest om met de mannen te praten, had ik genoten van mijn avond met Penny en wilde ik het nog wel een keer proberen. De jongen van de broodjesbar leek eindelijk alle hoop te hebben opgegeven dat het nog iets werd met onze relatie, en ik had er geen zin in om die zaterdagavond alleen op mijn bed te zitten of naar mijn moeder toe te gaan en naar haar eindeloze klaagzangen over mijn vader te luisteren. Ik wilde nieuwe mensen ontmoeten en proberen wat plezier te maken. Ik dofte me dit keer niet zo op en trok gewoon een broek en een T-shirt aan, waardoor ik me niet zo voelde opvallen, en Karen nam me mee naar een leuke club waar iedereen haar leek te kennen, liet me met iedereen kennismaken en stelde me op mijn gemak. Het was lang niet zo druk als de pub waar ik eerder was geweest en er waren veel plekken waar je kon zitten en praten. Ik danste een paar keer met mannen aan wie Karen me voorstelde en ik dronk voor het eerst alcohol toen ze *Archers and lemonade* voor me haalde. In de warme, vriendelijke atmosfeer smolten mijn remmingen langzaam weg, terwijl de drank zich door mijn lichaam verspreidde. Toen ik aan het eind van de avond naar huis ging, voelde ik me zelfverzekerder en beter over mezelf dan in mijn hele leven. Een paar mannen hadden gevraagd of ik met hen mee naar huis wilde, maar ik was er nog niet aan toe om die grens over te gaan, zelfs al kwam Karen thuis met een man met een auto die er heel duur uitzag.

Daarna gingen we regelmatig samen uit op avonden in het weekend dat ik niet werkte en het viel me op dat Karen aan het eind van de avond altijd weer andere mannen had, die haar allemaal een lift naar huis gaven met hun chique auto's en bleven slapen. Het aparte was dat ze met geen van die mannen een vaste relatie begon. Ze had bijna elke keer weer een nieuwe en ze gingen altijd meteen de volgende ochtend weer weg, waar Karen totaal niet mee leek te zitten.

Tijdens het tweede of derde bezoek aan de nachtclub voelde ik me voldoende op mijn gemak om met iedereen te praten, zelfs met volslagen vreemden die naar me toe kwamen en zich voorstelden. Met het verstrijken van de weken viel het me op dat het grotendeels vaste klanten waren, ze waren er altijd als ik erheen ging. Uiteindelijk ontmoette ik een man die ik echt aardig vond en genoeg leerde vertrouwen om me vriendelijk en beslist door hem te laten thuisbrengen. Hoewel ik al aardig wat drankjes ophad was ik nog steeds als de dood, maar aan de andere kant wilde ik echt over mijn angst heen komen. Ik wilde niet dat mijn korte maar hevige affaire met Aman de enige liefde zou zijn die ik ooit had ervaren. Alle andere meisjes met wie ik nu omging, leken zonder remmingen van seks te genieten en ik wilde er niet de komende tien jaar over inzitten en alle plezier aan me voorbij laten gaan. Ik legde mijn nieuwe vriend uit dat ik slechte ervaringen had opgedaan en hij was even geduldig en voorzichtig met me als Aman.

De seks was niet zo goed als met Aman omdat ik niet dezelfde sterke gevoelens had, maar goed genoeg voor een herhaling. Het was niet pijnlijk geweest maar prettig en vrijblijvend, heel anders dan alles wat me daarvoor ooit was overkomen. Mijn hele leven was alles zo serieus en vol consequenties geweest dat het een heerlijk gevoel was om je simpelweg een paar uur aan al je verlangens over te geven. Ik had verwacht dat ik me er schuldig over zou voelen dat ik seks had buiten het huwelijk, omdat die boodschap er zo ongeveer was ingeramd vanaf de dag dat ik was geboren, maar zo was het niet. Het was gewoon een nieuwe en interessante levenservaring. Iedereen met wie ik optrok, ging er zo natuurlijk mee om, zonder zorgen of angst en, weg van de invloed van mijn familie, begon ik er net zo over te denken.

Ik werkte zo hard om genoeg geld te verdienen om aan mijn vader en moeder te geven dat ik niet veel tijd overhad voor mijn pas ontdekte sociale leven, maar ongeveer elke twee of drie maanden nam ik iemand mee naar huis, blij dat ik de volgende ochtend weer afscheid van diegene kon nemen, net als Karen, want meer wilde ik niet van hem. Ik had beslist niet het gevoel dat ik een vaste relatie met een van hen wilde. Ik had voor mijn leven genoeg van mannen die mij vertelden wat ik moest doen. Ik wilde gewoon af en toe wat plezier, het gevoel hebben dat ik de baas was over mijn eigen leven. In anderhalf jaar waren het waarschijnlijk maar vier of vijf verschillende mannen, en een paar zag ik meerdere malen. Vergeleken met Karen en Penny waren het er niet veel, maar zelf vond ik van wel. Het waren allemaal aardige jongens en door me respectvol te behandelen en me veel complimentjes te maken hielpen ze me mijn zelfvertrouwen steeds verder op te bouwen. In het begin wilde ik bijvoorbeeld dat de lamp uitging omdat ik niet wilde dat ze mijn naakte lichaam zagen, want ik vond dat ik er dik, lelijk en vies uitzag, zoals mijn moeder me altijd had verteld. Langzamerhand overtuigden ze me ervan dat ik aantrekkelijk was, dat ik de lamp aan kon laten en trots mocht zijn op mijn lichaam, dat mijn huidskleur juist een van de dingen was waardoor ze me aantrekkelijk vonden. Het was een geweldige openbaring voor me dat ik misschien toch echt aantrekkelijk was.

Mijn scheiding van Ahmed ging vanzelfsprekend door, geholpen door zijn verklaring tegenover de ambassade dat hij alleen met mij was getrouwd om een visum te bemachtigen. Hoewel ik altijd het gevoel had gehad dat het huwelijk onwettig was geweest vanwege de haast waarmee het was voltrokken, was het toch een opluchting om te weten dat ik officieel gescheiden was en niet langer hoefde te denken dat ik mijn echtgenoot ontrouw was. Ik kon tegen mezelf zeggen dat ik weer vrijgezel was en kon doen wat ik wilde.

Nu ik me zelfverzekerder en onafhankelijk voelde, zat ik er niet meer zo mee om thuis op bezoek te gaan. Mijn moeder was niet veranderd, maar ik kon het geklaag en het gezeur wel verdragen als ik wist dat ik daar maar een paar uur was en dat ik terug kon naar mijn eigen kamer als ik er zin in had. Mijn vader leek vaker thuis dan vroeger, misschien omdat alleen hij en mijn moeder nog in huis waren, want mijn schoonzus ging terug naar haar moeder als Ali in de gevangenis zat. Mijn vader leek niet meer de behoefte te hebben om zo vaak te ontsnappen of misschien werd hij ook gewoon ouder en raakte hij de drang kwijt om rond te zwerven.

Het onderwerp dat ze allebei niet uit hun hoofd kregen was geld. Hun schulden werden steeds groter en toch bleven ze geld naar Lahore sturen of het aan mijn schoonzussen geven om bij te dragen in de kosten van de opvoeding van hun kleinkinderen als Ali in de gevangenis zat of Asif was verdwenen op een van zijn geheimzinnige reizen. Mijn moeder begon me dingen toe te vertrouwen die ze naar ik wist niet eens aan mijn vader vertelde. Het maakte niet uit hoe weinig geld mijn moeder had, ze stuurde het grootste deel ervan altijd naar Pakistan, naar haar broers en zussen. Zelfs na zo veel jaren vond ze nog steeds dat ze haar eerste verantwoordelijkheid waren, kwamen ze nog altijd vóór haar eigen kinderen. Ik denk dat ik nu in feite hetzelfde deed: ik maakte mijn eigen leven moeilijk door de taak op me te nemen ervoor te zorgen dat mijn ouders het geld kregen dat ze nodig hadden, ook al vond ik dat ze er niet zo'n groot deel van weg moesten geven. Ik wilde het leven voor mijn vader en moeder gemakkelijker maken, wilde hun rekeningen betalen, hun te eten geven; maar ik had er een hekel aan om geld te verschaffen dat werd overgemaakt aan een eindeloze stroom ooms en tantes en neven en nichten in Pakistan, van wie ik er veel nauwelijks kende.

Zonder het aan mijn vader te vertellen, had mijn moeder een paar duizend pond van een woekeraar geleend om naar Pakistan te sturen voor een familiebegrafenis, maar door de rente die ze moest betalen was de schuld buiten proportie gegroeid. Het was begonnen doordat ze in de winkel op de hoek met een paar vrouwen had gepraat met wie ze goed kon opschieten. Ze had hun verteld hoe wanhopig ze verlegen zat om geld en zij, in hun onwetendheid, hadden haar verteld van mensen die bereid zouden zijn het haar te lenen. De woekeraars rekenden vijftig procent rente per week over alles wat ze hun schuldig was. Als ze duizend pond leende was ze hun aan het eind van de eerste week dus vijftienhonderd pond schuldig, tweeëntwintighonderdvijftig pond aan het eind van de tweede, enzovoorts. De woekeraars berekenden zelfs boete-rente als ze te laat betaalde. Uiteindelijk moest ze het mijn va-der vertellen omdat de schuldeisers aan de deur kwamen om te eisen dat ze betaalde. Mijn vader was furieus op haar dat ze zo in de schulden was geraakt zonder het hem te vertellen, en hij wist dat ze niet onder de betaling uit konden. De woeke-raars haalden mijn vader en moeder over het huis op hun naam te laten zetten, waardoor het gevaar ontstond dat als ze niet konden aflossen hun huis van hen af zou worden geno-men om de schulden te voldoen. Ze leefden in angst maar de bedragen die ze nodig hadden, waren zo groot dat ik geen en-kele hoop kon koesteren dat ik ze er in één keer vanaf kon hel-pen. Het enige wat ik kon doen, was ze elke keer een beetje ge-ven om de woekeraars ten minste van zich af te houden.

Ik maakte ongelooflijk lange dagen en omdat mijn huur zo laag was, kon ik hun elke week flink wat geld geven, maar het was nooit genoeg om van de hoofdschulden af te komen, die bleven oplopen. Elke keer dat ik thuiskwam, leek mijn moeder wel weer een andere lening genomen te hebben, en altijd be-weerde ze dat ze dat geld móést hebben om familielid zus te helpen dat ging trouwen of familielid zo omdat er een baby was. Ik begon me echter te realiseren dat veel schuldeisers die aan de deur kwamen mensen waren aan wie Ali geld schuldig was voor drugsdeals die verkeerd waren gelopen. Het leek erop dat hij in de loop van de jaren koopwaar die hij had moeten verhandelen zelf was gaan gebruiken, waardoor hij geen geld had om zijn leveranciers te betalen. Drugsdealers zijn angst-aanjagende mensen om geld aan schuldig te zijn.

In het verleden was mijn vader er altijd erg op tegen geweest om geld te lenen van mensen van buiten de familie, maar hij leek mijn moeder niet tegen te kunnen houden. Het was alsof hij het gevecht opgaf. Vanbinnen voelde ik me boos over de manier waarop ze hun zaken afhandelden, maar ik kon het niet tonen omdat dat respectloos was en indruiste tegen alles wat me als kind was geleerd. Bovendien was het dan overgekomen alsof ik hun het geld niet wilde geven en een excuus probeerde te vinden om onder mijn verplichtingen tegenover hen uit te komen.

De schuldeisers stelden zich bij elk bezoek dreigender op, en een paar keer bracht ik hun rechtstreeks geld om er zeker van te zijn dat ze het ook echt kregen en dat het niet in Asifs zakken verdween of naar Ali in de gevangenis of naar een behoeftig familielid in Lahore werd gestuurd. Het waren angstaanjagende, gewelddadige mannen, die ruw in de mond waren en ik zag dat ze er door hun dreigementen toe in staat waren mijn moeder te intimideren steeds meer te betalen. In zekere zin was ze nu hun slaaf geworden, net zoals ze ooit de slaaf van de familie was geweest; ze deed zo veel stukwerk als ze kon om genoeg geld bij elkaar te schrapen om tegemoet te komen aan hun laatste eisen. Het maakte alleen niet uit hoe hard ze werkte omdat ze toch maar vijf pence kreeg voor elke rok of elke spijkerbroek die ze naaide, dus was het voor haar onmogelijk om genoeg geld bij elkaar te verdienen om tred te houden met hun steeds hogere eisen; er zaten gewoon niet genoeg uren in een dag.

Ik woonde bijna twee jaar bij Karen toen mijn baas op een evenement waar ik de catering voor hem leidde kwam kijken. Ik zat tot over mijn oren in het werk, moest toezicht houden op de behoeften van ongeveer honderd gasten en kon hem niet zo veel aandacht schenken, maar ik zag dat hij ernstig keek. Toen er eindelijk tijd was om een pauze te nemen, nam hij me met een kop koffie mee naar buiten.

'Je bent een harde werker, Saira,' zei hij tegen me. 'Een van de beste die ik ooit heb gehad, maar er zijn problemen met het bedrijf geweest.'

'Hoezo problemen?' Ik voelde mijn maag samenkrimpen. Dit deed me denken aan de volwassen gesprekken die ik had afgeluisterd toen ons eigen familiebedrijf failliet was gegaan en mijn vader moest vertrekken en bij het tankstation moest gaan werken zodat er voldoende geld binnen zou komen om ons te onderhouden.

'Het is een familiebedrijf,' ging hij verder, duidelijk gegeneerd, 'en ik heb andere familieleden aan wie ik banen moet geven. Ik kan het me niet veroorloven om iedereen aan te houden. Het spijt me.'

'Gaat u me ontslaan?' Ik snapte er niets van wat hij zei. Ik had juist gedacht dat hij me apart nam om me te vertellen hoe goed ik het deed, dat hij me misschien zelfs een loonsverhoging zou geven.

'Ik zou je een baan als serveerster kunnen aanbieden,' zei hij terwijl hij probeerde dat te laten overkomen als een oplossing, 'maar niet als manager.'

Ik wist wat de serveersters betaald kregen en dat was bij lange na niet genoeg om de rente over de leningen van mijn moeder te voldoen, laat staan alle andere kosten die we elke maand moesten betalen.

'Ik heb deze baan nodig,' protesteerde ik zwakjes. 'Ik zit in de problemen.'

'Ik zal je goede referenties geven,' zei hij en hij keek alsof hij wel door de grond kon gaan.

Een andere baan krijgen was niet het probleem, maar een baan krijgen waarmee ik zo veel geld zou kunnen verdienen als bij hem was bijna onmogelijk. Ik had geen diploma's en alle werkgevers leken mensen te willen aanstellen met een titel of een opleiding. Diverse bedrijven boden aan me in dienst te nemen als serveerster en suggereerden dat ik me dan wel weer zou kunnen 'opwerken', maar ik dacht niet dat ik de tijd had om helemaal opnieuw te beginnen. Ik kon me niet voorstellen dat de woekeraars er erg van onder de indruk zouden zijn als ik ze vertelde dat ik een salarisverlaging had gehad en dat ik niet zo snel in staat zou zijn mijn betalingen te voldoen als ik had verwacht. In eerste instantie ging ik terug naar de plaatselijke kledingfabriek, alleen omdat dat een wereld was die ik kende en waar ik meteen aan de slag kon, maar ze zouden me altijd hebben aangenomen, of ik nu geweldige referenties had of niet. Het enige wat hun interesseerde was of ik snel urenlang in een rechte lijn kon naaien. Toen ik goed verdiende, had ik een auto voor mezelf gekocht. Die betaalde ik af in maandelijkse termijnen, wat ook veel geld kostte, maar omdat ik nog steeds veel geld schuldig was zou het me weinig opleveren als ik hem verkocht. Er moest een andere manier zijn om het probleem op te lossen, daar was ik van overtuigd. Ik was vastbesloten mijn kamer en mijn onafhankelijkheid te houden en niet weer thuis te gaan wonen. Ik dacht dat mijn moeder en ik elkaar zouden vermoorden als we weer noodgedwongen de hele tijd onder hetzelfde dak woonden.

Karen kon zien wat er aan de hand was doordat ik niet langer de energie of het geld had om in de weekenden naar nachtclubs te gaan.

'Zo kun je niet eeuwig doorgaan,' zei ze op een avond tegen me toen ik tegen middernacht van mijn werk kwam en wel halfdood leek van uitputting. 'Je moet eens naar die helderziende van me gaan, die is echt goed. Zij zal je vertellen wat de toekomst voor je in petto heeft, dan hoef je je geen zorgen meer te maken en kun je er misschien mee ophouden jezelf kapot te werken.'

Eerst verzette ik me ertegen omdat ik vond dat het zonde van het geld was, maar op een dag had ik wat tijd over en besloot ik mezelf te verwennen. Ik realiseerde me niet dat ik door die simpele, schijnbaar lichtzinnige beslissing alles zou veranderen.

14
De escortservice

De helderziende was een oudere vrouw, heel nuchter en gemakkelijk om mee te praten. Ik hoopte echt dat ze me zou vertellen of ik in de nabije toekomst aan geld zou komen om me uit al mijn problemen te helpen. Ze vertelde me heel wat over mezelf, maar niets wat me echt hielp om te beslissen wat ik met mijn leven aan moest. Nadat ze mijn *reading* had gedaan raakten we in gesprek, en ze was heel ontspannen en begripvol. Ik vertelde haar al mijn ellende, die grotendeels om geld draaide. Ik had mijn hersens afgepijnigd hoe ik genoeg kon verdienen om mijn ouders uit de problemen te halen terwijl ik toch mijn onafhankelijkheid bewaarde, en ik had een paar mensen over 'escortwerk' horen praten. In de plaatselijke kranten had ik een aantal advertenties gezien waarin ze vroegen om meisjes die geïnteresseerd waren in dat werk, zonder echt te begrijpen wat het was. Uit angst onnozel over te komen, had ik het niet aan mijn vriendinnen willen vragen. Toen ik op school zat hadden ze vaak genoeg de draak met me gestoken om mijn gebrek aan wereldse kennis, maar op de een of andere manier had ik het gevoel dat ik deze vrouw alles kon vragen.

'Wat houdt escortwerk eigenlijk in?' vroeg ik onschuldig.

'Waarschijnlijk niet helemaal wat je ervan denkt,' glimlachte ze vriendelijk. 'Het betekent namelijk niet alleen dat je uit eten gaat met mannen.'

'Maar wat houdt het dan in?' vroeg ik, ik had echt geen idee.

'Dat je met de cliënten naar bed gaat,' zei ze. 'Heeft Karen het je niet uitgelegd?'

Dat was het moment waarop in mijn hoofd alle stukjes van de puzzel op hun plek vielen. Dat verklaarde al die verschillende mannen die in hun chique auto's meekwamen naar huis, en waarom Karen altijd geld bij de vleet had om uit te geven aan kleren en wat ze maar wilde, en dat ze zelf al een huis bezat terwijl ze nog zo jong was. Even moest ik die onthulling tot me door laten dringen.

'Strikt genomen,' ging de helderziende opgeruimd verder, 'zou je er waarschijnlijk heel goed in zijn.'

'Waarom?' vroeg ik verbaasd, ik wist niet zeker of ik me gevleid moest voelen of beledigd. Ik was er altijd van uitgegaan dat ik lelijk was; iemand die zijn geld op die manier verdiende zou toch vast zo mooi moeten zijn als Karen.

'Omdat je Indiaas bent,' zei ze, en ik nam niet de moeite haar te corrigeren. Ik merkte vaak dat het gemakkelijker was om mensen die mijn familie niet kenden in de waan te laten dat ik uit India kwam in plaats van uit Pakistan. Er leken veel minder vooroordelen tegen Indiërs te bestaan en je had het hele moslimgedoe niet. 'Indiase meisjes zijn erg in trek. Veel mannen houden echt van een donkere huid. En dan zijn er nog je andere pluspunten.' Ze keek naar beneden naar mijn borsten. 'Je zou veel succes hebben.'

'Denkt u echt?'

Het was voor het eerst dat ik hoorde dat Indiase meisjes aantrekkelijk werden gevonden en het verbaasde me na alles wat mijn moeder altijd tegen me had gezegd over mijn donkere huid en over mijn onaantrekkelijkheid. Ik had altijd gedacht dat mannen liever westerse meisjes hadden, met hun blanke huid en uitdagende kleding, maar in de jaren daarna zou ik erachter komen dat de helderziende gelijk had. Een blanke cliënt legde me later uit dat hij jaren in een buurt had gewoond waar veel Aziatische families woonden en alle vrouwen zich het grootste deel van de tijd bedekten.

'Als je tegenover een jonge vrouw zit die helemaal bedekt is, of je ziet zo'n vrouw op straat,' legde hij uit, 'dan dwaalt je geest af. Je gaat erover nadenken hoe ze eruitziet zonder kleren en hoe het zou zijn om met haar naar bed te gaan.'

Door hun vrouwen te dwingen zich te bedekken, hadden Aziatische mannen hun vrouwen juist aantrekkelijker voor andere mannen gemaakt, exact het tegendeel van wat ze wilden bereiken.

'U bedoelt dat ik met vreemde mannen naar bed zou moeten?' vroeg ik de helderziende. Ik probeerde nog steeds te begrijpen wat het inhield.

'Tja, maar anders geef je het immers weg voor een bos rozen en een doos chocola,' zei ze lachend.

'Ja,' grinnikte ik schaapachtig, 'dat klopt.'

'Waarom zou je je er dan niet voor laten betalen?'

Daarna stapten we over op een ander onderwerp en ik mag niet aannemen dat zij er verder nog over nadacht, maar de dagen daarna speelde ik het gesprek telkens weer af in mijn hoofd terwijl ik achter mijn naaimachine zat te werken, en hoe meer ik erover nadacht hoe meer ik inzag dat ze gelijk had. Alle onenightstands die ik had gehad waren tot op zekere hoogte prima geweest, en ik had ervan genoten dat ik hun begeerte had opgewekt, ook al was het allemaal nogal oppervlakkig. Geen van hen was zo erg geweest als de kwelling die ik had moeten doorstaan met Ahmed. Ze hadden me geleerd dat ik minder bang hoefde te zijn voor mannen, en me laten zien dat ik voor mezelf kon opkomen als dat nodig was, en geen voetveeg hoefde te zijn zoals mijn moeder alleen omdat ik een vrouw was. Zou het anders zijn geweest als ze me ervoor hadden betaald, vroeg ik me af. Stel dat ik betaald was voor alle keren dat Ahmed me had verkracht, dan was ik een rijke vrouw geweest toen ik hem verliet.

Nu ik erachter was gekomen hoe Karen de kost verdiende, keek ik beter om me heen en realiseerde ik me dat veel meisjes met wie ik omging in de nachtclubs waarschijnlijk hetzelfde deden. Het was alsof de schellen me van de ogen vielen. Was ik de enige die het gratis weggaf? Ze leken zich allemaal even goed te vermaken als ik. Niemand van hen leek te voldoen aan het stereotiepe beeld van de prostituee dat ik altijd in mijn hoofd had gehad. Ze zagen er niet zo uit als de vrouwen die ik zich soms in de donkere straten zag schuilhouden; de meesten van hen zagen eruit of ze helemaal onder de drugs zaten: hun armen en borst vol tattoos en hun jonge gezichten beschadigd door zweren. Mijn vriendinnen in de nachtclubs waren normale meisjes die gewoon graag naar bed gingen met mannen, ze waren geen van allen bepaald glamoureus of speciaal en ze zagen er gewoon leuk uit. Ik realiseerde me dat ik serieus overwoog het zelf ook te gaan doen. Het leek me best leuk.

Die zondag had ik vrij en ging ik bij mijn vader en moeder langs. Mijn vader was niet thuis en de schuldeisers stonden voor het huis scheldwoorden en dreigementen door de ramen te schreeuwen en op de deur te bonzen. Toen ze mij aan zagen komen, richtten ze hun aandacht op mij, ze wisten dat ik degene was die in het verleden met het geld op de proppen was gekomen. Andere mensen in de naburige huizen konden het geluid dat de mannen maakten vast horen, maar niemand kwam naar buiten om te kijken of alles wel goed met me ging. Een van de mannen trok mijn tas van mijn schouder en gooide de inhoud op de grond. Hij pakte mijn portemonnee en haalde er de paar pond uit die ik nog had en kwam met zijn gezicht heel dicht bij me, zijn vingers knepen pijnlijk in mijn hals.

'Je komt de betalingen niet na,' siste hij me toe. 'Jij komt elke week naar ons toe of je vader en moeder moeten iets anders gaan zoeken om te wonen. Begrepen?'

Ik knikte, ik kon niet eens adem krijgen om iets te zeggen en wilde ze niet nog kwader maken dan ze al waren. Ze duwden me tegen de grond tussen mijn rondgestrooide bezittingen en sprongen weer in hun auto. Ik kwam overeind en stopte snel de spullen weer in mijn tas. Toen ik eindelijk mijn moeder wist over te halen dat het veilig was om de deur open te doen en me binnen te laten, trilde ik nog steeds. Dat was het moment waarop ik wist dat het roer echt om moest als ik wilde dat die mensen ons ooit met rust lieten. Het leek bijna een teken dat me werd gezonden om tot een besluit te komen. De volgende dag raapte ik al mijn moed bij elkaar en belde een van de escortbedrijven die in de krant adverteerden.

'Ik heb zoiets nog nooit gedaan,' zei ik toen ik ze aan de lijn had. 'Maar bent u op zoek naar meisjes?'

De vrouwenstem aan de andere kant van de lijn klonk veel vriendelijker dan ik had verwacht en ze vroeg me hoe oud ik was, van welk ras ik was en wat mijn maat was. Ik biechtte op dat ik ongeveer maat veertig, tweeënveertig had en dacht dat het gesprek daarmee meteen beëindigd zou zijn, maar ze zei dat dat prima was. Daarna gaf ze me een adres waar ik die avond naartoe moest komen. Ik maakte me op en kleedde me aan alsof ik naar de nachtclub ging, want ik wilde er zo aantrekkelijk mogelijk uitzien. Voor vertrek besprenkelde ik me royaal met Poison van Christian Dior. Ik hield van mijn parfums, misschien door alle jaren dat mensen op school tegen me hadden gezegd dat ik naar zweet stonk.

Het adres dat ze me had gegeven bleek een sjofel uitziende sociale huurwoning te zijn in een buurt waar ik normaal gesproken niet 's avonds in mijn eentje op straat zou lopen. Het betonnen trappenhuis stonk naar urine en de galerijen naar de voordeuren van de flats lagen vol rommel die mensen naar buiten hadden gegooid en die niemand opruimde. Toen ik de voordeur vond die ik zocht, kon ik zien dat hij duidelijk was geforceerd en daarna was verstevigd. Voor de ramen zat een heel traliewerk. Mijn hart bonsde toen ik verlegen aanbelde; ik wilde graag veilig binnen zijn voor iemand anders de galerij op kwam. Ergens om een hoek kon ik dreigende stemmen horen schreeuwen, alsof iemand een enorm huiselijk conflict had en het diegene niets kon schelen dat anderen ervan meegenoten.

De vrouw die de deur opendeed was de vrouw met wie ik aan de telefoon had gesproken. Ze was kolossaler en zag er intimiderender uit dan ik me op grond van haar stem had voorgesteld, maar toch kwam ze heel vriendelijk op me over. Ze zag er niet aantrekkelijk genoeg uit om zelf ook in het leven geweest te zijn, maar het was ook mogelijk dat ze gewoon haar uiterlijk had verwaarloosd. Ze ging me voor naar een zitkamer. Het interieur van de flat was een heel andere wereld vergeleken met het grijze beton vol graffiti buiten. Kosten noch moeite leken gespaard voor de marmeren vloeren en de crèmekleurige meubels. Er stonden zeker vier telefoons in de kamer die, zoals ik later zou ontdekken, allemaal hun eigen nummer hadden waarmee in de stad werd geadverteerd alsof het verschillende bedrijven waren. Het ene was gespecialiseerd in zwarte meisjes, het ander bood meisjes met dikke borsten, enzovoorts. Dit leek een markt die bestond uit vele gespecialiseerde niches. Er zaten vier meisjes op de banken, allemaal opgetut alsof ze erop wachtten om naar een afspraakje toe te gaan. Het viel me op dat ze geen van alle Indiaas waren en er allemaal een stuk slanker en knapper uitzagen dan ik dacht dat ik was, maar hun uitdrukking was hard en humeurig toen ze me van top tot teen opnamen. Ik vroeg me af of ik misschien een vergissing beging en weggestuurd zou worden omdat ik niet aantrekkelijk of slank genoeg was.

'Ze heeft te veel parfum op,' zei een van hen toen ik langsliep, maar de vrouw die de baas was trok zich er niets van aan en nam me mee naar een hypermoderne keuken, die eruitzag alsof hij net was geplaatst en niet vaak werd gebruikt. Ze pakte een notitieblok en een meetlint, controleerde mijn maten en noteerde ze zonder enig teken van twijfel of afkeuring. Ik voelde mijn zelfvertrouwen een paar streepjes stijgen.

'Het is driehonderd pond per uur,' zei ze terwijl ze aan het schrijven was. 'Honderdvijftig voor een half uur. Voor een half uur mag je negentig pond zelf houden, voor een uur honderddertig.'

'Oké.' Ik wist niet wat ik anders moest zeggen. Ik nam aan dat dit inhield dat ze me aannam. In zekere zin was ik opgelucht, maar deels had ik ook gehoopt dat ze me zou afwijzen en dat ik snel terug kon naar de veiligheid van mijn eigen kamer en tegen mezelf kon zeggen dat ik mijn best had gedaan maar gewoon te lelijk was om een escortmeisje te zijn.

'Ik zal een paar telefoontjes voor je plegen,' zei ze zodra ze klaar was met het nemen van de maten. 'Misschien kan ik voor vanavond een cliënt voor je regelen.'

Ik had niet verwacht dat het allemaal zo snel zou gaan, maar durfde niet te protesteren of om meer tijd te vragen om erover na te denken. Ik dacht niet dat deze vrouw het op prijs zou stellen dat ik haar tijd verdeed en was ervan overtuigd dat de meisjes in de kamer ernaast het heerlijk zouden vinden om permissie te krijgen mij flink onderuit te halen. Ze toetste een nummer in en stak meteen van wal, zonder de moeite te nemen eerst haar naam te zeggen.

'Ik heb een nieuwe voor je,' zei ze en ze staarde naar me terwijl ze sprak. 'Ze heeft het nog nooit eerder gedaan. Ze is Indiaas, heeft een donkere huid, stevige natuurlijke borsten, zwart haar.'

Mijn hele leven was me verteld dat ik er vies en lelijk uitzag door mijn donkere huid en omdat ik niet mager was, en nu hoorde ik hoe die kenmerken als positieve punten werden beschreven. Hoewel ik zenuwachtig was in zo'n vreemde omgeving, voelde ik een klein beetje trots bij de gedachte dat deze vrouw echt meende dat er mannen waren die bereid waren te betalen voor wat ik te bieden had.

De man aan de andere kant van de lijn zei kennelijk tegen haar dat ze mij maar naar hem toe moest sturen.

'Oké,' zei ze toen ze ophing. 'Ga naar dit adres.' Ze krabbelde een naam en een adres op een stukje papier. 'Kom hier terug met het geld zodra je klaar bent.'

'Is er nog iets anders wat ik moet weten?' vroeg ik.

'Vraag altijd van tevoren om het geld.' Ze dacht even na. 'Let erop dat de cliënt niets in je drankje doet, en als je ergens naartoe gaat controleer dan alle deuren en kasten om je ervan te verzekeren dat niemand het filmt. Maar deze man is een vaste klant dus met hem zul je geen problemen hebben.'

Ze gaf me wat globale aanwijzingen hoe ik het adres kon vinden en liet me weer uit langs de andere meisjes, van wie ik aanneem dat ze het vervelend vonden dat ik zo snel werk kreeg terwijl zij zaten te wachten.

Ik had mijn auto nog steeds, ook een reden waarom ik zo wanhopig geld nodig had omdat ik al achterop was met de betaling van de termijnen, maar ik had hem die avond nodig want het adres bleek een grote fabriek aan de rand van de stad te zijn, een of andere grote staalfabriek. Een taxirit helemaal daarnaartoe zou me een vermogen hebben gekost en ik kon me niet voorstellen dat de escortdame die zou vergoeden. Tegen de tijd dat ik de fabriek had gevonden, was het donker en was de avondploeg al aan het werk. Ik voelde me niet alleen bang maar ook uitgeput, wat waarschijnlijk hielp de angst een beetje te verdoven.

Dit was de avond dat ik nog een kans kreeg om terug te keren op mijn schreden. Mijn eerste cliënt was de fabrieksmanager die me wegstuurde omdat ik te veel parfum ophad. De ervaring was beslist veel angstaanjagender dan ik had verwacht en zodra ik weer in mijn auto zat deed ik de portieren op slot en scheurde zo snel mogelijk terug om de vrouw van het escortbedrijf te betalen en terug te keren naar de veiligheid van mijn eigen huis. Ik kon niet geloven dat ik door het oog van de naald was gekropen. Voor een deel was ik opgelucht omdat ik er ongedeerd van af was gekomen, maar onder die oppervlakkige opluchting lag een diepe, donkere poel van angst als ik eraan dacht hoeveel meer plekken dan die fabriek ik misschien zou moeten bezoeken en hoe anders het de volgende keer uit zou kunnen pakken; een gedachte die me misselijk maakte en die ik uit mijn hoofd moest zetten; ik moest mezelf herinneren aan de driehonderd pond die ik zo gemakkelijk had verdiend.

De vrouw nam haar deel van het geld zonder ook maar de moeite te nemen het te tellen. 'De volgende keer niet zo veel parfum opdoen,' was het enige wat ze zei. Er zaten nog steeds andere meisjes in de zitkamer die hatelijke opmerkingen maakten toen ik langsliep, maar ik sloeg er geen acht op. Ik was op dat moment te moe om ergens mee te zitten, ik wilde gewoon naar huis, naar mijn bed.

De volgende avond belde ze met een nieuwe escort. Nu ik de tijd had gehad om tot rust te komen, had ik me gerealiseerd dat het een ongelooflijk gemakkelijke manier was om aan geld te komen. Het idee om weer honderddertig pond te verdienen voor de dag om was stond me wel aan. Als iemand me werk aanbood dat zo snel zo veel cash betaalde, vond ik het onmogelijk om dat te weerstaan. Ik bleef tegen mezelf zeggen hoe het zou helpen met de betaling van de schuldeisers van mijn moeder en dat de beproeving over een paar uur voorbij zou zijn.

Ditmaal bleek het adres dat ze me had gegeven een huis te zijn dat was opgedeeld in een aantal appartementen, en de deur werd opengedaan door een veel jongere man dan de avond daarvoor, met alleen een badjas aan. Ik kon zien dat hij had gedronken, wat een beetje angstaanjagend was, maar toch zag hij er nog steeds aardig uit en het huis voelde gezellig en niet bedreigend. Hij bood me een drankje aan toen ik ging zitten, wat ik aannam, en toen hij inschonk keek ik nauwlettend toe dat hij er verder niets in deed. Daarna zaten we een tijdje te kletsen en vertelde hij me dat hij het net uit had gemaakt met zijn vriendin en zich een beetje eenzaam voelde.

'Dit is de eerste keer dat ik zoiets doe,' zei hij.

'Bedoel je dat je nog nooit een escort hebt ingehuurd?'

'Nee,' grinnikte hij schaapachtig.

'Ik heb het ook nog nooit gedaan,' zei ik en ik vertelde hem over mijn voortijdig afgebroken avontuur de avond daarvoor.

Tegen de tijd dat we eindelijk naar de slaapkamer gingen, leek het meer op een gewone onenightstand dan op een zakelijke overeenkomst. Ik kon mijn hart sneller voelen slaan toen ik het bed zag dat zo netjes opgemaakt en opengeslagen op ons lag te wachten. Toen hij me tegen zich aan trok voelde het onnatuurlijk en te snel om zo intiem te zijn, maar ik wist dat ik me niet terug kon trekken zoals mijn instinct me ingaf omdat dit was waarvoor ik werd betaald. Ik was inmiddels met genoeg mannen naar bed geweest om te weten hoe ik moest doen alsof, een beetje als een actrice.

Hij had de moeite genomen zich te douchen en aftershave op te doen voor ik daar kwam, dus hij rook lekker en schoon terwijl hij zich tegen me aan drukte. Tot mijn verbazing merkte ik dat ik opgewonden werd op het moment dat hij mijn kleren uitdeed, zijn badjas op de grond gooide en me meenam naar het bed. Hij was me zo zacht aan het strelen en zoenen dat ik totaal niet bang was, ik vroeg me alleen af wat hij van plan was toen hij onder de lakens naar beneden ging en mijn dijbenen uit elkaar deed. Ik schrok toen ik me realiseerde dat hij me oraal wilde bevredigen. Ik wist niet eens dat mannen zulke dingen deden. Geen man had dat ooit bij me gedaan, zelfs Aman niet. Even geneerde ik me bij de gedachte dat hij dat zou doen, ik maakte me zorgen dat hij zou vinden dat ik vies rook, maar het duurde niet lang of ik kon niet geloven hoe heerlijk het voelde dat zijn tong en lippen ritmisch met me speelden. Ik was vijfentwintig en niemand had me ooit een orgasme bezorgd. Het was een openbaring voor me dat iemand het belangrijk genoeg vond om me zoiets geweldigs te bezorgen, vooral een man die eigenlijk een vreemde was en betaald had voor het privilege om te mogen doen wat hij wilde.

Ik denk dat als die avond slecht was afgelopen, ik misschien het hele idee van escortmeisje zijn had opgegeven, maar ik liep juist helemaal high terug naar mijn auto. De seks die ik met mijn onenightstands had gehad was goed geweest maar ik besefte dat het, vergeleken bij wat er zojuist was gebeurd, allemaal onbevredigend en een beetje saai was geweest. Ik had me niet gerealiseerd hoeveel frustratie ik in me had opgekropt, tot deze man het allemaal losmaakte. Ik verliet zijn appartement in de wetenschap dat ik hier beslist meer van wilde. Als ook maar tien procent van mijn toekomstige cliënten me dat gevoel zou bezorgen was escortwerk nog zo'n slechte manier niet om aan de kost te komen.

Ik vraag me wel eens af wat er gebeurd zou zijn als de ontmoeting met die cliënt een slechte ervaring zou zijn geweest. Was ik er dan mee gestopt? Misschien was het beter geweest als hij niet zo'n aardige, vriendelijke en genereuze man was geweest. Maar tegelijkertijd zal ik hem altijd dankbaar zijn dat hij me dat kleine glimpje liet zien van wat mogelijk was.

15

Een professional worden

Na die eerste escort werd het werk voorspelbaarder. Het was voor het grootste deel saai, zo nu en dan een beetje weerzinwekkend, soms grappig en af en toe beangstigend.

Meestal werd ik naar een of twee cliënten per week gestuurd, grotendeels zakenlieden die in leuke hotels verbleven. Negen van de tien mannen zagen er goed uit en hielden redelijk rekening met mijn gevoelens, alhoewel geen van hen echt zo goed in bed was als die eerste man in de badjas. Af en toe zat er een akelige vent bij die me behandelde alsof ik niet eens een persoon was, wat me eraan herinnerde hoe haram het allemaal was, maar het was nooit erg genoeg om me af te schrikken. Het geld maakte de minpunten meer dan goed.

De Aziatische mannen waren bijna altijd het meest macho en de onplezierigste cliënten. Ik denk dat ze automatisch neerkeken op iemand die dit soort werk deed, ook al kon ik het alleen doen omdat mannen als zij bereid waren voor mij te betalen. Misschien droeg een element van zelfhaat bij aan hun verbittering. Ik weet dat velen van hen de vrouwen in hun families zouden hebben geslagen en misschien zelfs gedood als ze hen ooit op dit soort werk hadden betrapt. Het was alsof ze het gevoel hadden dat ze iedere vrouw met wie ze samen waren, moesten domineren om te laten zien dat ze een echte man waren en hun minachting voor ons moesten tonen. Ze dachten er nooit bij na hoe ik me misschien voelde en zagen er geen been in om me slecht te behandelen. Wat hun aanging was ik minder dan een mens.

Britse mannen waren altijd veel attenter en respectvoller, ze behandelden me als een persoon in plaats van als een stuk vuil, vaak wilden ze mij bevredigen voordat ze zichzelf bevredigden. Slechts heel weinig mannen konden dat natuurlijk, maar dat liet ik ze niet merken. De Aziatische mannen wilden echter alleen maar dat ik mezelf vernederde, als ik bij hen was moest ik de hele tijd op mijn knieën liggen en hen oraal bevredigen, zodat ze op me neer konden kijken en me konden beledigen.

De jaren daarna werd een of twee cliënten in de week uiteindelijk een paar cliënten per dag, en soms was het moeilijk om ermee door te gaan en mezelf op te peppen om de hele schertsvertoning telkens maar weer te doorstaan. Ik had altijd een streefgetal in mijn hoofd, een bedrag dat ik die dag moest verdienen om de laatste rekening of schuld van mijn moeder te vereffenen, en ik bleef doorwerken tot ik dat bij elkaar had, had de ene cliënt na de andere, sloot mijn geest af voor alles om me heen tot ik wist dat ik genoeg had verdiend om te kunnen ontspannen tot de volgende dag.

Het maakte echter niet uit hoe hard ik werkte, hoeveel geld ik hun ook gaf, thuis ging het steeds meer bergafwaarts. Mijn vader vroeg me nooit om geld, maar mijn moeder hield me dagelijks op de hoogte van elk detail van hun toenemende financiële problemen. Als ze die maand de hypotheek niet konden betalen zorgde ze ervoor dat ik het wist, als er iemand in de familie was overleden of ging trouwen, liet ze het me weten als ze zich de kosten niet konden veroorloven en dan begreep ik dat zij van me verwachtte dat ik zorgde dat het geld er kwam. Als Ali bij haar langskwam met een dealer aan wie hij geld schuldig was, liet ze me exact weten hoe groot de schuld wel niet was en hoe vreselijk het voor hem was om zo in de

geldproblemen te zitten. Als de schuldeisers met hun dreigementen langskwamen, zat ze aan de telefoon te snikken en had
ik het gevoel dat mijn hart voor haar zou breken, ook al was ik
op hetzelfde moment boos dat ze in zo'n overduidelijke valkuil trapte. Omdat ik wist hoe haar jeugd en vroege volwas-
senheid waren geweest, begreep ik hoe onwetend ze was geweest over het leven in Groot-Brittannië en dat ze de kloof
tussen de twee culturen nooit echt had kunnen overbruggen,
wat haar tot een gemakkelijke prooi voor meedogenloze afzet-
ters maakte.

Nu ze niet langer elke week mijn loonzakje zag, had ze geen
idee hoeveel of weinig ik verdiende, ze wist alleen dat als ze me
iets vroeg ik aanbood om te betalen wat nodig was. Soms was
ze, nadat ze met een of ander familielid had gepraat dat advies
had gegeven zonder te weten hoe het exact in elkaar zat, geïrriteerd dat ik de woekeraars niet volledig afbetaalde. Dan probeerde ik haar duidelijk te maken dat ik niet voldoende verdiende om de rente te betalen, maar ik denk niet dat ze dat
echt begreep. Mijn vader wist nooit hoeveel geld ik haar eigenlijk gaf, dus ik hoefde hem nooit uit te leggen hoe ik het voor
elkaar kreeg om zo snel zo veel geld te verdienen.

Af en toe ergerde ik me aan haar gezeur en werd ik boos en
mopperde ik op haar. Dan zat ze een paar dagen te sippen en
de volgende keer dat ze geld nodig had ging ze liever naar een
ander familielid voor nog een lening dan dat ze zich vernederde door het mij te vragen. Vervolgens bleek opnieuw dat ze
niet in staat was om het terug te betalen en kwam ze weer bij
mij om op te biechten wat ze had gedaan.

'Waarom heb je dan ook niet tegen me gezegd dat je geld
nodig had?' vroeg ik elke keer.

'Ik wilde jou er niet mee belasten,' luidde steevast haar antwoord, alsof zij degene was die alle lasten op haar schouders
nam.

Het was dus belangrijk dat ik wist wat er aan de hand was,

maar dat hield ook in dat ik niet moest klagen als ze me al haar problemen vertelde, en ik kon haar niet de rug toekeren als ze mijn hulp nodig had omdat ik wist dat het mijn plicht als dochter was om haar en mijn vader op alle mogelijke manieren te helpen.

Het duurde niet lang of ik gedroeg me tegenover mijn cliënten als een doorgewinterde professional. Er waren bepaalde dingen die ik niet wilde, zoals anale seks of seks zonder condoom, maar binnen het scala waarin ik me prettig voelde probeerde ik ze waar voor hun geld te geven en ik behandelde ze altijd met de beleefdheid en het respect die ik ook van hen verwachtte. Toen ik begon wist ik niets over verschillende soorten seks, maar ik pikte het allemaal snel op. In theorie wist ik bijvoorbeeld wel wat pijpen was, maar ik had het nog nooit gedaan en wist ook niet precies hoe ik te werk moest gaan. Een van de eerste cliënten die ik echter in een hotel bezocht was naar een pornofilm aan het kijken toen ik binnenkwam (ik had er niet bij stilgestaan dat je zoiets kon doen in een hotelkamer) en de acteurs daarin deden ook aan orale seks, dus ik keek er zorgvuldig naar en zag hoe ze het aanpakten. Het zag er niet prettig uit maar ik dacht dat ik het waarschijnlijk wel kon doen als de mannen maar een condoom om hadden. Meestal was het ook niet zo moeilijk, omdat de cliënten bijna altijd klaarkwamen op het moment dat ik hun penis in mijn mond deed, dus ik hoefde het haast nooit langer dan een paar seconden te doen.

Maar zelfs gedurende dat korte moment waren de smaak en de geur weerzinwekkend. Ik betwijfel of ik de nare rubberlucht van condooms ooit zal vergeten, maar het was altijd nog beter dan het zonder bescherming te doen. Zelfs de schoonste mannen ruiken vies en muf als ze hun onderbroek uitdoen, en ik vond het altijd een hele toer om niet te kokhalzen als ik me over hen heen boog, ik probeerde zo lang mogelijk niet door mijn neus te ademen. Het maakt niet uit welke geur de condoomfabrikanten hebben uitgevonden om de smaak van rubber te camoufleren, het haalt niets uit. Als condooms worden blootgesteld aan wrijving kan niets de stank van warm rubber verbergen, ik kon het nog aan mijn handen of tussen mijn benen ruiken, lang nadat de mannen waren vertrokken en ik me had gedoucht en in bad was geweest. Sommige mannen waren bereid zichzelf voor de seks te wassen, maar de meeste wilden dat voor een prostituee niet doen en ik wist dat het meestal zinloos was om het te vragen, dus nam ik niet de moeite.

Na een paar maanden viel het me op dat het escortbedrijf me minder boekingen gaf, en de boekingen die ik kreeg waren op rare tijden 's nachts, waardoor ik de indruk kreeg dat het mannen waren die alle andere meisjes al hadden afgewezen. In plaats van de leuke hotels waar ik eerder naartoe was geweest, werd ik nu naar rare plekken gestuurd, zoals huizen ergens achteraf, wat om twee of drie uur 's nachts bedreigend en gevaarlijk kon zijn. Op een keer stuurde de bazin van het escortbedrijf me zelfs naar een bouwterrein, waar een man verbleef die een huis voor zichzelf bouwde. Toen ik de moed bij elkaar had geraapt om de bazin te vragen waarom ik niet zo veel geld leek te verdienen als in het begin, haalde ze slechts haar schouders op en zei dat haar vaste klanten altijd weer iets nieuws en anders zochten. Het leek haar niet bijster te interesseren, alsof ik mijn bruikbaarheid voor haar al had overleefd en gewoon een van de vele meisjes was geworden op wie ze een beroep kon doen als het nodig was.

'Maar ik moet echt meer verdienen,' zei ik. 'Zou ik het ergens anders kunnen proberen, waar ik misschien meer cliënten kan krijgen?'

'Veel meisjes werken in flats in de stad,' zei ze. 'Je zou een paar van hen kunnen bellen om te kijken of ze iemand als jij nodig hebben.'

'Hoe kom ik daarachter?' vroeg ik, want ik vond dat het klonk als een mogelijkheid.

'Koop de plaatselijke krant en kijk op de pagina's met "persoonlijke diensten", zei ze. Kennelijk zat ze er niet mee dat ik ook nog voor iemand anders zou werken. 'Soms vragen ze daar personeel.'

Ik ging er meteen op uit om een krant te kopen en ontdekte dat ze gelijk had, er stonden pagina's vol advertenties in, die me nooit waren opgevallen in alle jaren dat ik mijn vader de krant thuis had zien lezen. Ik vroeg me af of het hem ooit was opgevallen en zo ja of hij enig idee had gehad waar de advertenties eigenlijk voor waren. Er leek een grote markt te zijn voor meisjes die bereid waren de dingen te doen waar ik nu ervaring in had. Ik belde een van de nummers en de vrouw die de telefoon opnam vroeg of ik op gesprek wilde komen. Toen ik daar kwam verwachtte ik dat het een ruige buurt zou zijn, net als die waar het escortbedrijf gevestigd was, maar ik was plezierig verrast. Het was een leuke flat in een goede buurt met een vrolijke receptioniste in de hal. De eigenaresse was een volkomen normale vrouw van middelbare leeftijd, die je op straat niet zou opvallen. We praatten een tijdje alsof het gewoon om het huren van een flat ging en ze nam me aan. De eerste stap was het plaatsen van een advertentie in de krant, tussen tientallen soortgelijke advertenties, waarin ik werd beschreven als 'rondborstig Indiaas meisje' en het telefoonnummer van de flat werd gegeven. De receptioniste nam alle telefoontjes aan en deed mijn boekingen; het enige wat ik hoefde te doen was komen opdagen en in de slaapkamer werken op de uren waarvoor ik was geboekt.

Het werken in de flat was minder angstaanjagend dan in mijn eentje naar plekken gaan die kilometers overal vandaan lagen en waar iemand kon staan wachten die zich plotseling vanuit de schaduw op me stortte. Als er iets mis zou zijn gegaan op een van mijn escorts had ik niemand gehad om me te helpen, terwijl ik in de flat de hele tijd de receptioniste in de kamer naast me had, wat de machtsbalans tussen mij en de cliënten volledig veranderde. Nu kwamen ze op mijn territorium en niet andersom, en het viel me op dat velen van hen flink nerveus waren, vooral als ze voor het eerst kwamen. De prijzen daar waren zestig pond voor een half uur, wat gewone seks of pijpen met condoom inhield. Een uur kwam op honderdtwintig pond. Ik moest een derde van dat geld afdragen aan de eigenaresse van de flat en ook de receptioniste elke week betalen. Ik had al snel uitgerekend dat als ik zes cliënten op een dag had van elk een half uur ik in totaal driehonderdzestig pond zou verdienen. Honderdtwintig daarvan ging naar de eigenaresse van de flat en ik gaf de receptioniste vijftig pond, waarna ik honderdnegentig pond overhield. Als de receptioniste meer dan acht cliënten op een dag wist te boeken kreeg ze nog vijf pond extra per cliënt en kon ik de rest houden.

Denkend aan de ervaringen tijdens mijn huwelijk, zorgde ik ervoor dat ik voor de penetratie veel glijmiddel gebruikte, zodat ik niet te veel geïrriteerd raakte en besteedde ik zo veel mogelijk tijd aan voorspel en massages met ter afsluiting snelle seks. Vaak was een cliënt zo opgewonden door het feit dat hij er was, dat hij al klaarkwam voor hij in me was. Het was heel anders dan Ahmed, die uren achtereen aan het stoten was om telkens maar weer te proberen klaar te komen.

In tegenstelling tot de eerste keer met de man in de badjas, wat meer een onenightstand was geweest dan een zakelijke overeenkomst, leerde ik al snel om mijn emoties helemaal uit te schakelen als ik aan het werk was. Ik functioneerde als een robot, kon op de automatische piloot alle juiste bewegingen maken, dacht de hele tijd aan het geld dat ik zonet had gekregen en hoeveel meer ik die dag nog moest verdienen om mijn streefdoel te bereiken. De cliënten merkten het verschil nooit, ze waren gewoon blij om er te zijn en een orgasme te krijgen. Als ik naar hen glimlachte en hen met hetzelfde respect behandelde als ik wilde dat ze mij ook betoonden, leken ze meestal ongelooflijk dankbaar.

Het hele gebeuren dreef op de zoektocht van de klanten naar iets nieuws. De vrouw bij het escortbedrijf had gelijk gehad. Ik ontdekte dat mannen constant nieuwe meisjes wilden om hun fantasieën aan te wakkeren. Ze kwamen een paar keer en dan hadden ze er genoeg van en gingen ze op zoek naar iets nieuws en anders, en misschien extremers. Binnen een paar weken was ik erachter dat ik in verschillende flats tegelijk moest werken om ervoor te zorgen dat er steeds weer nieuwe klanten binnenkwamen. Als ik net bij een onderneming werkte was er altijd veel belangstelling, die vervolgens na een paar maanden verminderde als de klanten op zoek gingen naar een nieuwe kick, waardoor ik op elk adres maar een paar vaste klanten overhield.

Hoeveel cliënten ik ook ontmoette, het bleef me in de grond van de zaak verbazen wat de meesten eraan vonden om naar mij toe te komen, behalve dan die paar seconden van verlichting. Sommigen van hen zaten op kantoor en wipten er tijdens de lunchpauze even tussen uit voor een vluggertje. Ze zeiden tegen me dat ze zich de hele ochtend al erg geil hadden gevoeld, dat ze wisten dat ze er iets aan moesten doen en daarom hadden besloten naar mij toe te komen. Het waren meestal gewone mannen, die een gewoon salaris verdienden, en ik begreep niet hoe ze het voor zichzelf konden rechtvaardigen om zestig pond uit te geven voor een half uur met mij, vooral niet omdat de verlichting die ze kregen waarschijnlijk maar een paar uur zou aanhouden voor ze het weer wilden. De meesten van hen gaven openlijk toe dat ze een vrouw of een vriendin hadden, dus waarom gingen ze niet met haar naar bed? En op een dag kwam er een man naar binnen gerend die zei dat het snel moest omdat hij naar het vliegveld moest om een vlucht te halen.

'Trek me maar af,' zei hij. 'Ik heb geen tijd voor iets anders.'

Dus gaf ik hem wat hij vroeg en hij rende meteen daarna weer weg, zonder zelfs maar zijn kleren uitgedaan te hebben.

Zou het niet gemakkelijker voor hem zijn geweest om ergens een toilet in te duiken en het zelf te doen? Een andere man had een vergadering in een kamer op het vliegveld. De vergadering was afgelopen maar de kamer was voor nog een paar uur geboekt, dus belde hij het escortbedrijf en vroeg een meisje te sturen om gebruik te maken van de kamer. Toen ik arriveerde, wilde hij het op de tafel doen waar hij een uur eerder met zijn collega's omheen had gezeten, om over god weet wat te discussiëren. Het was allemaal in een vloek en een zucht voorbij en ik kon me niet voorstellen waarom hij dit nou zo spannend vond.

Soms kwamen er mensen naar me toe die maanden op zee hadden gewerkt en een beurt wilden vóór ze naar huis naar hun partner toe gingen. Ze hadden maar een paar uur hoeven te wachten en dan hadden ze het gratis gekregen, dan hadden ze het geld aan een leuk cadeautje voor hun partner kunnen besteden of die een romantisch avondje mee uit kunnen nemen, wat hun vast veel meer waar voor hun geld zou hebben gegeven dan wat ze in dat half uur met mij kregen. Ze waren bereid het risico te nemen iets op te lopen of te worden afgezet, allemaal voor een paar minuten plezier met een vreemde.

Het hele gebeuren was één groot mysterie voor me, maar ik verdiende er ook mijn geld mee, dus besteedde ik er geen tijd aan om ze hun dwalingen te laten inzien. Ik was daar om hun te geven waar ze om vroegen. Als ik eerlijk met hen had gesproken zouden ze gewoon naar de concurrentie zijn gegaan; alleen omdat ik het hun vroeg zouden ze hun gewoontes echt niet hebben veranderd of de fantasieën die ze in hun hoofd hadden hebben bijgesteld.

Een aantal van mijn cliënten werden vaste klanten, wat in zekere zin leuk was, maar ook een potentieel probleem als ze te veel aan me gehecht raakten en wilden dat we vrienden of minnaars waren in plaats van betalende klanten. De standaardversiertrucs waarmee ze op de proppen kwamen waren zo voorspelbaar dat het soms moeilijk was om net te doen alsof ik ernaar luisterde. De eerste paar keren dat cliënten tegen me zeiden dat ik mooi was, voelde ik me gevleid, maar na een tijdje geloofde ik ze niet meer. Ik realiseerde me dat niemand me ooit had verteld dat ik mooi was, dus waarom zouden zij dat nu dan doen? Ze deden het alleen omdat ze wilden dat ik deel uitmaakte van hun fantasieën. Ik was in hun ogen alleen mooi omdat ze me nodig hadden om zichzelf een goed gevoel te geven over wat ze deden. De complimenten werden betekenisloos.

'Als ik genoeg geld had zou je hieruit halen,' was een andere opmerking die ik vaak hoorde. Ze hadden waarschijnlijk allemaal naar *Pretty Woman* gekeken en zagen zichzelf als de held. Ze leken allemaal evenveel op Richard Gere als ik op Julia Roberts. Er waren genoeg andere vrouwen, meestal in hun eigen huis, met wie ze uit hadden kunnen gaan als ze dat hadden gewild. Ze wilden me hier echt niet uit halen, want dan zou hun fantasie voorbij zijn en zou ik net zo zijn als de vrouw of partner die ze bedrogen. Omdat ik me dat realiseerde nam ik hun beloften nooit serieus, ik wist dat ze die meenden tot ze de deur weer uit gingen, hun dagelijks leven in.

In mijn zoektocht naar andere manieren om mijn pas ontdekte vaardigheden te verkopen, werkte ik ook een tijdje in een sauna waar meer meisjes werkten. De sauna was gevestigd in een huis met een receptie beneden en slaapkamers met verschillende thema's boven. De kamers hadden een jacuzzi en er waren altijd tussen de vijf en tien meisjes tegelijk aan het werk. Ik voelde me een beetje een buitenstaander in de uren dat ik geen cliënten had en we samen zaten te kletsen. Ze leken allemaal al jaren in het leven te zitten, wisten alles over elkaar en de plaatselijke pooiers, hun gesprekken waren vol verwijzingen naar mensen die ik niet kende. Vaak leken ze uit families te komen waar de moeder, tantes en zussen in dezelfde tak van sport werkten. Meestal waren ze lawaaierig, ordinair en krengerig, en omdat ik het moeilijk vond om mee te doen met hun geplaag was ik het grootste deel van de tijd op mezelf.

Niet alle meisjes in het leven waren natuurlijk zo, en ik voelde me altijd prettiger in het gezelschap van meisjes die de prostitutie net als ik als middel tot een doel zagen in plaats van als normale manier van leven. Ik denk dat de meesten van hen zichzelf voor de gek hielden als ze zeiden dat ze het maar een paar jaar gingen doen en iedereen die het wilde horen verzekerden dat ze het deden tot ze genoeg geld hadden verdiend om een huis te kopen of een bedrijfje te beginnen in de buitenwereld, maar zij hadden tenminste de hoop dat ze een beter leven zouden krijgen. De meeste meisjes met wie ik in de sauna werkte, leefden van dag tot dag en gaven het grootste deel van hun geld weg aan hun pooiers. Ik wilde geen deel uitmaken van hun wereldje, ik wilde gewoon genoeg geld verdienen om de rekeningen te betalen en door te kunnen gaan met mijn normale leven.

Er hing een bewakingscamera op de deur van de sauna, zodat we altijd konden zien wie er aanbelde voor we hem binnenlieten. Ik had er een paar weken gewerkt toen de bel ging. Zoals gewoonlijk keek ik naar de monitor en zag een van de beste vrienden van mijn broer nerveus staan wachten om binnengelaten te worden. Net als toen ik openlijk met Aman door de stad had gewandeld had het feit dat er tot dusverre niets verkeerd was gegaan me een misplaatst gevoel van veiligheid gegeven. Als een van de andere meisjes hem zonder dat ik het wist had binnengelaten, en hij me daar had gezien, had hij het waarschijnlijk doorgegeven aan Ali, en had ik ofwel de rest van mijn leven op de vlucht moeten gaan of het risico moeten lopen dat ik dood werd geslagen en een van de vele anonieme dossiers van vermiste personen was geworden. Toen ik zijn gezicht op de monitor zag, rende ik de keuken in om me te verstoppen en ik liet de andere meisjes naar hem toe gaan. Zodra hij naar boven was verdwenen, verliet ik het gebouw, mijn hart bonsde nog steeds.

Die nacht lag ik wakker en dacht ik eraan wat er had kunnen gebeuren. In die tijd wist ik niets anders te bedenken om genoeg geld te verdienen voor alles wat ik nodig had, en ik kon ook niet overwegen te stoppen met werken. Ik denk dat ik in zekere zin even verslaafd was geraakt aan geld als Ali aan de drugs, Asif aan uitgaan en mijn moeder aan geld sturen naar de mensen uit haar vroegere leven. Ik realiseerde me dat ik, als ik door wilde gaan, een radicale verandering moest aanbrengen in de manier waarop ik werkte, want anders werd ik vroeg of laat betrapt, net als indertijd met Aman. De volgende dag pakte ik mijn biezen en reisde ik naar een nieuwe stad aan de andere kant van het land, waarvan een paar andere meisjes me hadden verteld dat het werk er voor het oprapen lag. Ik zei tegen mijn familie dat ik van mijn baas aan nieuwe projecten moest werken die hij over het hele land opzette. Geen van allen toonden ze ook maar enige interesse in mijn carrière, ze stelden me nooit vragen, dus was het niet zo moeilijk om hen voor te liegen.

In de jaren daarna vond ik werk in een aantal verschillende steden. Het eerste waar ik achter kwam, was het grote verschil in prijzen dat meisjes in verschillende plaatsen konden vragen. In armere regio's verleende meisjes diensten voor maar twintig pond. In een andere stad ontdekte ik een sauna waar ze juist veel hogere prijzen rekenden en waar de meisjes voor twintig pond mochten overnachten, wat betekende dat ik geen flat of hotel hoefde te betalen en beschikbaar was om te werken als ik er zin in had. Toen ik er voor mijn eerste gesprek heen ging, vertelden ze me dat het mogelijk was om tussen de duizend en tweeduizend pond per week te verdienen. Dat klonk geweldig en ik stemde er meteen mee in voor hen te gaan werken. Ik dacht dat ik als ik daar harder werkte alle schulden van de familie binnen een paar jaar zou kunnen aflossen en dan uit het leven kon stappen.

Toen ik voor de eerste keer naar het plaatselijke vliegveld

reisde, stuurden ze van de sauna een auto om me op te komen halen, wat me nog optimistischer stemde en me zelfs het gevoel gaf dat ik belangrijk was omdat ik rechtstreeks naar het stadscentrum werd gebracht. Daar stonden toen ik arriveerde tussen de tien en vijftien uiterst aantrekkelijke, slanke meisjes op cliënten te wachten. Het was allemaal opgezet als een soort imitatie van het beroemde Playboy-huis in Amerika en zag er heel luxueus en duur uit. De cliënten kwamen de lounge binnenwandelen, waar de meisjes, die bijna niets aanhadden, meestal alleen ondergoed en pumps, allemaal als modellen zaten te wachten. De klanten kozen vervolgens een meisje uit en namen haar mee naar boven. Ik voelde me niet prettig bij het idee om daar in mijn ondergoed te zitten.

'Mag ik een jurk aan?' vroeg ik de manager.

'Best,' zei hij schouderophalend, 'maar hoe bloter je kleding, hoe meer klanten je trekt.'

Hij had gelijk. Terwijl de klanten heen en weer liepen, werd ik bijna nooit uitgekozen en uiteindelijk verdiende ik de hele week ongeveer honderdvijftig pond, wat niet eens de kosten van mijn vlucht dekte. Ik kon zien dat de andere meisjes het goed deden en de ene klant na de andere trokken, en mijn zelfvertrouwen daalde steeds verder als er weer een klant langs me heen liep, zijn blik gericht op een schaars gekleed lichaampje. Ik voelde me weer onaantrekkelijk, net zoals mijn moeder altijd had gezegd dat ik was toen ik jong was. Een schuldgevoel hebben over wat ik deed was al erg genoeg, zonder dat ik me ook nog afgewezen en lelijk voelde.

Sommige ander meisjes waren ook bereid tot 'specialiteiten', wat betekende dat ze het zonder condoom of anaal deden, en dat wilde ik nog steeds niet, wat mijn mogelijkheden om geld te verdienen eveneens beperkte. Ik was verbaasd over de risico's die de andere meisjes bereid waren te nemen. Ze waren allemaal aantrekkelijk genoeg om zonder extra's mannen te trekken, en ik begreep niet waarom ze zichzelf voor een paar pond extra zo in gevaar wilden brengen. Ze zaten kennelijk nog wanhopiger om geld verlegen dan ik. Ik weet dat een paar van hen aan de drugs waren en door mijn broer was me uit ervaring bekend hoeveel dat kon kosten.

'Doe je orale seks dan niet "zonder"?' vroeg een van de meisjes me op een dag verbaasd, waarschijnlijk uit medelijden omdat ik niet zo veel klanten kreeg als zij.

'Dat zou ik niet kunnen,' gaf ik toe.

'Zo erg is het niet,' zei ze, alsof ze me probeerde over te halen in een koud zwembad te springen. 'Je spoelt je mond daarna gewoon met mondwater.'

'Nee,' zei ik. 'Ik ben echt ten einde raad, maar dat zou ik niet kunnen.'

Er was in die gelegenheid nog een Indiaas meisje en hoewel ik denk dat ik een knapper gezicht had, had zij een perfect maat-achtendertig-figuurtje en ze paradeerde de hele tijd in haar ondergoed rond, waardoor ze meer in trek was. De cliënten die ik kreeg zeiden echter allemaal dat ze het prettig vonden dat ik een voller postuur had, dus wist ik dat er een markt voor me was als ik maar op de juiste plek was. Ik besloot weer in flats te gaan werken, maar dan in deze nieuwe stad. Ik kocht een plaatselijke krant en belde een vrouw op die om meisjes vroeg. Aan de telefoon klonk ze heel plezierig dus ging ik naar haar toe voor een gesprek. Ze was erg bemoedigend en enthousiast toen we elkaar ontmoetten en verzekerde me dat ik het heel goed zou doen bij haar cliënten, wat mijn zelfvertrouwen meteen vergrootte en ik verliet de sauna diezelfde dag nog om mijn intrek in de flat te nemen. Ze stond het me zelfs toe om er gratis te logeren als ik haar maar twintig pond per cliënt betaalde, plus vijftig pond per dag voor de werkster.

Omdat ik me realiseerde dat ik, ook al was ik niet bereid tot 'specialiteiten', extra's moest bieden, kocht ik een paar seksspeeltjes waar ik de cliënten meer voor kon laten betalen en ik sloeg pornofilms in waar we samen naar konden kijken. Cliënten hadden zo hun voorkeuren. 'Heb je een film met zwarte meisjes?' vroeg er een. Of: 'Heb je een film met Aziatische meisjes?' Ik had er altijd een stuk of tien in de flat waaruit ze konden kiezen.

De eerste keer dat ik naar een seksshop ging, schaamde ik me vreselijk, maar de vrouw achter de toonbank was zo behulpzaam en overal zo nuchter over dat ik mijn remmingen algauw kwijt was en het domweg niet anders was dan voorraden inslaan. Eén shop leerde ik zo goed kennen dat ik gewoon kon opbellen en dan bracht de man een aantal video's per keer om uit te proberen; hij vroeg me dertig pond voor zes video's.

De vrouw van de flat had gelijk gehad, binnen een paar dagen had ik zeker tien klanten per dag. Sommigen wilden gedomineerd worden en ik zat er niet mee om dat te doen, het hielp me zelfs om een deel van mijn frustraties te ventileren. Maar er waren ook cliënten die wilden dat ik hen echt pijn deed en dat vond ik niet prettig. Permissie krijgen om een klein beetje wraak te nemen voor alle dingen die mannen me tijdens mijn leven hadden aangedaan was geweldig, vooral omdat ik twee keer zo veel kon rekenen zonder seks met ze te hoeven hebben, omdat ze zich meestal zelf wilden bevredigen als ik ermee klaar was om ze vast te binden of te slaan. Er was zelfs een man die wilde dat ik hete was over zijn genitaliën goot, waartoe ik volkomen bereid was, hoewel ik persoonlijk niet kon inzien wat daar nou prettig aan moest zijn. Er was een week bij waarin ik in maar vier dagen zesduizend pond verdiende. Het leek of ik een gat in de markt had gevonden en ik begon te denken dat het eindelijk de goede kant op ging.

Nu mijn zelfvertrouwen groeide, besloot ik het zonder tussenpersoon te gaan doen en zelf een flat te huren, zodat ik het geld dat ik verdiende niet met anderen hoefde te delen. Weer had ik uitgerekend dat ik, als ik nog een jaar of twee zo hard werkte als ik kon, in staat moest zijn om genoeg geld te verdienen om de schuldeisers voor eens en altijd af te betalen. Een van mijn cliënten, met wie ik heel vriendschappelijk omging, hielp me met het zoeken naar een geschikte flat en met het plaatsen van mijn eigen advertenties in de plaatselijke kranten. Ik kocht een antwoordapparaat, zodat ik zelfs geen receptioniste nodig had. Nu was ik eigen baas en dat gaf me een goed gevoel, hoewel ik het gezelschap miste van iemand die samen in de flat met me werkte, om tussen twee cliënten door mee te kletsen, aan wie ik alles kwijt kon, met wie ik af en toe kon lachen. Veel receptionistes met wie ik had gewerkt hadden heel wat ervaring in het wereldje en ik had veel van ze geleerd, zoals de eerste keer toen iemand opbelde en vroeg of ik aan 'watersport' deed.

Ik had geen idee waar de man het over had, maar de receptioniste wist exact waar hij om vroeg.

'Hij wil dat je op hem plast,' zei ze alsof het de normaalste zaak van de wereld was.

'Dat meen je niet.' Ik had er moeite mee het tot me door te laten dringen. Het was nooit bij me opgekomen dat iemand dat zou willen. Het klonk eerder als een kwelling dan als iets opwindends.

'Hij betaalt het gangbare tarief,' zei ze. 'Let er alleen op dat je er even aan denkt voor hij komt, zodat je een paar glazen water kunt drinken.'

Ik ontdekte al snel dat verrassend veel mensen dat soort dingen leuk vinden, sommigen zelfs dat er op hen wordt gepoept, en voor het privilege willen betalen.

Er zaten voordelen aan alleen zijn, in elk geval voor een deel van de dag. Hoewel ik niet het gezelschap van de receptioniste had, kon ik als ik 's ochtends wakker werd en me moe voelde en niet wilde werken gewoon de berichten op het antwoordapparaat negeren en weer naar bed gaan. De telefoon ging constant over als ik hem op de haak liet liggen, maar ik had ontdekt dat als potentiële klanten zich aangetrokken voelden tot mijn advertentie ze altijd terugbelden als ze me de eerste keer niet te pakken kregen. Veel telefoontjes waren sowieso zonde van je tijd, de meeste mannen wilden zich alleen maar aftrekken als ze met me praatten. Er waren ochtenden bij dat het me simpelweg te veel inspanning kostte om mezelf op te peppen om het gezicht op te zetten en het spelletje te spelen dat de klanten van me verwachtten.

Wat me in actie bracht was vaak een telefoontje van mijn moeder, die me trakteerde op een nieuw griezelverhaal van thuis waarvoor extra geld nodig was om het op te lossen. Ali had een nieuwe drugsschuld opgelopen of Asif had geld nodig om van te leven of een van hen tweeën moest een boete betalen of in Lahore was iemand overleden of zij of mijn vader had een of andere dure medische behandeling nodig. Aan het eind van het telefoontje voelde ik me niet minder gedeprimeerd bij de gedachte dat ik mijn lichaam weer moest verkopen, maar had ik tenminste een doel, een hoeveelheid geld die ik aan het eind van de dag verdiend moest hebben, en als ik me daarop concentreerde kwam ik wel door de volgende tien of twaalf uur heen. Nu ik zo goed verdiende wilde ik proberen wat geld te sparen en het niet allemaal op laten gaan aan de schulden van mijn moeder, dus nam ik een hypotheek en kocht een klein huisje voor mezelf niet ver van de plek waar ik met Karen had gewoond. Iedereen die ik sprak zei dat investeren in 'bakstenen' verstandig was, maar niemand van die mensen realiseerde zich hoeveel andere kosten ik al had door mijn familie. Door een hypotheek te nemen had ik nu nog een schuld waardoor ik werd gedwongen elk uur dat ik kon te werken. In het begin was ik echter zo opgewonden dat ik mijn eigen huis had en genoeg verdiende om het te kunnen betalen, dat ik er niet over nadacht hoe ik ooit uit het leven zou moeten stappen nu ik niet alleen mijn eigen rente moest zien af te lossen, maar ook die van mijn moeder.

Als ik me 's ochtends klaarmaakte voor mijn werk, praatte ik de hele tijd tegen mezelf en sprak mezelf moed in terwijl ik de dagelijkse routine afwerkte van douchen en lotions, parfum en make-up opdoen, mijn haar opstak, me in minieme pakjes hees en pumps aandeed. Als iemand me had gehoord, had hij vast gedacht dat hij met een gekkin te maken had.

Of ik mijn streefdoel nu had bereikt of niet, aan het eind van de dag stond ik weer onder de douche en probeerde ik de geuren van de dag weg te spoelen voordat ik naar huis belde om met mijn vriendinnen en familie te praten alsof ik een gewone dag in een normale cateringbaan achter de rug had, niet in staat hen ook maar iets te vertellen over hoe ik me voelde, niet in staat de last met iemand te delen. Ik had mijn weg gekozen en ik wist dat ik die alleen moest gaan, wat er ook gebeurde.

's Avonds ging ik meestal op de hoek een broodje of een blik bonen kopen en de rest van de avond zat ik naar de televisie te staren, ik zapte langs de zenders en probeerde mezelf af te leiden van wat ik de hele dag had gedaan, probeerde aan andere dingen te denken.

Hoewel ik in de jaren dat ik in die stad werkte een paar klanten had die er sinister uitzagen, waren ze in de minderheid. De meeste mannen waren heel aardig en beleefd en niet al te onplezierig om naar te kijken of aan te raken. Nog steeds vertelde ik niemand dat ik uit Pakistan kwam, ik beschreef mezelf altijd als Indiaas. Ik verkeerde constant in angst dat andere Pakistani's mijn advertenties zouden zien, want als ze dachten dat ik een moslima was konden ze langskomen en mijn broers taak van hen overnemen, dan konden ze me slaan of doden als straf voor het feit dat ik hun religie te schande had gemaakt en de spot had gedreven met hun overtuigingen. Voor elke vrome moslimman had ik me verlaagd tot het laagste van het laagste.

Het was een van mijn buren kennelijk opgevallen hoeveel auto's er op het gravel privéparkeerterrein om de flats heen parkeerden, hij zag elk half uur allerlei mannen komen en gaan. Ik had me niet gerealiseerd dat er iets aan de hand was tot een van mijn cliënten me ongeveer twee uur nadat hij de flat had verlaten opbelde.

'De politie houdt je woning in de gaten,' zei hij tegen me.

'Hoe weet je dat?' vroeg ik en er ging een vreselijke angst door me heen bij de gedachte ontmaskerd te worden.

'Ze hielden me aan toen ik naar buiten kwam. Ze zitten buiten in een auto. Ze hebben me allerlei vragen gesteld. Iemand heeft geklaagd dat je een bordeel drijft. Ze wilden weten wat ik binnen had gedaan.'

'Wat heb je ze verteld?'

'Gewoon dat ik wilde wippen en toen vroegen ze me hoeveel ik had betaald en noteerden ze mijn nummerplaat en dat was het. Ik denk dat ze nog wel bij je langskomen.'

En twintig minuten later werd er inderdaad aangebeld en toen ik opendeed, zag ik een mannelijke en een vrouwelijke politieagent op de stoep staan. Ze stelden zich voor.

'We hebben een klacht gehad dat er in deze flat een bordeel wordt gedreven,' zei de vrouw.

Ik ontkende niets; het leek niet veel zin te hebben als ze al met een van mijn klanten hadden gesproken, dus vroeg ik hen binnen.

'Werk je hier alleen?' vroeg ze en ze keek nieuwsgierig rond.

'Ja, dit is mijn flat,' zei ik. 'Ik werk en woon hier alleen.'

Ze waren heel vriendelijk en leken totaal geen bezwaren te hebben tegen wat ik deed.

'Om eerlijk te zijn,' zei de politieagente toen ik al haar vragen had beantwoord, 'we begrijpen dat je gewoon probeert de kost te verdienen en we hebben liever dat je hier werkt, waar het redelijk veilig is, dan op straat. Het zou alleen een bordeel zijn als er meerdere mensen zouden werken. Je doet hier niets illegaals.'

'Maar de klacht dan?' vroeg ik.

'De klacht ging over een bordeel,' zei de agent. 'En ik zie hier geen bordeel, dus je zit goed.'

'Als je ooit problemen hebt met cliënten,' voegde de politie-agente eraan toe, terwijl ze me een kaartje met een telefoon-nummer gaf, 'dan moet je ons bellen, we komen je graag hel-pen.'

Kennelijk had ik nu politiebescherming, maar op de een of andere manier gaf het me geen beter gevoel over mezelf of over de dingen die ik deed. De enige compensatie voor mijn slechte geweten was het geld dat ik voor de familie verdiende.

16
Relaties

Ik had drie regelmatige klanten, die elke week terug begonnen te komen. De ene was een aardige vent van in de twintig met een jong gezin; de andere was begin vijftig en gedroeg zich een beetje als mijn vader. Hij was ook degene die me had geholpen de flat te huren en voor mezelf te beginnen. Hij begon één keer per week te komen, vervolgens twee keer, en daarna bracht hij een fles Archers voor me mee en een fles wodka voor zichzelf en zaten we te drinken en te kletsen, soms zelfs zonder dat we seks hadden. Hij was ook getrouwd en had ook kinderen, net als veel van mijn klanten. Daarna begon hij op vrijdagavonden afhaalmaaltijden mee te nemen die we samen deelden, en ik merkte dat ik naar zijn bezoekjes uit begon te kijken. Zelfs als hij voor seks kwam, belde hij me van tevoren altijd op om te kijken of hij iets voor me mee moest brengen en als hij dat deed mocht ik het hem nooit terugbetalen. Vaak maakte hij attente gebaren. Als hij bijvoorbeeld merkte dat ik bijna door mijn parfum heen was en ik was op dat moment verslaafd aan Allure, dan gaf hij me een nieuwe fles cadeau. Of als hij had gemerkt dat zijn vrouw iets voor zichzelf kocht, zoals een nieuwe bodyscrub, dan kocht hij dat ook voor mij.

Pete, mijn derde vaste klant, was wat jonger, waarschijnlijk nog in de veertig, nogal klein, met flink wat persoonlijkheid en een lekkere babbel. Ik vond hem meteen aardig. De eerste week dat hij een afspraak had, bleef hij slechts een half uur, maar de week daarna belde hij opnieuw.

'Heb je het vandaag druk?' vroeg hij.

'Ik ben bang van wel,' antwoordde ik.

Hij probeerde het de volgende dag opnieuw en boekte voor een uur. Hij was een en al complimenten toen hij kwam en vertelde me dat hij me zou aanraden aan een van zijn vrienden, wat ik aardig van hem vond. Aanbevelingen waren altijd de beste manier om aan nieuwe klanten te komen. Ik probeerde altijd beleefd te zijn tegen alle mannen die me kwamen bezoeken omdat ik wist dat de meeste meisjes niet de moeite namen. Ik huldigde de theorie dat ze me met meer respect zouden behandelen als ik hen ook zo behandelde.

'Wat zou je ervan vinden als ik je meenam om boodschappen te gaan doen?' stelde hij op een keer voor toen hij zag hoe weinig eten ik in huis had. Ik ging graag op het aanbod in en daarna gingen we elke week shoppen: hij haalde me op met de auto, bracht me naar een supermarkt en betaalde voor alles waar ik zin in had. Soms stelde hij nieuwe dingen voor die ik moest proberen, en gooide ze in mijn karretje als we samen als een heel gewoon stelletje langs de schappen liepen.

Algauw bood hij aan mijn vluchten van en naar huis te betalen. En als ik een weekend bleef en niet naar huis ging, haalde hij me op en nam me een dagje mee uit om door de omgeving te toeren. Het begon erop te lijken alsof we een relatie hadden, maar hij betaalde altijd bereidwillig voor mijn tijd. Toen de kersttijd aanbrak ging hij uitgebreid met me shoppen en gaf duizenden ponden uit aan kleren, schoenen en make-up.

'Het is fijn om een lach op je gezicht te zien,' zei hij als ik hem probeerde te bedanken voor zijn gulheid. Hij leek het me echt naar de zin te willen maken en het was fijn om voor de verandering zo veel aandacht van een man te krijgen. Het was een heel andere wereld dan gaan winkelen in Lahore en vervolgens een kruisverhoor door Ahmed te moeten ondergaan over elke roepie die ik had uitgegeven.

De dagjes uit met Pete begonnen uit te lopen in avondmaal-tijden en daarna wilde hij 's nachts blijven slapen. Dat vond ik in het begin prettig omdat ik echt genoot van zijn gezelschap en omdat hij bereid was voor mijn tijd te betalen, tot hij een beetje bezitterig begon te worden. Hij wilde niet dat ik andere klanten had en hij begon onaangekondigd te verschijnen als ik aan het werk was. Dan bonsde hij op de deur en schreeuwde dat hij me wilde zien, wat het allemaal erg moeilijk maakte. Of hij stond om twee uur 's nachts op de deur te bonzen waardoor hij me wekte en dan wilde hij per se binnenkomen. Soms als ik een klant had bleef hij buiten wachten tot hij de man zag ver-trekken, en daarna stormde hij naar binnen en stond erop om me voor de rest van de dag te boeken.

'Ik wil niet dat je met andere mannen omgaat,' zei hij tegen me. 'Ik wil je voor mezelf.'

'Maar ik moet werken,' legde ik uit. 'Ik heb het geld nodig.'

'Waarom heb je zo veel nodig?' vroeg hij.

'Mijn ouders zijn geld schuldig aan woekeraars,' legde ik uit. 'En de schuld is opgelopen tot meer dan honderdduizend pond.'

'Honderdduizend?' Hij schrok zichtbaar. 'Hoe heeft dat kunnen gebeuren?'

'Ik betaal hem zo veel terug als ik maar kan,' zei ik. 'Maar ik kan het nooit allemaal betalen en de rente neemt elke week toe.'

Toen ik het hardop had gezegd, realiseerde ik me hoe ernstig de situatie was geworden. Het grootste deel van de tijd dacht ik alleen aan het bedrag dat we die week of die dag schuldig wa-ren, het totale bedrag was te kolossaal om zelfs maar over na te denken. Het was hetzelfde onvermogen om het totaalplaatje te zien als waardoor mijn moeder in de schulden was geraakt. Ik denk dat Pete zich in het begin zorgen maakte dat ik het hele verhaal misschien verzon om meer geld van hem te krijgen, maar in de loop van de weken leerde hij me steeds beter kennen; hij stelde me meer vragen en ik wist dat hij me begon te geloven.

Toen hij vertrouwen in me stelde, vertelde hij me meer over zichzelf. Hij bezat een enorme garageketen en was duidelijk heel rijk. Hij was getrouwd en had drie kinderen, die allemaal naar privéscholen gingen. Hij verdacht zijn vrouw ervan dat ze vreemdging en zo rechtvaardigde hij ook dat hij mij ontmoette, als wraak. Hij nam me soms zelfs mee naar hun huis voor seks. Het was de grootste villa waar ik ooit was geweest, met een enorme imposante trap, een marmeren hal en een oprijlaan vol dure auto's. Hij was altijd erg aardig voor me, maar zijn bezitterigheid begon me steeds meer zorgen te baren. Ik kon me niet voorstellen hoe onze relatie een happy end kon hebben, tenzij hij ophield zo bezitterig te zijn en me mijn eigen leven liet leiden.

Pete zat bij me in de auto toen ik op een dag een paniekerig telefoontje van mijn moeder kreeg. Ze schreeuwde hysterisch en was duidelijk heel bang. Pete, die reed, kon veel van wat ze zei horen, maar hij verstond er geen woord van en liet het door mij vertalen. Mijn moeder was zo over haar toeren dat ze niet eens doorhad dat ik haar verhaal aan een derde doorgaf. Ze vertelde me dat de woekeraars langs waren geweest toen ze alleen was, en haar de stuipen op het lijf hadden gejaagd door ermee te dreigen het huis in brand te steken.

'Je zult ze af moeten betalen,' zei hij toen het me gelukt was haar voldoende gerust te stellen om op te kunnen hangen. 'Ze zullen niet opgeven tot je dat doet.'

'Dat weet ik,' zei ik. 'Maar zelfs al zou ik alles wat ik bezit verkopen dan zou het nog bij lange na niet voldoende zijn om de schuld in één keer af te lossen en als ik dat niet doe groeit de rente weer aan. Het is net een reusachtig zwart gat, dat alleen maar groter en groter wordt.'

'Ik geef je het geld,' zei hij. 'Geef me je bankgegevens, dan maak ik het morgen aan je over.'

Ik denk niet dat ik had gedacht dat het mogelijk was dat iemand zoiets voor me zou doen. Het roerde me erg maar gaf me ook een ongemakkelijk gevoel. Ik kreeg er immers al de zenuwen van dat hij zo vasthoudend en bezitterig tegenover me was, maar ik wist dat ik geen andere keus had dan het aanbod te accepteren, wat inhield dat ik hem al mijn persoonlijke gegevens moest geven. Een paar dagen later stond het geld op mijn rekening en de volgende keer dat ik naar huis ging kon ik de schuld voor eens en altijd aflossen. Ik zag dat de woekeraars geschokt waren dat ik in één keer aan zo veel geld had weten te komen. Ze waren zichtbaar achterdochtig, dachten zeker dat ik hun op de een of andere manier probeerde op te lichten, maar nadat ze zich ervan hadden overtuigd dat het geld echt was, vertrokken ze met een tevreden gezicht. Ik vertelde mijn vader en moeder dat ik had geïnvesteerd in onroerend goed, op dat moment een gouden business, en dat ik een flat had verkocht. Op die manier, vertelde ik hun, had ik aan zo veel contant geld kunnen komen.

Zelfs al was de schuld nu afbetaald, ik moest nog steeds de lopende kosten van de familie en mijn eigen kosten betalen, maar een tijd lang voelde het alsof er een enorme last van mijn schouders was gevallen. Mijn moeder leek niet erg onder de indruk. Ik weet niet of ze zich ooit realiseerde hoe groot de schuld was geworden. Ik kon zien dat mijn vader opgelucht en dankbaar was, hoewel hij niet veel zei. Ik denk dat hij zich schaamde dat een van zijn kinderen hem eruit had moeten redden.

Het was me gelukt om, op de dagen dat ik thuis was en uitrustte, met een man die ik in de stad waar mijn ouders woonden had ontmoet en die niets wist van mijn werk, een normale relatie te beginnen – alhoewel ik betwijfel of een relatie wel normaal kan zijn als alles wat je die ander over jezelf en je carrière vertelt noodgedwongen een leugen is. Ik had Zahoor in een nachtclub ontmoet. Hoewel hij zichzelf als een goed religieus man beschouwde, was hij niet zo streng dat hij geen meisjes oppikte en met hen naar huis ging. Hij was begonnen als een van mijn onenightstands maar daarna hadden we contact gehouden. Hij was geweldig om te zien en deed me in veel opzichten aan Aman denken. Hij rook hetzelfde en had dezelfde zachte manier van zoenen en me bevredigen. Vriendinnen zeiden tegen me dat ze konden zien dat hij me echt aardig vond en ik had het gevoel dat ik misschien weer verliefd werd. Ik kon me niet voorstellen dat ik terwijl ik in het leven zat een echte relatie met een man kon hebben, maar Zahoor was behoorlijk vasthoudend en bleef in de weekenden in zijn beste pak met een bos bloemen in zijn hand aan de deur verschijnen. Het was moeilijk om zijn toegewijde hofmakerij te weerstaan, ook al had hij niet het geld om me op dezelfde manier in de watten te leggen als mijn vaste klanten. Ik probeerde alle negatieve kanten te negeren, omdat ik het nog steeds een prettig idee vond dat ik een echte relatie had en een man die voor me zorgde, in plaats van zelf voor alle anderen te moeten zorgen. Bovendien wilde ik aan Aman en mijn familie laten zien dat ik een man kon vinden die van me hield en voor me wilde zorgen. Want ik mocht het heerlijk vinden om in veel opzichten onafhankelijk te zijn, ik was me ervan bewust dat in de gemeenschap waar ik uit kwam een vrouw alleen iemand was om medelijden mee te hebben en dat vond ik geen prettige gedachte.

Toen we elkaar voor het eerst ontmoetten, had Zahoor een baan in een fabriek. Hij verdiende net voldoende om te kunnen trouwen en een gezin te onderhouden, maar hij had me niet kunnen helpen met alle uitgaven die ik had met betrekking tot mijn ouders. Daarna sloot de fabriek waar hij werkte en zat hij zonder werk. De dingen veranderden. Ik weet niet hoe hard hij zijn best deed om een andere baan te krijgen, maar de maanden verstreken en het was duidelijk dat het hem niet lukte, en het duurde niet lang of het enige geld dat binnenkwam was dat van mij plus het weinige wat hij als uitkering kreeg.

Net als de rest van mijn familie had hij er geen moeite mee dat ik vier of vijf dagen per week naar een andere stad verdween, als ik in de weekenden maar met allemaal cadeautjes thuiskwam. Ik vertelde iedereen nog steeds dat ik in de catering en het bedrijfsamusement werkte en Zahoor was er even weinig in geïnteresseerd als de rest van hen om er meer over te horen. Als ik het geld maar binnenbracht, leek het verder niemand iets te kunnen schelen.

Tegen die tijd hadden mijn ouders en broers het opgegeven om zich te bemoeien met het soort man dat ik uitkoos. Ze zaten me niet eens meer achter de broek. Waarschijnlijk maakten ze zich zorgen dat ik als ik zou trouwen misschien zou stoppen met werken en dat de geldstroom dan op zou drogen. Ze hadden er praktisch zonder protest mee moeten instemmen dat ik van Ahmed scheidde, hoewel ik denk dat mijn moeder waarschijnlijk stiekem nog steeds geld naar zijn familie stuurde als ze erom vroegen. Als ik met Zahoor wilde trouwen leek iedereen daar gelukkig mee te zijn. Ik denk dat ze wel vermoedden dat ik hem al ontmoette terwijl we nog niet getrouwd waren, maar mijn broers hadden inmiddels grotere problemen aan hun hoofd dan de reputatie en de eer van hun kleine zusje, vooral omdat ik mijn privéleven op discrete afstand hield van de streek waar de familie bekend was. Ik was voor hen allemaal een volwassen vrouw geworden: handelswaar met een andere waarde. Ik was de enige echte kostwinner in de familie, wat even belangrijk voor hen was als mijn waarde als potentiële bruid voor een oom of neef die naar me informeerde. Ik was me er echter zeer wel van bewust dat, hoewel ze hadden geleerd minder problemen van een eventuele relatie van mij met een man te maken, al hun oude woede en vooroordelen weer zouden ontvlammen als er ooit achter kwamen wat ik de afgelopen jaren voor de kost had gedaan. Mijn broers mochten zelf met prostituees naar bed gaan, ze zouden het nooit tolereren als een van de vrouwen van hun familie prostituee werd. Ik was er nog steeds van overtuigd dat ze me zouden vermoorden als ze erachter kwamen.

Ik raakte steeds meer gesteld op Zahoor en ik wilde hem graag blijven ontmoeten, maar ik maakte me er ook zorgen om dat te veel mensen ons samen in de stad zouden zien en dat ze daardoor nog meer over ons roddelden dan ze al deden. Hoewel ik niet bang was dat mijn broers hem te lijf zouden gaan, zoals ze een paar jaar daarvoor wel gedaan zouden hebben, maakte ik me nog steeds druk om mijn reputatie binnen de familie. Ik wilde niet als losbandige vrouw worden beschouwd, ook al deed ik door de week veel ergere dingen dan uitgaan met Zahoor.

Hoewel mijn ouders nog maar zelden met me over dat soort zaken spraken, wilde ik niet dat ze zich nog meer voor mij moesten schamen. Ik wilde iedereen in de familie laten zien dat ik mijn reputatie geschaad mocht hebben door weg te lopen uit mijn eerste huwelijk, maar dat de schade niet onherstelbaar was. Ik voelde me nog steeds schuldig over hoe ik hen in het verleden te schande had gemaakt en begon te denken dat ik als ik met Zahoor zou trouwen mijn reputatie in elk geval oppervlakkig zou beschermen, ondanks de dingen die ik in het geheim deed. Zahoor had me al een aantal keren ten huwelijk gevraagd en ik had telkens tegen hem gezegd dat ik er nog niet aan toe was. Hij koesterde nog steeds hoop dat ik er op een dag mee in zou stemmen. Uiteindelijk kwam ik tot een besluit en de volgende keer dat hij me vroeg zei ik ja. Hij was zo in de wolken dat ik me liet meeslepen door zijn optimisme en mezelf er zelfs korte tijd van overtuigde dat dit een huwelijk uit liefde was en dat we een goede kans maakten om samen gelukkig te zijn.

Ik realiseer me nu dat Zahoor waarschijnlijk dacht dat hij met een rijke vrouw zou trouwen. Omdat ik hem nooit kon vertellen waar het geld vandaan kwam, was het enige wat hij zag het leuke huis waar ik in de weekenden woonde en de leuke auto waar ik in reed. Dat was een BMW cabriolet, die weliswaar niet nieuw was en die ik op afbetaling had aangeschaft, net zoals ik het huis met een hypotheek had gekocht. Ik had de BMW op een dag in een opwelling gekocht toen ik me rot voelde en iets wilde wat me een beter gevoel gaf over mijn leven, om het schuldgevoel van me af te zetten dat constant in mijn achterhoofd aan me knaagde, me af te leiden van het gevoel dat ik vies was.

Het gaf me ook een korte tijd een beter gevoel als ik erin rondreed in de stad waar ik vandaan kwam, maar zodra ik hem achter het huis parkeerde en uitstapte bleek het schuldgevoel nog steeds aanwezig. Dat werd vergroot door het feit dat ik nu was begonnen geld uit te geven aan luxe voor mezelf, zoals deze auto, terwijl ik mezelf er vroeger van had overtuigd dat ik alleen maar in de prostitutie zat om mijn familie te onderhouden.

Het grootste deel van de tijd was het te moeilijk om stil te staan bij wat ik echt voelde. Het was gemakkelijker om gewoon door te gaan, te leven als een zombie, te doen wat er moest gebeuren. Als je diep vanbinnen weet dat je zondigt maar het gevoel hebt dat je er niet mee op kunt houden door je omstandigheden, dan kun je het je niet veroorloven om echt over dingen na te denken, anders word je gek.

Omdat ik de bruiloft wilde waar ik altijd van had gedroomd, en die in niets leek op mijn bruiloft in Lahore, betaalde ik alles zelf. Zodra we de beslissing hadden genomen en het onze families hadden verteld, kocht ik een prachtige rode jurk en overdadige sieraden. Zelfs zijn kleding betaalde ik. Ik zei tegen mezelf dat ik het uit respect voor mijn ouders deed: om het goed te maken voor alle keren dat ik ze in het verleden had teleurgesteld. Ik wilde heel mooi zijn, al was het maar voor die speciale dag, en ik huurde een videobedrijf in om alles te filmen zodat ik altijd terug zou kunnen kijken op dat ene idyllische moment in mijn leven, alsof dat al het andere wat ik in het geheim deed goedmaakte. De hennaceremonie was bij mijn ouders thuis en de volgende dag zei ik mijn beloften, in tegenstelling tot de eerste keer in Lahore toen de priester me zo snel mogelijk door het hele gebeuren heen had gejaagd. We hadden de dagen daarna een paar honderd gasten en ik kon zien dat er veel werd gefluisterd en dat er afkeurende blikken werden gewisseld door de oudere vrouwen, die waarschijnlijk allemaal wisten dat ik bij mijn eerste man was weggelopen en van wie sommigen misschien ook wisten dat Zahoor en ik elkaar voor de verloving al ontmoetten.

Naar bed gaan met Zahoor na de bruiloft voelde volkomen anders dan alles wat me daarvoor was overkomen. Niet dat de seks beter of plezieriger was, maar op het moment dat hij in me kwam voelde het halal en niet haram. Het ging niet gepaard met schuldgevoel omdat dit mijn man was en ik uit eigen keuze bij hem was. Lang zou het echter niet duren voor ik mijn gedachten aan mijn andere leven niet meer uit mijn hoofd kon zetten en het schuldgevoel weer aan me begon te knagen.

Een week na de ceremonie had ik voor onze huwelijksreis een vijfsterrenhotel in Dubai geboekt. Het maakte me niet uit om alles te betalen, want dat hielp het schuldgevoel te verminderen voor de manier waarop ik mijn geld verdiende en mijn kersverse man bedroog. Ik begon me alleen zorgen te maken hoe lang ik de schijn op kon houden als hij geen baan kreeg en niet genoeg geld binnenbracht waardoor ik 'uit het leven' zou kunnen stappen en iets fatsoenlijkers kon gaan doen, ook al betaalde het minder. Ondanks mijn zorgen zeurde ik niet tegen hem en ik zette hem ook niet onder druk om te helpen de rekeningen te betalen. Misschien was ik te zenuwachtig dat ik alles wat we samen hadden zou verpesten, of misschien genoot ik ook wel van het gevoel om de kostwinner te zijn. Hoeveel geld ik ook uitgaf, het was me gelukt een beetje te sparen en ik maakte de hele tijd rekensommetjes in mijn hoofd, vroeg me af hoe lang we ervan zouden kunnen leven als het moment aanbrak dat ik mijn werk moest opgeven.

Pas toen we veilig getrouwd waren, biechtte Zahoor me op dat hij al een vrouw en kinderen had. Ik stond perplex. Ik voelde me zo bedrogen, ook al verzekerde hij me dat hij van plan was van haar te scheiden en dat het een gearrangeerd huwelijk was geweest, net als dat van mij met Ahmed. Ik realiseerde me voor het eerst hoe diep gekwetst mijn moeder zich moest hebben gevoeld toen ze erachter kwam dat mijn vader eerder getrouwd was geweest, maar dit was nog veel erger. Ik was boos op hem dat hij het me niet eerder had verteld, maar ik was bereid hem op zijn woord te geloven dat hij een eind aan het huwelijk zou maken en zich de rest van zijn leven aan mij zou wijden. Ik dacht dat ik geen andere keus had.

Ik had Pete, mijn rijke cliënt, verteld dat ik ging trouwen, en hij kon daar kennelijk even moeilijk mee omgaan als met het feit dat ik andere klanten had. Hij begon me op mijn mobieltje te bellen als hij heel goed wist dat ik met Zahoor kon zijn, wat ik niet erg fair vond. Ik zou hem nooit hebben gebeld als hij thuis was met zijn vrouw. Ik belde hem zelfs nooit, ik had er nooit behoefte aan.

'Ik breng jouw gezinsleven niet in gevaar,' zei ik boos tegen hem tijdens een van die telefoontjes. 'Doe dat dan ook niet bij mij.'

Een paar maanden verviel ik weer in mijn oude routine van aan het begin van de week naar mijn werk reizen en in het weekend thuiskomen, rekensommetjes in mijn hoofd maken en proberen een manier te verzinnen om genoeg geld te verdienen om ermee te kunnen stoppen. Toen ik er echter achter kwam dat ik drie maanden zwanger was, wist ik dat de beslissing me uit handen was genomen. Ik zou moeten stoppen met werken en thuisblijven. Het idee om seks met andere mannen te hebben terwijl ik wist dat ik mijn kind droeg, was te vreselijk om over na te denken.

Met mijn werk stoppen hield echter ook in dat ik mijn relatie met Pete moest verbreken. Ik legde hem uit wat er was gebeurd, maar hij wilde het niet accepteren. Hij bleef opbellen en dreigen dat hij langs zou komen om Zahoor alles over me te vertellen. Ik smeekte hem om weg te blijven, probeerde hem aan het verstand te brengen dat als mijn man of broers erachter kwamen wat ik allemaal deed ze me zouden vermoorden.

'Het is jouw keuze,' bleef hij zeggen en uiteindelijk wist ik dat ik helemaal uit zijn leven moest verdwijnen. Ik nam een nieuw mobiel nummer en we verhuisden. Ik nam zelfs een nieuwe bankrekening omdat hij al mijn persoonlijke gegevens had toen hij het geld had overgemaakt om de woekeraars af te betalen. Het lukte me Zahoor ervan te overtuigen dat we een ander huis nodig hadden als we een gezin kregen en hij leek er niet over in te zitten, zolang ik het maar betaalde en alles regelde. Om de flat snel te kunnen verkopen moest ik flink omlaag in prijs, wat erop neerkwam dat ik een hogere hypotheek op ons nieuwe huis moest nemen om het te kunnen kopen, waardoor we nog dieper in de schulden zaten terwijl ik nota bene stopte met werken.

Vanaf de dag dat ik had ontdekt dat ik zwanger was, ging ik nooit meer terug naar de stad waar ik de twee jaar daarvoor parttime had gewoond. Ik verdween uit dat leven alsof het nooit had bestaan. Nu was ik gewoon echtgenote, dochter, zus en aanstaande moeder.

Zahoor was even uitgelaten als ik bij het idee dat we een kindje kregen, en even leek het alsof we ons eindelijk konden gaan settelen en een gewoon gezin worden. Ik wist mezelf ervan te overtuigen dat we het een paar maanden van mijn spaargeld konden uitzingen en dat Zahoor werk zou vinden en ik als de baby geboren was op zoek kon naar een parttime baan die paste bij een moeder. Zahoor had het er altijd over dat hij werk zou zoeken en echt hard ging werken en veel geld verdienen om voor me te zorgen. Ik wilde altijd graag geloven dat hij zou doen wat hij beloofde, ook al kon ik met mijn eigen ogen zien dat hij niet actief op zoek was naar werk en horen dat veel van de dingen waarover hij opschepte dat hij ze zou doen volkomen irreëel waren en nooit zouden gebeuren. Ik wilde zo graag dat hij de kostwinner zou zijn en dat ik nooit meer hoefde te overwegen om in het leven te gaan dat ik mezelf voor de gek liet houden door ons beider fantasieën.

Samen zeven dagen per week in hetzelfde huis wonen, bleek veel moeilijker dan het was geweest toen ik telkens naar een andere stad reisde om daar vijf dagen te gaan werken. Het duurde niet lang voor ik doorhad dat Zahoor veel telefoontjes op zijn mobieltje kreeg die niet van mensen waren die ik kende. Het moment waarop ik achterdochtig begon te worden dat hij me misschien ontrouw was, kan ik me niet exact herinneren. Het gebeurde meer geleidelijk, denk ik. In mijn ervaring bedrogen bijna alle mannen die ik kende hun vrouw. Ik wist dat mijn broers het deden, en Aman had zijn vrouw met mij bedrogen. Mijn vader had zijn eerste vrouw bedrogen door met mijn moeder te trouwen, en bijna elke cliënt die ik ooit had gehad bedroog zijn vrouw of partner door bij mij langs te komen. Ook al wist ik dat en ondanks alles wat ik zelf had gedaan, toch kon ik niet tegen de gedachte om mijn man met een andere vrouw te delen. Zodra het zaad van de twijfel was gezaaid, begon het snel op te schieten en Zahoor reageerde gewelddadig toen ik hem vroeg wie hem opbelde. Furieus om zich tegenover een vrouw te moeten rechtvaardigen, gaf hij me een harde klap in mijn gezicht waardoor ik tegen de vloer sloeg. Ik lag daar geschrokken in stilte, terwijl ik probeerde te reconstrueren wat me zojuist was overkomen. Al de tijd dat ik in het leven had gezeten, had niemand van mijn cliënten me ooit geslagen.

Mijn eigen geweten was zo zwaar door alles wat ik de afgelopen jaren had gedaan dat mijn eerste gedachte was dat ik deze straf verdiende. Hij kwam, redeneerde ik, van God. Ik vond het misschien niet leuk om geslagen te worden, maar waren de dingen die ik Zahoor achter zijn rug had aangedaan niet veel erger?

Mijn volgende gedachte was angst voor de baby die ik droeg. Ik dacht niet dat één klap in mijn gezicht invloed zou hebben op de foetus, maar als ik hem weer provoceerde werd hij misschien zo boos dat hij me de volgende keer in mijn buik stompte of schopte. Ik had genoeg verhalen gehoord van vrouwen die door hun man geslagen waren om te weten waartoe een woedende echtgenoot in staat was. Ik lag stil te wachten tot zijn woede bekoelde, terwijl ik erover nadacht wat ik moest doen.

De dagen daarna kwam ik erachter dat de telefoontjes op zijn mobieltje afkomstig waren van vrouwen die hij ontmoette als ik weg was, onder wie zijn eerste vrouw, bij wie hij regelmatig langsging en soms zelfs 's nachts bleef slapen. Ik voelde me gekwetst en bedrogen, maar ik kon niet klagen omdat ik wist dat ik veel ergere dingen had gedaan. Onze relatie bleef de maanden daarna explosief. Ik wilde wanhopig graag dat hij die andere vrouwen opgaf en een goede echtgenoot was, terwijl hij ervan overtuigd was dat ik niet het recht had om zijn daden in twijfel te trekken. Ik wilde ook dat hij een baan zocht omdat ik zag dat mijn spaargeld veel sneller slonk dan ik had gehoopt, en ik maakte me zorgen dat als het op was ik alles wat we nodig hadden alleen zou kunnen betalen als ik weer in de prostitutie ging. Al die zorgen stapelden zich op in mijn hoofd, maar er was niemand met wie ik erover kon praten. Als mijn broers er ooit achter kwamen wat ik had gedaan, zouden ze me vast en zeker vermoorden. Als mijn vader en moeder er ooit achter kwamen gingen ook zij dood, van schaamte. Mijn moeder was al ziek door de stress van de schulden en doordat Ali continu in de problemen zat, en mijn vader was een schaduw van zijn vroegere zelf geworden. Het laatste wat ik wilde was nog meer verdriet voor hen veroorzaken.

Ondanks al die zorgen waren er ook goede momenten tijdens mijn zwangerschap, en de geboorte van mijn dochter Jasmine was de mooiste ervaring van mijn leven. Ik was zo blij toen ze me vertelden dat het een meisje was, want ik voelde dat ik in staat zou zijn haar het leven te geven dat mijzelf door mijn opvoeding was onthouden. Ik zou haar kunnen beschermen tegen alle druk die mannen in het verleden hadden uitgeoefend op vrouwen als mijn moeder en ik, en ons hadden behandeld als slaven of als waar die je kon kopen en verkopen. Toen ik haar in het ziekenhuis in mijn armen hield, voelde het als een nieuw begin en een sprankje licht voor de toekomst. Ik wilde de eerste paar momenten van haar leven niet vergallen door me ook maar ergens zorgen over te maken en dus stak ik mijn kop in het zand en concentreerde me op haar verzorging ten koste van al het andere om me heen.

Ik bleef vijf maanden thuis en gaf Jasmine borstvoeding en probeerde net te doen alsof alles goed zou komen, ook al zag ik dat nieuwe schulden die mijn broers hadden gemaakt mijn moeder ertoe dwongen weer ergens geld vandaan te halen. Ik wist dat ik nu niets had om haar te geven. Niet alleen was al mijn spaargeld op, ook had ik te veel uitgegeven op mijn creditcards, en ik kon ze niet langer elke maand volledig afbetalen. De rente liep op en ik viel in dezelfde valkuil als mijn moeder. Mijn grootste angst was dat ze terug zou gaan naar de woekeraars en weer hopeloos in de val zou komen te zitten.

Zahoor vond de beperkingen van het gezinsleven steeds frustrerender en het geweld sudderde altijd onder de oppervlakte als hij met mij was, klaar om bij de minste provocatie uit te barsten. Het grootste deel van de tijd lukte het me om mijn mond te houden, maar af en toe nam ik geen blad voor de mond en probeerde ik hem te laten zien hoe ik erover dacht, hem over te halen zijn gewoontes te veranderen omwille van Jasmine. Het leidde er bijna altijd toe dat hij boos werd. Hij begon me steeds vaker te slaan, maar ik bleef hopen dat het een fase was waar we wel doorheen kwamen zodra onze geldproblemen voorbij waren. Ik vraag me af hoeveel vrouwen blijven doorgaan met een relatie waarin ze worden mishandeld, in de ijdele hoop dat het allemaal beter zal worden, en de schuld bij externe factoren als schulden leggen in plaats van waar hij hoort: bij hun gewelddadige man. Het moment waarop ik me realiseerde dat het zo niet verder kon, was toen hij me op een dag met zijn rechterhand sloeg terwijl hij Jasmine in zijn linkerhand hield. Terwijl ik verwoed probeerde mijn huilende baby van hem weg te trekken, wist ik dat ik mezelf voor de gek hield en dat de relatie alleen maar slechter kon worden. Ik besefte dat ik mijn dochter in gevaar bracht als ik toeliet dat dit zo bleef. Mijn laatste restjes liefde voor hem verdwenen en het enige wat over was gebleven was haat en angst.

Die dag belde ik de politie, en toen de agenten kwamen waren ze me echt tot steun. Zahoor bood meteen zijn verontschuldigingen aan en smeekte me geen aanklacht in te dienen, maar toen was het te laat. Ik wilde dat het huwelijk eindigde, zodat Jasmine en ik alleen en veilig konden zijn. Ik realiseerde me dat het een vergissing was geweest om ooit te denken dat ik een man kon vertrouwen. Ik wilde weer onafhankelijk zijn, maar had geen idee hoe ik dat zou moeten bereiken.

17
Jasmine en ik

Nadat ik het besluit had genomen een eind aan het huwelijk te maken, wist ik dat ik er niet op terug kon komen. Nu Zahoor me had laten zien hoe gewelddadig hij kon zijn, besefte ik dat ik moest accepteren dat hij waarschijnlijk nooit zou veranderen. Ook al kon hij zijn woedeaanvallen het grootste deel van de tijd onder controle houden, er zouden momenten komen dat ik of Jasmine zijn geduld op de proef stelde, en we konden niet continu in angst leven dat hij zou ontploffen. Ik herinnerde me maar al te goed hoe mijn vader mijn broers en mij toen we jong waren had geslagen voor elke kleine overtreding van zijn regels, en ik wilde niet dat Jasmine hetzelfde met haar vader zou moeten doormaken. Ik was ervan overtuigd dat ze beter door maar een van haar ouders kon worden opgevoed dan elke dag van haar jeugd in angst te moeten leven, gedwongen tot blinde en onzinnige gehoorzaamheid; net zoals het beter voor mij zou zijn om alleen te wonen dan iemands slaaf te zijn.

Ik had genoeg mannen als mijn broers gezien om te weten dat Zahoors leven heel waarschijnlijk hetzelfde patroon van intimidatie en financiële afhankelijkheid van mij zou volgen. Ik had ervan gedroomd dat hij zou veranderen als we getrouwd waren en als ons kind geboren was, maar nu besefte ik dat het allemaal ook niets anders dan een droom was geweest. Nu ik de verantwoordelijkheid voor het leven van iemand anders had, kon ik de feiten niet langer ontkennen en mezelf voor de gek houden dat ik hem in het soort echtgenoot en vader kon veranderen waarop ik had gehoopt. In sommige opzichten was het mijn eigen schuld, omdat ik niet realistisch over Zahoors karakter was geweest.

De politie hielp me een straatverbod voor Zahoor te krijgen. In veel opzichten miste ik hem omdat ik zo veel van hem had gehouden dat ik met hem was getrouwd. En ik had nooit gewild dat mijn kind haar vader zou kwijtraken, alleen was het alternatief – een relatie waarin ik werd mishandeld – nog veel erger. Maar nu ik Jasmine had en mijn fantasieën dat mijn man ooit in staat of bereid zou zijn ons te onderhouden weg waren, moest ik realistisch zijn over de toekomst. De realiteit van mijn situatie was dat ik alleen was en weer eens diep in de schulden zat. Ik ging op zoek naar werk maar er werd niets aangeboden wat qua betaling ook maar enigszins in de buurt kwam van wat ik nodig had om uit de problemen te komen. Ik besloot dat ik maar één optie had: teruggaan naar het enige beroep waarvan ik wist dat ik daarmee snel geld kon verdienen.

Mijn moeder, die dacht dat ik voor een cateringbedrijf door het hele land reisde, zei dat ze graag voor Jasmine wilde zorgen als het betekende dat ik weer geld binnenbracht, dus vertrok ik naar een nieuwe stad om het geld te verdienen dat ik nodig had om ons opnieuw uit de problemen te halen. Om er een beter gevoel over te hebben zei ik tegen mezelf dat ik het maar een beperkte periode hoefde te doen om genoeg te verdienen om weer uit de schulden te komen en dat ik daarna op zoek zou gaan naar iets anders; dezelfde hopeloze fantasie waar zo veel prostituees op teren.

Als seks met vreemden vroeger al onsmakelijk was geweest, dan was het nog honderd keer erger nu ik Jasmine had om voor te zorgen. Hoe ik me ook concentreerde op het werk, ze bleef constant in mijn gedachten; haar ernstige gezichtje zweefde de hele tijd in mijn moreel bewustzijn. Als de klanten belangstelling voor mijn borsten toonden moest ik er altijd aan denken dat zij er nog maar een paar weken daarvoor uit had gedronken. Ik vond dat ze van Jasmine waren en had er een hekel aan dat vreemden er aanspraak op konden maken alleen door me een handvol cash te gegeven. Op een vreselijk moment zoog een klant aan mijn borst en kwam er zelfs melk uit. Hij leek het geweldig te vinden, terwijl ik hem zo snel mogelijk de flat uit wilde hebben zodat ik gauw naar de badkamer kon om over te geven. Maar ik kon er niets van zeggen of tegen beginnen omdat het niet de schuld van de cliënt was. Ik was degene die ervoor had gekozen mijn lichaam weer te verkopen. Nu wist ik zeker dat ik een slecht iemand was en een slechte moeder, en die wetenschap drukte zwaar op mijn hart, elk uur van de dag.

Omdat ik Pete niet weer tegen het lijf wilde lopen, had ik ervoor gekozen mijn bedrijfje ditmaal in een grotere stad op te zetten, ver bij hem uit de buurt, een stad waar ik zelfs nog anoniemer zou zijn dan eerst en waar ik dacht snel veel geld te kunnen verdienen. Inmiddels had ik internet als manier ontdekt om mijn diensten aan te bieden en ik huurde een bedrijf in om een website te maken, waarvoor foto's van mij in kousen en op pumps werden gebruikt. Ik was er in alle gebruikelijke seksuele houdingen en posities languit op te zien, maar zorgde ervoor dat ze mijn gezicht onherkenbaar maakten, zodat bekenden die toevallig op internet aan het surfen waren me niet zouden kunnen herkennen. Ik was toen al op zo veel nieuwe locaties opnieuw begonnen dat ik niet dacht dat het een probleem zou zijn.

Het is verbazingwekkend hoe snel de telefoontjes binnenkomen als een nieuw meisjes adverteert. Je hoeft maar een paar dagen in een stad te zijn of de telefoon begint te rinkelen en de klanten beginnen binnen te komen. Maar deze klanten leken anders dan de klanten aan wie ik gewend was. Misschien kwam het doordat ik nu in een grote anonieme stad was of doordat ik nu een kind had en geen moment kon veinzen dat ik dit uit vrije wil deed. Wat ook de reden mocht zijn, er leek iets veel vervelenders om de cliënten heen te hangen toen ze de deur binnen kwamen marcheren dan ik vroeger had ervaren.

Ik had een appartement gehuurd in een heel chique buurt, omdat ik dacht dat dat klanten zou trekken die vriendelijker en rijker waren, maar het kostte me bijna drieduizend pond per maand. Ik ging voor de hoofdprijs en vroeg tweehonderd-vijftig pond per uur, ik wilde snel scoren, maar de klanten die verschenen leken in niets op de rijke bewoners die ik de andere appartementen om me heen in het elegante oude Victoriaanse gebouw in en uit zag gaan. Ik realiseerde me dat mensen in een echt grote stad gemakkelijk van de ene buurt naar de andere gaan voor het soort diensten dat ik aanbood. Toen ik voor Jas-mines geboorte in de kleinere stad was gaan werken was ik ver-baasd geweest hoe aardig de mensen er waren, en nu realiseer-de ik me dat ik deze laatste stap opnieuw volkomen verkeerd had ingeschat. Elk moment dat ik in die flat doorbracht was ik neerslachtig en werd ik verteerd door een pijnlijk lichamelijk verlangen om weer bij Jasmine te zijn. Ik had Pete af moeten schudden omdat hij zo bezitterig was, maar nu droomde ik er-van om nieuwe klanten te vinden die net zo aardig en zorg-zaam waren als hij was geweest. Het mocht verontrustend zijn om klanten te hebben die verliefd op je waren, het had ook zijn goede kanten. Het gaf me geen goed gevoel om te weten dat ik maar een van de duizenden anonieme meisjes was die hun lichaam verkochten in een stad waar ik niet één vriend had.

Vooral door de bezoeken van één klant drong tot me door hoe diep ik was gezonken. Hij vertelde me dat hij slager was, waardoor ik meteen aan Ahmeds bloedbesmeurde kleren en ruwe handen moest denken. Zodra ik me voor hem had uitge-kleed en was gaan liggen zoals hij wilde, trok hij met zijn dikke vingers mijn benen uit elkaar en gebruikte hij de grofst denk-bare woorden om te beschrijven wat hij zag en dat hij me graag wilde beffen. Ik had het gevoel of ik een van de karkassen was die hij elke dag uitbeende om te verslinden. Toen dat beeld in mijn hoofd kwam was dat het enige wat me tegenhield om te gaan schreeuwen. Het maakte niet uit hoe lang ik onder de douche stond nadat hij was vertrokken of hoeveel parfum ik over mijn huid sprenkelde, ik kon de gedachte van mezelf als stuk vlees dat op het hakblok lag en verslonden werd door zijn lelijke grote mond niet van me af zetten. Ik stelde me Jasmine voor, die ik thuis had achtergelaten in handen van mijn snel geïrriteerde moeder, terwijl ik haar zelf had moeten knuffelen en voor haar had moeten zorgen en haar beschermen, en ik kon niet ophouden met huilen.

Zelfs als ik in de weekenden alleen thuis was met Jasmine, en dat was de enige plek waar ik wilde zijn, merkte ik dat ik de hele tijd om niets in tranen uitbarstte. Het begon al als ik alleen maar naar haar keek wanneer ze in mijn armen lag te slapen of als ik zag hoe ze naar me glimlachte. Ik was mezelf onder de douche constant aan het schrobben, zonder dat ik wist wat ik weg probeerde te wassen. Soms kon ik het niet verdragen om in haar kleine gezichtje te kijken als ze naar me staarde, omdat ik het gevoel had dat ze door mijn ogen mijn gedachten kon lezen, alsof ze alles wist wat ik die week had gedaan op de dagen dat ik voor haar had moeten zorgen. Om de kracht te vinden om haar na het weekend weer te verlaten moest ik geestelijk afstand van haar nemen, wat me zelfs een nog groter schuldgevoel bezorgde, alsof ik haar afwees. Ik vroeg me af of dat misschien de reden was waarom mijn moeder altijd zo weinig liefdevol overkwam toen we klein waren. Omdat ze wist dat ze moest blijven werken om te kunnen rondkomen besloot ze dat het beter was dat we leerden ons zo snel mogelijk van haar los te maken. Zou ik de rest van mijn leven net zo verbitterd en ongelukkig zijn als zij?

Op de een of andere manier bleef ik twee jaar teruggaan naar dat appartement in die grote stad, maar elke dag nam de druk in mijn hoofd toe. Ik had het gevoel dat ik de hele tijd alleen moest zijn om te proberen mijn gedachten op een rijtje te krijgen, en te beslissen wat ik moest doen om uit de val te komen waar ik opnieuw in was gevallen. Het werd steeds moeilijker om de energie te vinden om de telefoon op te nemen en boekingen van cliënten aan te nemen. Het kostte zelfs nog meer energie om vrolijk en goedgemutst te doen als ze aan de deur verschenen en hun geld overhandigden.

Ik begon dagen vrij te nemen en bleef achter mijn gesloten deur zitten, de telefoon uitgeschakeld, starend naar de televisie, en mijn hoofd helemaal leeg. Met de week deed ik minder tot ik daar uiteindelijk de hele week in mijn eentje zat, als een gekke kluizenaarster, niet in staat om ook maar iets te doen en me er akelig van bewust dat de schulden zich opstapelden terwijl ik emotioneel verlamd in die flat zat. Het bleef bakken huur kosten en er kwam geen geld binnen. Ik kon mezelf niet eens langer tot de constante mentale rekensommetjes zetten waardoor ik vroeger door was gegaan, want de sommetjes klopten nu niet en veroorzaakten alleen maar paniekaanvallen. Ik nam niet meer de moeite om goed te eten of goed voor mezelf te zorgen. Het was bijna alsof ik langzaam zelfmoord pleegde door het simpelweg op te geven om te leven.

Als ik op en neer reed naar mijn werk dacht ik er soms aan hoe gemakkelijk het zou zijn om gewoon het stuur om te gooien en tegen een tegenligger aan te rijden, of de andere kant op tegen een muur aan. Dan kwam ik met een ruk weer bij mijn positieven en dacht ik aan Jasmine en wat er met haar zou gebeuren als ik haar alleen liet. Mijn moeder was vroeg oud geworden en had haar ideeën over hoe kleine meisjes moesten worden opgevoed nooit echt bijgesteld. Het fulltime opvoeden van een kind zou haar zwaar vallen en ze zou even streng zijn voor Jasmine als ze voor mij was geweest. Als ik er niet was om mijn kleine meisje te beschermen, zouden mijn broers ingrijpen en beslissingen nemen, en ze zouden proberen haar uit te huwelijken zodra ze de tienerleeftijd bereikt had, wat betekende dat ze net zo'n man zou kunnen krijgen als Ahmed of, nog erger, zo zou eindigen als ik nu. Dat was een ondraaglijke gedachte.

Mijn vaders gezondheid was niet best, maar onze relatie was nog nooit zo goed geweest. Hij probeerde me niet langer te vertellen wat ik met mijn leven moest doen. Ik wist nu dat hij trots was op wat ik had bereikt, ook al had hij geen idee hoe ik het had gedaan en had hij niet door dat ik het allemaal weer begon kwijt te raken. Hij leek niet langer met mijn twee gebroken huwelijken te zitten. Het enige wat hij wist was dat ik een goede baan had en genoeg geld verdiende om de hele familie te onderhouden en er zelf ook nog comfortabel van te leven. Ik besprak de details van de leningen die ik nam niet met hem, wellicht omdat ik diep in mijn hart wist dat wat ik deed niet verstandig was. Over veel dingen werd in onze familie nooit gesproken.

Terwijl ik in de grote stad werkte, werd hij ernstig ziek en hij moest voor een operatie naar het ziekenhuis. Ik ging hem op een avond bezoeken nadat ik terug was gereden en trof hem alleen in een zijkamertje aan. Toen ik naast zijn bed ging zitten, legde hij zijn hand op die van mij.

'Het spijt me wat ik je allemaal heb aangedaan,' zei hij. 'Ik ben geen van mijn kinderen tot steun geweest. Je bent verdergegaan met je leven en op eigen benen gaan staan en ik heb je nooit geholpen. Dat spijt me echt.'

'Het maakt niet uit wat je wel of niet hebt gedaan, pap,' zei ik. 'Wat het ook was, je had er je redenen voor. Ik heb je al lang geleden voor alles wat er is gebeurd toen we jong waren vergeven.'

Die avond ging ik met Jasmine alleen terug naar huis, nadat ik haar had opgehaald bij mijn moeder. Er lag een stapel rekeningen op de mat die allemaal dringend waren, en allemaal kon ik ze bij lange na niet voldoen. In de loop van de avond kwamen er twee mensen naar mijn huis toe die schreeuwden over geld dat mijn familie hun schuldig was en eisten dat ik hun betaalde. Er zat niets anders op dan de lampen uit te doen en voor te wenden dat ik er niet was. Ik had geen geld om hun te geven en geen kracht meer om beloften te doen. Jasmine was in mijn armen voor de televisie in slaap gevallen en ik nam haar mee naar boven in mijn bed.

Ik kon niet slapen toen al mijn zorgen door mijn hoofd maalden; de gordijnen waren dicht maar door het licht van de straatlantaarn buiten baadde mijn kamer in een rozige gloed. Alles leek hopeloos en ik stelde me voor hoe gemakkelijk het zou zijn om beneden brand te stichten terwijl Jasmine lag te slapen. Ik stelde me voor dat ik weer naar boven ging en naast haar ging liggen, wachtend tot de rook ons voor altijd zou laten inslapen. Ze zou er nooit iets over weten, redeneerde ik, en verdere pijn of zorgen zouden ons allebei bespaard blijven. Als haar leven net zo zou eindigen als dat van mij, dan wilde ik haar er net zo goed van bevrijden als mezelf.

Hoe langer ik er met mijn naar slaap verlangende hersenen over nadacht, hoe meer het de enige manier leek om te ontsnappen aan het vreselijke leven waarin we gevangen zaten. Als ik mijzelf en mijn kind van het leven beroofde, redeneerde ik, dan zou God me al mijn zonden moeten vergeven. Dan had ik hem terugbetaald en zou mijn vermoeide ziel de hele eeuwigheid kunnen uitrusten. Ik besloot het te gaan doen.

Toen ik opstond, boog ik me over Jasmine heen en kuste haar op de wang. Ze opende haar oogjes, ook al leek ze niet echt wakker te worden, en haar handjes grepen mijn haar. Ze trok mijn gezicht naar beneden en kuste me op mijn lippen.

'Mama, blijf hier, ga liggen,' fluisterde ze voordat haar zware oogleden weer dichtvielen en haar dikke zwarte wimpers op haar volkomen gladde wangetjes rustten. Ze hield me stevig vast, bijna alsof ze wist wat ik ons tweeën bijna had aangedaan en vastbesloten was het niet toe te laten. Starend naar het

mooie, onschuldige, slapende gezichtje, kon ik me niet voorstellen dat ik ook maar een seconde had gedacht dat dat het
juiste was geweest om te doen. Op dat moment had ik het
dieptepunt bereikt en wist ik dat ik alles anders moest gaan
doen als ik het wilde overleven en Jasmine de bescherming
wilde geven die ze nodig had.

Dat hele weekend begon ik plannen te maken, ik had nieuwe kracht gekregen en was opgewonden bij de gedachte wat de
toekomst in petto zou kunnen hebben. De week daarop ging ik
niet weer aan het werk en ik bracht Jasmine ook niet naar mijn
moeder. In plaats daarvan nam ik haar mee naar de hypo-
theekbank en stelde hun ervan in kennis dat ik de betalingen
niet langer kon voldoen en dat ze het huis terug zouden moeten nemen. Ze waren er verbazingwekkend vriendelijk onder.
Ik denk dat het hun vaak overkwam. Daarna ging ik naar de
gemeente om op te biechten dat Jasmine en ik dakloos waren
en dat we hulp en een dak boven ons hoofd nodig hadden. Ik
wilde helemaal opnieuw beginnen en mijn leven weer oppak-
ken op het punt voordat ik had besloten op het advies van de
helderziende in te gaan.

De gemeente ging snel tot actie over omdat er een kind bij
betrokken was en ze vonden een klein flatje voor ons in een
vervallen buurt, niet ver van waar de rest van mijn familie
woonde. Binnen een week had ik mijn auto verkocht en alle
kleren uit mijn kleerkast, inclusief de designtassen en -schoe-
nen die Pete en mijn andere vaste klanten voor me hadden gekocht. Het leverde niet veel geld op als je je bedacht wat het allemaal had gekost, maar het was in elk geval iets, zodat we
konden overleven en eten op tafel hadden tot ik een fatsoenlij-
ke baan had gevonden. Het gaf me een goed gevoel om eindelijk af te zijn van alles wat met zulk slecht geld gekocht was. Ik
voelde me op een eigenaardige manier gelouterd.

Toen ik al mijn bezittingen inpakte om mee te nemen naar
ons nieuwe huis, vond ik mijn oude schetsboeken die ik onder

het bed had opgeborgen met alle tekeningen en schilderijen die ik had gemaakt in de tijd dat ik hoopte stoffenontwerper te worden. Het verbaasde me hoe goed en fris ze er na zo'n lange tijd uitzagen. De volgende week stelde ik, nadat Jasmine en ik ons hadden geïnstalleerd, een map samen en ging ik bij elke potentiële koper in de stad langs. In het begin was het moeilijk om afspraken te maken en ik moet er niet aan denken hoe ik eruitzag nadat ik met de bus of zelfs te voet naar hun kantoren was gekomen: overduidelijk wanhopig op zoek naar werk, overduidelijk in de verste verte niet zoals de afgestudeerden van de kunstacademie en de mode-experts die zij normaal aanstelden. Maar als ik dan uiteindelijk de drempel over was en mijn map opendeed was ik verbaasd hoe positief de reacties waren. Een paar van hen vroegen me zelfs om speciaal voor hen iets te ontwerpen. Waarom had ik dit nooit eerder gedaan? Waarom had ik zo veel verkeerde afslagen genomen en mezelf bijna van het leven beroofd voor ik de simpele beslissing nam om mijn oorspronkelijke droom te volgen?

Het enige antwoord dat ik kan bedenken is dat ik niemand had om me de weg te wijzen of om me het zelfvertrouwen te geven dat ik nodig had. Niet dat het de schuld van mijn ouders was, zij wisten ook niet beter. Overleven in een ander land was bijna te veel voor hen gebleken. Het enige wat ze wisten om hun kinderen te helpen was het voorbeeld volgen van alle generaties voor hen, door te vertrouwen op religie of harde discipline. Ze wisten niets over carrières voor vrouwen of wat je moest doen om carrière te maken.

Maar voor Jasmine en mij wordt het nu anders. Ik zal een zo goed mogelijk voorbeeld voor haar zijn en haar laten zien wat een jonge vrouw in de wereld kan bereiken als ze het echt wil. Wat er in het verleden ook is gebeurd, ik ben vastbesloten haar nooit meer te schande te maken.

Dankwoord

Mijn dank gaat uit naar mijn uitgever Carly Cook en mijn re-dacteur Shaheeda Sabir bij Curtis Brown en naar Andrew Crofts: ze geloofden allemaal dat dit boek een succes zou wor-den en schonken me het vertrouwen om mijn verhaal te ver-tellen.